진정한 행복의 7가지 조건

# 진정한 행복의 7가지 조건

채정호 교수의
한국인 행복 보고서

채정호 지음

INFLUENTIAL
인플루엔셜

# 우리는 왜 행복하지 않을까

2021년 한창 코로나 바이러스가 창궐하던 시기에 온라인으로 환갑잔치를 했다. 정신건강의학과 의사로 마음이 아픈 사람들을 돌봐온 지 햇수로 37년. 막 정신과로 진로를 정했을 때 지도 교수님이 농담조로 하신 말씀이 기억난다. "사람들이 정신적 고통을 너무 많이 겪고 있어서, 앞으로는 정신과가 대박이 날 거다."

정신과가 별로 인기가 없고 치료 받으려는 사람도 별로 없던 시절에 햇병아리 제자에게 격려차 우스갯소리로 하신 말씀이었겠지만, 교수님의 말씀은 너무나도 정확하게 사실이 되어버렸다. 불과 한 세대 사이 감당할 수 없을 만큼 늘어난 환자들을 보면서 안타까우면서도, 이제 나는 30여 년 전 지도 교수님에게 들었던 말을 현재의 수련의들에게 똑같이 하고 있다. 앞으로는 지금보다 훨씬 더 많은 사람이 정신적 고통으로 병원을 찾을 것이라고 말이다.

우리가 마음의 고통에서
벗어나지 못하는 진짜 이유

몇 차례 대면한 짧은 인연도 있고 10년 이상 함께하며 꾸준히 치료해온 인연도 있지만, 그간 만나온 내담자 수를 헤아려보면 얼추 3만 명, 면담 건수로는 40만 회 정도가 된다. 늘어나는 환자만큼 정신의학 기술도 발달해 상당한 치료 효과를 거둘 수 있었다.

문제는 잘 치료를 받고 일상으로 돌아간 사람들이 얼마 지나지 않아 다시 병원을 찾는다는 것이었다. 온 힘을 다해 병든 삶을 보통의 삶으로 끌어올려 놓아도, 또 다른 위기나 스트레스 상황에 놓이면 증상이 재발되곤 했다.

마치 컨베이어 벨트 위에 놓인 제품처럼 오르내리기를 반복하는 사람들을 지켜보면서 깨달은 것은 정신적 문제와 겉으로 드러난 병증을 해결하는 것만으로는 온전한 삶을 살아가게 할 수 없다는 것이다. 병이 없다는 것이 곧 건강함을 의미하는 것은 아니며, 의학적으로 이상이 없다는 진단과 본인 스스로 행복하다고 느끼는 것은 별개의 문제였다. 이것이 바로 아픈 사람을 치료하는 데만 집중하던 내가 정신건강의 본질, 즉 불행감이 팽배한 이 세상을 잘 살아내는(궁극적으로는 행복에 이르는) 근본적인 방법에 시선을 돌리게 된 이유다.

비단 정신건강의학과를 찾는 사람뿐 아니라 현대를 살아가는 사람이라면 누구나 정신적인 어려움을 겪는다. 사회에 나오면 필연적으로 따라오는 대인 관계 문제, 경제적인 압박, 교육 실정과 맞물린 자녀 양육 문제, 불확실한 진로를 비롯해 미래에 대한 불안까지, 사실 아무 문제 없이 속 편하게 사는 사람은 없다.

'의학적 치료가 마음이 힘든 사람들을 근본적으로 행복하게 해줄 수 있는가'에 대한 나의 고민은 병원 밖의 평범한 사람들의 삶에 시선을 돌리게 했다. 직장인의 정신건강을 지원하는 EAP(Employee Assistance Program) 협회를 창립했고, 직무 스트레스 학회장도 지냈다. 한편 수많은 기업과 단체에서 강연과 워크숍을 진행하면서 겉보기엔 건강한 사람들이 병원에서 만나는 환자들과 크게 다르지 않다는 것을 확인했다. 병원을 찾지는 않더라도 "남들도 다 그렇게 살아"라며 참고 버티는 사람이 상당수였다.

물론 그만으로 칭찬받아 마땅하다. 그러나 버티는 생활이 지속될수록 삶에 대한 만족도는 떨어지게 마련이고, 우리가 그토록 바라는 행복한 삶은 요원해질 수밖에 없다.


"안녕하세요"
나로서 잘 존재하는지 묻다


프랑스의 과학자이자 철학자 블레즈 파스칼(Blaise Pascal)은 "인간의 모든 고통은 혼자 조용히 방에서 지낼 능력이 없기 때문에 생긴다"라고 말했다. 우리가 행복해지는 온갖 방법에 끌리는 건 그것들이 행복을 가져다준다기보다, 일시적이나마 불행으로부터 시선을 돌려주기 때문이다. 파스칼의 통찰처럼 어떤 외부적 요인과 상관없이 나 스스로 나를 지키고 돌보지 못하면 삶은 어려워질 수밖에 없다. 스스로를 돌보고 지키는 힘, 그 힘을 갖추었을 때 우리는 비로소 행복, 소위 '웰빙'의 삶에 이를 수 있다.

웰빙은 말 그대로 '잘(well) 존재하는(being)' 것이다. 국내에 소개되며 많은 오해와 편견이 있었지만(공기 좋은 곳에서 유기농 식품을 먹으며 자연과 더불어 사는 것이 아니다), 모든 이가 꿈꾸는 행복한 삶의 과학적 정의라고 해도 무방하다.

웰빙은 교과서에서 흔히 '안녕(安寧)'으로 번역한다. 우리가 무심코 말하는 '안녕하세요'의 안녕은 '아무 탈 없이 편안함'이다. 하지만 말 자체가 한자이고, 웰빙의 의미를 다 담았다고 보기엔 뭔가 좀 부족하다. 그렇다면 '안녕하세요'가 아닌 순수한 우리말엔 무엇이 있을까? 아마도 '잘 있니', '잘 지내니', '잘 계셨어요' 정도일 것이다.

매일 별생각 없이 입버릇처럼 쓰는 이 인사말이 함의하는 바는 놀랍다. "잘 있니"라는 물음은 인간으로서 잘 존재하고 있는가에 대한 성찰을 담고 있다. 전 세계 어디를 가도 이렇게 '나로서 잘 존재하고 있는가'를 묻는 인사말은 없다.

이제라도 이 인사말을 우리 자신에게 건넬 필요가 있다. 40년 가까이 수많은 환자와 정신적으로 건강하지 못한 사람들을 만나며, 끝내 내가 찾은 궁극의 지향점도 결국 '잘 있는', 즉 '잘 사는 삶'이다.


## 어제보다 행복한 내일을 위해
## 잃어버린 삶의 빛을 찾아야

그간의 임상 경험 그리고 강연과 워크숍에서 만난 수천 명을 대상으로 한 심층 조사를 통해 제법 많은 데이터가 쌓였다. 그 데이터를 정리해 여러 차례 논문도 발표했다. 논문에서 다룬 주제들을 한마디로 요약하자면 '현재의 고통에서 벗어나는 것을 넘어, 인격적인 성장과 삶의 가치를 회복하게 해주는 방법'으로 정리할 수 있겠다.

고통 속에 있는 사람들은 어둡고 음침한 터널을 지나는 것과 같다. 이들은 어둠이 짙은 삶을 허덕이며 살아간다. 하지만 사실 어둠은 실체가 없다. 그냥 빛이 없는 상태일 뿐이다. 삶도 이와 다르지 않다. 잘 살 수 있도록 이끌어주는 빛이 없기에 고통 속에 머무는 것뿐이다. 아주 작은 빛줄기만 있어도 어둠은 바로 사라진다.

그동안의 자료를 분석해서 삶을 밝혀줄 그 빛이 무엇인지 찾아보았다. 그냥 뭉뚱그려 찾기보다 프리즘을 통과시키듯 구체적으로 찾아냈다. 그리하여 삶의 어둠을 밝히는 빛의 요소인 수용, 변화, 연결, 강점, 지혜, 몸, 영성을 뽑아내고 정리할 수 있었다. 나는 이를 일곱 가지 스펙트럼으로 이루어진 무지개에 비유하곤 한다. 일곱 스펙트럼이 모여 삶을 밝혀주는 빛이 된다는 의미에서다.

실제로 나는 이 일곱 가지 스펙트럼을 배우고 익혀 잃어버린 삶의 빛을 되찾아가는 사람들을 계속 만나고 있다. 기적처럼 한순간에 변하는 건 아니지만 그들은 매일 조금씩 진정으로 잘 사는 삶을 향해 성장하고 있다. 아무리 어두워도 아주 작은 빛 한 줄기가 들어오는 순간 엄청난 변화가 시작된다.

어제보다 행복한 내일을 맞기 위해 우리가 해야 할 일은 이 일곱 스펙트럼을 회복하는 일이다. 이 책이 힘들고 어려운 우리 삶에 작은 빛이 되어주길 기대해본다.

반포동 가톨릭대학교 성의교정에서
채정호

# ● 차례

# 진정한 행복은
# 어디에서 오는가

# ● 행복한 삶이란 무엇인가

　　우리는 모두 행복을 좇는다. 행복하고 싶다고, 행복해지고 싶다고 말한다. 그런데 안타깝게도 행복하다고 말하는 사람은 별로 없다. 반면 힘들다, 불행하다고 말하는 사람은 많다. 불행해지고 싶은 사람은 없는데 모두가 불행하다고 말하고, 모두가 행복해지고 싶은데 행복하다고 말하는 사람은 거의 없는 현실은 분명 문제가 있다. 대체 모든 사람이 한결같이 바라는 그 행복이란 무엇일까?

　　한자어로 행복은 '우연히 일어나는(幸) 좋은 일(福)'이다. 행복의 영단어 'happiness'의 어원은 '발생하다, 일어나다'라는 의미의 'happen'이다. 결국 우리가 알고 있는 행복이란 '요행히 일어나는 좋은 일' 정도로 풀이된다.

　　문제는 그 행복한 순간이 사람마다 다르다는 것이다. 어떤 사람은 가족과 함께 시간 보내는 것을 행복하게 여기는가 하면, 어떤 사람은 혼자 자유롭게 여행 다니는 것을 행복하게 여긴다. 한 집에 사는 부부라도 남편은 거실 소파에 누워 맥주 한잔 마시며 텔레비전을 보는 걸 행복해하는 반면 아내는 무조건 집밖으로 나가 새로운 일을 경험하는 것을 행복해한다.

이처럼 사람마다 행복하다고 느끼는 순간이 다르기 때문에 행복은 객관적 지표로 측정하기가 어렵다. 한마디로 '행복은 무엇이다'라고 정확히 정의 내릴 수 없다는 얘기다. 이런 이유로 학계에서는 이제 행복이라는 말을 거의 사용하지 않는다. 행복을 연구하면서도 행복이라는 말은 쓰지 않는 아이러니한 상황이 된 것이다.


## 행복에 대한 새로운 정의
### ―잘 존재하는 삶, 웰빙

행복에 대해 수많은 이야기가 오가는 가운데, 근래에 들어서면서 행복을 삶에 대한 '주관적 만족도'가 높은 상태로 규정하는 움직임이 많다. 스스로 삶이 괜찮다고 여기는 상태를 행복이라고 여기는 것이다. 다시 말해 재정 상태나 학력, 성공 같은 객관적인 삶의 요소보다는 스스로 만족할 수 있는 주관적 요소가 더 중요하다는 의미다. 자녀가 좋은 대학에 가고, 강남에 비싼 집이 있고, 남들이 부러워하는 직장에 다니면 행복할까? 반드시 그렇지는 않은 것 같다. 경제적 부와 사회적 명성까지 얻은 유명인들도 저만의 불행감을 견디지 못해 자살에 이르는 것을 흔히 볼 수 있다. 행복의 조건이라고 불리는 것들을 충족시키기보다는 본인 스스로 행복하다고 느끼는 것이 훨씬 중요하다는 관점이 생겨난 이유가 여기에 있다.

하지만 자기 삶에 대해 꽤 괜찮다고 느낀다고 해서 꼭 완전한 행복을 이루었다고 볼 수는 없다. 자기 혼자만 잘 먹고 누리면서 사회적으로 쓰레기처럼 사는 삶을 과연 행복하다고 볼 수 있을까? 꾸준히 성장하면서 좋은 영향력을 전하는 성숙한 어른으로 살아갈 때 비로소 행복한 사람이라 할 수 있지 않을까?

그래서 이제는 행복을 단순히 주관적 만족도가 높은 것에서 한발 더 나아가 세 가지 관점으로 나누어 생각하고 있다. 우선 자신의 삶에 만족하고 즐거움, 편안함, 안락함 같은 긍정적인 정서가 높은 상태를 '주관적 웰빙'이라고 한다. 그다음으로 자신을 수용하고, 삶의 목적이 분명한 가운데 꾸준히 성장하며, 자율성을 갖고 환경을 잘 통제할 수 있는 능력을 갖춘 상태를 '심리적 웰빙'이라고 한다. 마지막으로 자신이 속한 사회에 소속감을 느끼고 기여하면서 사회의 일원으로 잘 살아가는 상태를 '사회적 웰빙'이라고 한다. 행복한 삶은 이러한 주관적, 심리적, 사회적 웰빙을 모두 갖춰 누리는 삶이라 할 수 있다.

이런 관점에서 나는 사람마다 느끼는 조건과 상태가 다른 '행복' 대신 '웰빙'을 삶의 목표로 다루고자 한다. 웰빙은 안녕, 행복, 복지 등으로 번역되기도 하고, 좋은 삶(good life) 혹은 건강한 삶이라는 뜻으로 쓰이기도 한다. 이에 따라 세계보건기구에서도 건강을 '신체적·심리적·사회적 웰빙 상태'라고 정의했다. 최근에는 이렇게 신체적·정신적·사회적으로 건강하고 안정된 상태를 웰니스(wellness)라는 용어로 설명하기도 한다. 일례로 일본 류큐 대학의 아라카와 마사시(荒川雅志) 교수는 웰니스를 '신체적·정신적·환경적·사회적 건강을 바탕으로 멋진 인생을 디자인해가는 자기실현적인 삶의 방식'이라 정의해서 이전에 모호했던 행복을 웰빙의 관점에서 보다 구체적으로 설명하고 있다.

이런 움직임과 함께 웰빙은 한때 새로운 삶의 양식으로서 크게 유행하기도 했는데, 언젠가부터 한가롭게 여가를 즐기고 유기농 식품 찾아 먹는 것이 웰빙이라는 이상한 오해가 생겨났다. 그러나 웰빙은 말 그대로 '잘(well) 존재하는(being)' 것이다. 인간으로서 잘 존재한다는 건 결국엔 어떠한 결핍 없이 잘 산다는 뜻이다. 좀 더 구체적으로 보자면, 자신에게 주어진 자원을 최적의 수준으로 활용해 꾸준히 성장함으로써 자기실현을 하는 것이다. 결국 웰빙은 몸과 마음이 모두 건강한 삶이며, 자기다운 최적의 삶이고, 행복한 삶이다.

# 행복은 "내 삶이 참 괜찮다"라는
# 느낌에서 출발한다

그런데 한 가지 문제가 있다. 웰빙이라는 말에 무수한 오해가 있듯 '잘 산다'라는 말에도 적지 않은 오해가 있다. "그 집 잘살아"라고 할 때의 '잘산다'는 재물이 많다는 뜻이다. 오죽하면 국어사전에도 '잘-살다'가 '부유하게 살다'로 규정되어 있다. 반대어인 '못-살다'의 정의는 '가난하게 살다'이다.

해방 이후 경제적 궁핍에서 벗어나려는 우리의 노력은 1인당 국민소득(GNI)이 500배 이상 늘어났을 만큼 좋은 결과를 거두었다. 그런데, 그래서 우리는 지금 잘 살고 있을까? 부자가 된 건 맞지만 잘 살게 된 건 아닌 것 같다. 최근에도 나는 하루에도 몇 명씩, 자신의 통장 잔액이 얼마나 되는지도 모를 만큼 큰 부자들을 상담하고 있다. 몇 대가 대물림해도 마르지 않을 만큼 큰돈을 지닌 그들은 한결같이 해결되지 않는 불행감을 호소한다. 돈이 많다고 정말 잘 사는 건 아니라는 사실을 눈앞에서 계속 확인하고 있는 셈이다. 반면에 가진 돈은 없어도 충분히 잘 살고 있는 사람 역시 심심치 않게 발견할 수 있다.

"나는 잘 살고 있는가"라는 물음에 "그렇다"라고 답할 수 있으려면 우선 주관적 웰빙, 즉 '내가 사는 삶이 꽤 괜찮네' 하는 느낌이 있어야 한다. 내가 내 삶을 놓고 봤을 때 모든 영역에 걸쳐

주관적으로 만족해야 한다는 뜻이다. 이를 토양 삼아 심리적 웰빙과 사회적 웰빙, 즉 나를 둘러싼 관계와 나의 경험, 내가 성취한 것들, 미래에 대한 기대감, 사회와의 유대감 등 삶을 이루는 모든 부분이 전반적으로 흡족할 때, 그것이 바로 잘 사는 삶이라 할 수 있다.

세계보건기구에서는 정신건강을 두고 '자신의 역량을 실현하고, 일상 스트레스에 대처하며, 생산적으로 일하고, 지역사회에 기여하는 웰빙 상태'라고 정의했다. 그런데 실제로 네 가지 모두를 실천하면서도 실제로는 웰빙 상태에 있지 못하는 사람이 너무 많다. 겉으로 보기에 큰 문제가 없지만 스스로 자신의 삶에 대해 '이만하면 꽤 괜찮다'고 평가 내리지 못해서다.

내 삶의 모든 부분을 주관적으로 되돌아봤을 때 썩 괜찮다는 느낌, 그것이 진정한 의미의 행복, 즉 '잘 사는 삶'의 주춧돌이 된다.

# ● 지금, 여기
## 나 자신에 집중하라

　　말장난 같지만 '잘 있으려면(well-being)' 먼저 '있어야(being)' 한다. 그런데 우리는 잘 있는 상태의 웰빙은 고사하고 그저 '있는 것', 즉 내 모습 그대로 그저 존재하는 것조차 잘하지 못한다. 어찌 보면 당연하다. 살면서 단 한 번도 존재한다는 것의 의미에 대해 배워본 적도, 생각해본 적도 없으니 말이다. 존재 자체가 갖는 의미를 깨닫게 되는 건 죽음과 같은 큰 고통에 직면했을 때다.

　　"가방 안에 담배가 있는 걸 보고 굉장히 혼냈어요. 눈앞에서 사라지라고 윽박지르기까지 했어요."

　　세월호 참사로 아이를 잃은 한 어머니가 아이와 나눈 마지막 대화라며 내게 들려준 말이다. 그 이야기가 아이에게 했던 마지막 말이라는 사실에 너무 힘들어하셨다. 꿈에서도 그리워했지만 아이는 다시 돌아오지 못했다. 원망을 하든 화를 내든 아이가

22　　　　　프롤로그

'있어야' 가능한 일인데, 안타깝게도 아이는 이제 없다. 존재한다는 것이 얼마나 소중한지를 아이를 잃고 나서야 깨달은 것이다.

극단적인 예이긴 하지만, 우리 대부분은 존재의 소중함을 인지하지 못한 채 살아간다. 그저 눈앞에 닥친 목적, 당장 쟁취해야 할 무엇에 급급한 나머지 해야 하는 일에만 몰두한 채 살아가는 것이 우리 모습이다. 하지만 앞만 보고 내달려서는 결코 존재(being)의 소중함을 깨달을 수 없고, 그러니 잘 존재(well-being)하는 삶을 살아갈 수도 없다.


## '존재' 자체를 고민해야 하는
## 진짜 이유

미국의 정신과 의사로 인간의 의식 수준을 수치화한 '의식 지도'를 제시한 데이비드 호킨스(David Roman Hawkins)는 우리 삶의 비전은 의식의 진화 단계에 따라 소유(having)—활동(doing)—존재(being)의 차원으로 발전해나간다고 말했다. 즉, '무엇을 가지고 싶다'는 욕망의 삶에서 '무엇을 하고 싶다'는 성취의 삶으로, 궁극적으로는 '어떠한 존재가 되고 싶다'는 깨달음의 삶으로 나아간다는 것이다.

이 세 가지를 의식의 발달단계에 따른 계층으로 해석한다면 소유하고 성취하는 삶은 저급하고, 존재하는 삶만이 고귀한 것으로 오해할 수 있다. 하지만 우리의 삶은 세 가지 중 어느 하나만으로 구성되지 않는다. 소유하고 활동하고 존재하는 삶이 모두 필요하다. 다만 소유든 성취든 자기 삶과 어떤 관계를 맺는가가 중요하다.

어떤 사람은 단지 허세를 부리기 위해 비싼 외제 자동차를 산다. 또 어떤 사람은 좀 더 안락한 삶을 위한 투자로 좋은 자동차를 산다. 누구의 삶이 더 풍성할까? 어떤 사람은 삶의 의미와 목적을 가지고 자기실현의 과정으로 직업을 선택한다. 또 어떤 사람은 사회적 통념에 따라 맹목적으로 직업을 선택하기도 한다. 누구의 삶이 더 만족스러울까?

존재의 삶을 사는 사람은 자기 자신이 어떤 존재인지, 어떤 존재가 되어 살 것인지에 관심을 기울인다. 소유한 것이나 성취한 것으로 자기 삶을 평가하지 않기 때문에 있는 그대로의 자기 모습에 감사하고 만족한다. 열심히 일해서 돈을 버는 것은 소유와 성취의 삶이다. 물론 이런 삶도 일정 부분 필요하다. 그러나 소유와 성취에만 관심을 기울이고 스스로 어떤 존재가 될지, 어떤 의미를 추구할지 고민하지 않는다면 아무리 많은 것을 가지고 이루었다 한들 행복하고 건강한 삶으로 갈 수 있을까?

행복을 이루려면
지금 여기에 집중하는 연습이 필요하다


안타깝게도 우리는 존재 자체에 목적을 두기보다 무엇을 '더' 가지려(having) 애쓰고, 이를 위해 '끊임없이' 무엇을 하고 있다 (doing). 학생은 좋은 학벌을 갖기 위해, 직장인은 돈을 더 벌기 위해, 결혼을 해서는 자식의 성공을 위해 고군분투한다. 갖는 것 이 곧 행복이며, 갖기 위해 무엇을 계속 해나가야만 잘 사는 것 이라 착각하는 것이다. 미래를 위해 지나치게 오늘을 희생하도록 훈련받아온 탓이다. 미래를 위해 위한 준비는 필요하지만 그것이 지나치면 결국 자기 존재를 외면하게 된다. 미래에 구속되어 끊 임없이 행하기만 하는 삶을 살게 되는 것이다.

그래서 나는 진정한 행복을 이루려면, 다시 말해 '웰빙(well-being)'으로 가려면 '빙(being)'이 먼저 되어야 한다고 말하곤 한다. 과거도 미래도 아닌 지금 여기에 존재하는 나 자신에 집중하는 것이다. '자기 존재'를 중심에 둔 삶의 의미와 목적을 발견하고 이 를 실현하고자 하는 의지가 뒷받침될 때 비로소 행복하고 건강 한 삶으로 나아갈 수 있다.

# ● 보통의 삶을
# 행복한 삶으로 끌어올리려면

　　모든 의사가 그렇겠지만 한 명의 환자를 치료하기 위해서 나는 정말 온갖 노력을 기울인다. 그렇게 치료를 했는데 얼마 지나지 않아 다시 진료실에 찾아오면 정말 속이 상한다. 꽤 오랫동안 그런 환자들과 함께하며 원인이 무엇인지, 재발을 막으려면 무엇이 필요한지 답을 찾는 중에 해결의 단초가 된 것이 긍정심리학이었다.

　　2000년대에 들어 한국에 소개된 긍정심리학은 기존의 심리학과 궤를 달리한다. 이전의 심리학이나 정신의학이 정신장애와 이상행동, 부적응 등의 심리적 질병을 치료하는 데 초점을 두고 불행한 삶(ill-being)을 특별한 장애가 없는 보통의 삶(normal-being)으로 끌어올리는 것이 목표였다면, 긍정심리학은 보통의 삶을 행복한 삶(well-being)으로 끌어올리는 것을 목표로 한다. 행복한 삶을 유지하고 있어야만 삶에서 큰 위기가 닥칠 때 보

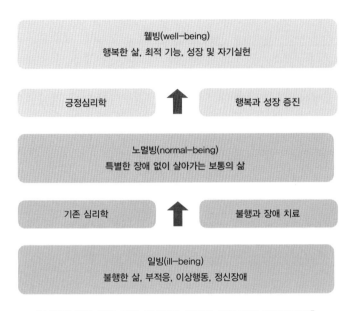

【보통의 삶을 위한 기존 심리학과 행복한 삶을 위한 긍정심리학】

통의 삶까지 내려올지언정 불행한 삶까지 추락하지 않기 때문이다.

무엇보다 우리는 단순히 덜 불행한 것이 아니라 행복해지길 원한다. 따라서 긍정심리학은 웰빙에 이르러 행복하게 살아가며 최적의 기능을 유지하고 성장하며 자기를 실현하는 데 초점을 두고 있다. 이것이 정신건강의학과 의사인 내가 긍정심리학을 연구하고 이를 실제 치료에 적용하기 시작한 이유다.

성취지향적이고 스트레스에 많이 노출된
한국인의 특성에 따라 도출된 긍정 자원

긍정심리학 도입 이후 행동하는 긍정주의자가 더 많아졌으면
하는 바람으로 책도 내고 워크숍도 수차례 열었다. 2012년부터
긍정주의를 실천하는 사람들의 모임인 옵티미스트 클럽을 운영
해왔고, 2016년에는 긍정을 배우고 확산하는 긍정학교를 설립해
삶에서 긍정성을 높이기 위한 여러 방법들을 알리고 있다.

한 가지 분명하게 짚고 넘어가고 싶은 건, 긍정은 흔히 말하듯
무턱대고 좋게 생각하는 것이 아니라는 점이다. 좋지 않은데 좋
다고 생각하는 건 왜곡에 불과하다. 수많은 자기계발서가 외치
듯 '좋게 생각하면 다 잘된다'라는 식의 태도는 진정한 긍정이 아
니다. 긍정의 참뜻은 '그렇다고 인정한다'이다. 있는 그대로 받아
들인다는 뜻이다. 다시 말해 진짜 긍정은 삶에서 일어난 일을 현
실적으로 바라보고, 있는 그대로 받아들이며, 그런 중에 내가 할
수 있는 일을 찾아 하는 것이다.

긍정 정서에 초점을 맞추고 긍정 자원을 발견하도록 돕는 치
료법은 임상 현장에서도 실질적인 효과를 나타냈다. 하지만 사람
마다 가지고 있는 긍정 자원이 달라 모두에게 똑같은 효과가 있
는 건 아니었다. 또 하나, 지나치게 성취지향적이고 스트레스 상
황에 많이 놓인 한국인의 특성에 맞춰 기존의 긍정심리학 이론

을 다듬을 필요가 있었다.

이런 문제를 보완하고자 우리나라의 수많은 불행한 사람을 오랜 시간 살펴봤고, 여러 논문의 결과들을 정리해가면서 그들의 공통적인 특성을 뽑아낼 수 있었다. 특히 확연히 드러나는 공통적인 요소는 '삶을 받아들이기 어려워한다', '적절하게 변화하지 않는다', '타인 혹은 자신과의 연결성이 약하다', '자신의 강점과 긍정성을 발휘하지 못한다', '지혜롭지 못하고 스트레스 상황을 적절하게 처리하지 못한다', '몸에 관심을 두지 않고 생각 속에서 산다', '지나치게 현실적인 삶에만 매몰되어 있다' 등이었다.

이런 한국인의 특성에 따른 긍정 자원을 연구하고 다듬는 과정을 통해 최종적으로 도출해낸 것이 수용, 변화, 연결, 강점, 지혜, 몸, 영성이라는 일곱 가지 모듈(module, 요소)이다. 이 일곱 가지 모듈이 결핍되면 암흑같이 어둡고 불행한 삶을 살게 되고, 이들이 조화를 이루어 삶의 빛으로 작용하면 웰빙의 삶에 이를 수 있다는 것을 증명할 수 있었다. 다시 말해 이 일곱 가지 모듈은 우리가 바라는 행복에 이르는 조건이라고 해도 무방하다. 그래서 나는 이 일곱 가지 요소를 빛의 스펙트럼처럼 삶의 스펙트럼이라고 부르기로 했다.

## 웰빙을 완성하려면 일곱 가지 요소를
## 모듈처럼 조합하고 적용하라

보통의 삶을 행복한 삶으로 끌어올리려면 각자의 심리 상태와 삶의 조건에 따라 '수용, 변화, 연결, 강점, 지혜, 몸, 영성', 이 일곱 가지를 마치 모듈처럼 잘 조합해서 적용해야 한다. 그중 수용, 변화, 연결은 웰빙과 직결된 요소로, 각각 주관적 웰빙, 심리적 웰빙, 사회적 웰빙에 이르는 방법이기도 하다. 이 세 기본 요소에 자신의 기질을 잘 살려 나다운 모습으로 살면서 자기실현을 하는 '강점', 삶에서 맞닥뜨리는 어려운 문제에 대처하는 '지혜'가 더해져 다섯 요소가 된다. 여기에 일상에서 인식하지 못하고 지내는 경향이 많은 '몸'과 평상시의 삶의 경험을 뛰어넘는 초월적인 것에 대한 경험인 '영성'을 더해 '5+2'의 형태로 만들었다.[1]

다음 그림은 이 일곱 가지 요소를 구조화한 것이다. 가운데에 웰빙의 핵심 요소인 수용, 변화, 연결이 원형 궤도로 연결되어 있다. 이 심리 궤도는 행복한 삶을 위한 심장이자 엔진 역할을 한다. 그다음 강점은 이 심리 궤도가 더 잘 돌아가도록 하는 지렛대 역할을 하고, 지혜는 심리 궤도가 문제없이 돌아가도록 하는 운영체제(OS) 역할을 한다. 그리고 이 다섯 요소는 몸과 긴밀한 영향을 주고받는다. 이 다섯 요소를 통틀어 '마음'이라고 할 때, 마음은 결국 몸이라는 구조 안에서 작동하는 것이므로 몸을 꼭

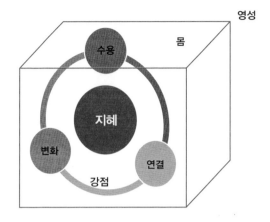

영성

몸

수용

지혜

변화

연결

강점

【 웰빙을 완성하는 삶의 스펙트럼 7요소 】

다루어야 진정한 웰빙으로 갈 수 있다. 그리고 몸과 마음은 영성을 통해 자기를 넘어선 초월적 세계와 연결될 수 있다.

　이제부터 진정한 행복, 즉 웰빙을 위한 일곱 가지 조건인 수용, 변화, 연결, 강점, 지혜, 몸, 영성에 대해 하나씩 자세히 살펴볼 것이다. 1장 수용에서는 가장 중요한 있는 그대로를 인정하는 방법을 배운다. 이를 통해서만 우리는 다음 단계로 나아갈 수 있다. 2장에서는 남과 비교하여 나은 내가 아니라 어제와 다른 나를 위한 변화를 이야기하고, 그 구체적 방법들을 소개한다. 3장에서는 연결, 즉 관계에 대해 이야기한다. 관계는 인간의 기본 욕구로, 내가 누군가와 연결되지 못한 느낌은 실제로 고통을 준다. 이어 4장 강점에서는 자신의 강점을 잘 이해하고 그 강점대로 살아갈 수 있도록 돕는다. 그것이 바로 나답고 행복한 삶이기 때문이다. 물론 강점만 발휘한다고 인생이 행복해지는 것은 아니다. 세상의 어려운 문제들은 '지혜'로만 풀 수 있다. 이에 대해서는 5장에서 다룬다. 이어 6장과 7장에서는 각각 몸과 영성에 대해 이야기하겠다. 삶의 빛을 잃은 사람들이 흔히 놓치고 있는 것이 바로 몸이다. 당연한 말이지만 몸과 마음은 하나다. 몸이 편하면 마음에도 안정이 찾아온다. 또한 인생을 살다 보면 지금까지의 능력으로는 더 이상 어떻게 할 수 없는 일에 부딪힌다. 수용, 변화, 연결, 강점, 지혜 그리고 몸까지 갖추었더라도 그 한계를 뛰어넘게 하는 무언가가 필요하다. 내가 나를 뛰어넘는 능력, 다시 말해 '자기를 초월하는 능력'이 바로 영성이다.

우리의 삶은 불행한 삶을 보통의 삶으로 끌어올리는 데 그치는 것이 아니라, 보통의 삶을 행복한 삶으로 끌어올리는 것을 목표로 해야 한다. 그동안 흔히 알고 있던 어떤 조건을 갖춰야 행복해지는 것이 아니라, 웰빙을 위한 일곱 가지 자원을 잘 갖추고 활용해야만 진정으로 행복한 삶을 살아갈 수 있는 것이다. 이제부터 하나씩 차근차근 살펴보자.

1장

## 수용

—

# 적극적으로 모든 것을
# 있는 그대로 경험하라

*Acceptance*

# ● 수용은
# 능동적인 긍정이다

　　웰빙, 즉 진정한 행복을 위한 첫 번째 요소는 수용이다. 정신적으로 건강하고 행복하게 살기 위해 반드시 갖춰야 할 첫 번째 전제 조건이기도 하다. 사실 수용이 되지 않으면 불행한 삶의 고리를 끊고 다음 단계로 나아갈 수 없다. 그래서 나는 일곱 요소 중 수용을 가장 중요하다고 강조하곤 한다.

　수용이란 스스로 판단하지 않고 있는 그대로 인정하고 허용하는 것이다. '수용하다'의 영어 'accept'의 어원은 '잡다, 이해하다'라는 뜻의 라틴어 'capere'다. 한국에서는 수용을 다른 말로 '받아들임'이라고 표현하기도 하는데, 이 '받아들임'은 단어의 어감으로 인해 오해를 불러일으키는 것 같다. 무조건 다 잘될 거라고 생각하는 것이 왜곡된 긍정인 것처럼, 어차피 안 될 거라며 그냥 포기하고 받아들이는 것은 진정한 수용이 아니다. 수용에서 말하는 '받아들임'은 체념하거나 포기하는 수동적인 행위가 아니라 적극적으로 이해하고, 인정하고, 경험하며, 잡아내는 매우 능동적인 행위다.

그래서 나는 수용을 긍정에 빗대어 설명하기도 한다. 진짜 긍정은 무슨 일이 벌어지든 좋게 생각하며 힘을 내는 것이 아니라 '벌어진 일을 그대로 받아들이며 인정하는 것'이다. 그런 의미에서 수용은 능동적인 긍정, 즉 기꺼이 경험하는 것이라 할 수 있다.

최근 초전도체 이슈로 세상이 떠들썩하다. 초전도란 전기 저항이 제로(0)인 상태를 뜻하며, 이러한 현상이 나타나는 물질을 초전도체라고 한다. 전기 저항이 완전히 사라지면 모든 전류가 손실 없이 흐르게 되므로 엄청난 에너지를 전달할 수 있다. 만일 초전도체가 상용화되면 인류 문명이 한 단계 업그레이드되는 것은 물론 엄청난 미래가 열릴 것이라는 게 학계의 정설이다.

사람은 원래 기적의 물질로 불리는 초전도체와 같은 존재다. 자신을 지나가는 모든 것을 있는 그대로 통과시킬 수 있다. 하지만 살면서 만들어진 경험과 자아로 인해 자신을 스쳐가는 것들에 저항하게 된다. 이것은 이래서 싫고 저것은 저래야 한다는 신념이 굳어져, 있는 그대로 받아들이지 못하는 것이다. 저항이 강할수록 에너지 손실 역시 클 수밖에 없다. 이때 수용은 모든 것을 그대로 지나가게 함으로써 '저항 제로'에 이르게 하는 작업이다. 그 어떤 것도 마찰 없이 그대로 통과시키기 때문에 고통으로부터 해방된 기적의 삶을 살 수 있게 된다.

수용

수용, 즉 능동적인 긍정이 삶에서 어떤 힘을 발휘하는지는 역사 속의 실제 이야기에서도 드러난다. 베트남 전쟁에 참전했다가 전투기가 격파되어 추락하는 바람에 1965년부터 1973년까지 무려 8년간 포로수용소 생활을 했던 미국 해군 전투기 조종사 제임스 본드 스톡데일(James Bond Stockdale) 중령의 이야기다.

베트남 하노이의 호아로 포로수용소에 수용되었던 스톡데일 중령은 끔찍한 고문과 회유가 반복되는 참혹한 환경에서 현실을 무작정 낙관하기보다는, 오히려 상황을 정확히 직시하고 받아들이는 쪽을 택했다. 그는 포로수용소에 갇힌 상황을 인정하면서도 맨몸으로 할 수 있는 운동을 하고 옆방의 포로들과 교류도 하면서 삶을 이어갔다. 마침내 석방되어 귀국한 스톡데일 중령은 이렇게 말했다. "크리스마스 전에, 부활절 전에 반드시 풀려날 것이라고 무조건 상황을 낙관했던 사람들은 오히려 반복되는 상실감을 견디지 못하고 먼저 세상을 떠났습니다."

현실을 외면한 채 막연한 희망을 품는 것과 현실적인 상황은 힘들지만 그럼에도 삶을 받아들이고 내가 할 수 있는 일을 하는 건 이렇듯 전혀 다른 결과를 가져온다. 그런 의미에서 수용은 '내 의지를 갖고 주어진 상황으로 한 발자국 더 들어가는' 능동적 자세를 갖고 있다. 전문가들은 '기꺼이 경험하기'를 '수용하기'와 동의어로 간주한다. '기꺼이(willingly)'라는 단어에는 이미 '자신의 의지로 선택하다'라는 적극성이 내포되어 있다.

# ● 지금의 내 삶에
## 무조건 "예스"라고 말하자

수용을 설명할 때 나는 이란의 시인 루미(Jalāl al-Dīn Muḥammad Rūmī)의 〈여인숙〉이라는 시를 종종 인용한다. 루미는 이 시에서 "기쁨, 절망, 슬픔 그리고 약간의 순간적인 깨달음 등이 예기치 않은 방문객처럼 찾아온다"며 "그 모두를 환영하고 맞아들이라"고 말한다. 인간의 삶에서 겪는 생로병사와 희로애락을 저 멀리에서 보낸 안내자이자 손님이라 지칭하면서, 인간은 '여인숙'과 같은 존재이니 그 손님들 모두를 감사하게 여기고 웃으며 맞이하라는 것이다. 그 모든 손님을 환영하며 맞이하는 것이 진정한 의미의 수용이라 할 수 있다.

그런데 여인숙을 찾는 손님 중에는 기쁨, 성취, 환희와 같은 반가운 손님도 있겠지만, 사실 우리 삶에는 우울, 분노, 불안과 같은 불편한 손님이 훨씬 많이 찾아온다. 아무리 여인숙이라고 해도 이런 손님들까지 감사한 마음으로 맞이하는 게 과연 가능할까?

교통사고로 한쪽 다리를 잃은 환자, 사기를 당해 집안이 풍비박산 난 사람에게 현재 당신의 상황을 감사한 마음으로 받아들이라고 하면 어떨까. 그 말에 수긍하는 건 고사하고 저리 꺼져버리라고 불같이 화를 낼지 모른다. 실제로 내담자들 가운데도 자신을 힘들게 하는 감정이나 경험을 수용하지 못하고 회피하거나 저항하다가 끝내 치료를 포기하는 경우가 꽤 있다.

진정한 수용은 고통을 받아들이되
딱 그만큼만 괴로워하는 것

그래서 나는 수용에 앞서 반드시 한 가지 전제가 따라야 한다고 강조한다. 고통(pain)과 괴로움(suffering)을 분리하는 일이다.

영어 'suffering'의 어원인 라틴어 'ferre'의 뜻은 '실어 나르다'이다. 고통을 내 마음으로, 내 삶으로 실어 나르기 때문에 괴로움이 생기는 것이다. 인간으로 살아가는 한 우리는 고통을 피할 수 없다. 무엇보다 인간은 유한한 존재로서 죽음이라는 고통을 겪어야만 한다. 하지만 고통 자체는 피할 수 없어도 고통으로 인한 마음의 괴로움은 피할 수 있다.

수용은 고통을 마치 초전도체처럼 있는 그대로 통과시킴으로써 괴로움의 웅덩이에 빠지지 않게 한다. 교통사고 같은 불의의 사고로 다리를 잃는 것은 분명히 고통스럽다. 하지만 인간에게는 고통을 딛고 일어나 좋은 삶을 향해 전진할 힘이 있다. 사랑하는 연인과 이별하는 고통을 피할 수는 없다. 그렇지만 이별을 자기 탓으로만 돌린 채 죄책감을 느끼며 괴로워하지 않을 순 있다.

사람은 저마다 타고난 능력이 다르다. 따라서 꿈을 꾼다고 모두가 뜻한 바를 이룰 수 있는 것은 아니다. 능력은 되지만 사고 같은 외부적 요인으로 꿈을 접을 수밖에 없는 경우도 있다. 이때 꿈이 좌절되는 것이 고통스럽겠지만, 그렇다고 살아온 삶 자체를 부정하거나 깊은 괴로움 속으로 자신을 밀어 넣지는 말아야 한다. 지금의 꿈을 이루지 못하더라도 얼마든지 괜찮은 삶을 꾸려갈 수 있다는 걸 믿고 노력의 방향을 전환해야 한다. 달리 표현하면, 우리는 살면서 고통이라는 첫 번째 화살은 피할 수 없지만 고통으로 인한 괴로움이라는 두 번째 화살은 피할 수 있다. 바로 이 두 번째 화살을 피하기 위해 필요한 것이 수용이다.

물론 부처나 예수가 아닌 이상 우리 마음에서 괴로움을 완전히 없애기란 불가능하다. 그래서 고통을 받아들이되 딱 그만큼만 괴로워하는 것을 목표로 했으면 좋겠다. 고통에 저항하거나 회피하면 할수록 괴로움은 배가된다.

당신이 늪에 빠졌다고 가정해보자. 어떻게든 빠져나오려고 발버둥을 칠수록 더 깊이 빠져든다. 그럴수록 두려움은 더욱 커지고 손발을 움직일 힘마저 소진해버린다. 당신을 도와줄 다른 사

수용

람들이 도착하기 전에 깊은 늪에 완전히 잠겨버리게 되는 것이다. 고통을 받아들이면 괴로움이 당신을 붙들고 늘어져 깊은 늪으로 끌고 들어가는 사태는 막을 수 있다. 수용은 결국 고통에 대한 저항을 줄임으로써 좋은 삶을 향해 계속 나아갈 힘을 비축하기 위한 것이기도 하다.

대학에 떨어졌으면 대학에 떨어진 것만큼만 실망하고 다시 마음을 다지면 된다. 입시에 실패한 것이 가난한 집안 사정으로 사교육을 받지 못했기 때문이라며, 무능한 부모와 자신의 운명까지 탓하면서 해결될 수도 없는 괴로움을 껴안지 말자. 암에 걸렸으면 암에 걸린 것만큼만 걱정하고 치료를 잘 받으면 된다. '내가 무엇을 잘못했길래 이런 일이 생겼을까'라며 어떻게든 암에 걸린 이유를 자기에게서 찾아내려 애쓰며 괴로움에 빠지지 말자.


잘못된 선택을 한 자신에게도
"그래도 괜찮아"라고 말할 때 삶은 나아간다


지금쯤 당신의 마음에서 이런 소리가 들려올지도 모른다.

'우울, 분노, 불안과 같은 손님을 웃으며 맞이하라고 하더니 이제는 고통스러운 일을 겪어도 너무 괴로워하지 말라고 하는구나. 이거 뭐 영화 〈미션 임파서블〉 찍으라는 건가. 정신과 의사

따위가 내 고통을 얼마나 이해한다고 이렇게 쉽게 말하지?'

나는 그런 당신에게 이렇게 말해주고 싶다. "나와 내 삶이 스스로 생각하는 기준에 미치지 못하더라도, 내가 기대했던 것만큼 훌륭하거나 아름답지 않더라도 그 삶을 인정하고 존중하는 것이야말로 진정한 수용입니다."

현재의 나를 수용한다는 건 지금까지 내려온 선택과 판단들마저 수용한다는 의미다. 살면서 매 순간 내렸던 선택과 판단들이 모여 지금의 내가 존재하기 때문이다. 진정한 수용은 잘못된 선택을 한 자신에게도 '그래도 괜찮다'고 말하는 것이다. 스스로 만족스럽지 않더라도 최선을 다한 결과임을 인정하고 지금의 내 삶에 무조건 '예스'라고 말하는 것이다. 방송인 김창완 씨는《안녕, 나의 모든 하루》라는 책에서 이렇게 말했다.

"내가 한 선택이 잘못이었다고 스스로 상처를 주는 일은 하지 마세요. 대부분의 선택은 아무리 작고 쉽게 잊히는 것들이라도 그 순간만큼은 정말 고민하고 최선을 다했잖아요. 그 나머지는 그냥 불가피했습니다. 그렇게 생각하니 매일이 꽉 차 있지 않나요."

그렇다. 수용은 내 삶이 완벽하고 마음에 들어서 '예스'라고 하는 것이 아니라 완벽하지 않고 마음에도 안 들지만 그럼에도 불구하고 '예스'라고 하는 것이다.

# ● 어떻게 있는 그대로의 나를
# 받아들일 것인가

수용에서 제일 중요한 건 달려가는 마음을 멈춰 세우는 것이다. 그러려면 좋고 싫다는 판단부터 그만둬야 한다. 무엇에 대한 좋고 싫음은 사실 본능적인 감정이며, 이 감정 뒤에 이루어지는 것이 판단이다. 그래서 나는 판단을 멈추려면, 자신이 경험하는 것에 대해 좋고 싫고를 결정하기 전에 그것이 무엇인지 일단 관심을 가지고 호기심 있게 바라보라고 조언한다.

우리는 흔히 억지로 안 되는 것들, 슬프고 괴로운 것들을 해결하려고 든다. 이에 더해 타인을 향한 '거기서 건져줘야 한다'는 구세주 콤플렉스 같은 것도 있다. '문제를 풀어야 한다'는 생각을 전제로 나와 세상을 바라보는 것이다. 이런 생각들이 자꾸 대상을 있는 그대로 보지 못하고 판단하게 만든다. 문제를 해결해야 한다는 강박에 사로잡히는 순간, 수용은 멀어진다.

건강한 수용은 다음의 세 가지 요소를 통해 완성된다. 주어진 상황을 무작정 낙관하지도, 허무주의적 태도로 체념하지도 않으면서 오히려 한 발 나아가 적극적으로 받아들이는 방법으로, 첫 번째는 '정상화'다. 사람은 누구나 실수나 잘못을 저지르며, 따라서 내가 이런 것이 이상한 것이 아니라 지극히 정상적이라는 사실을 인정하는 것이다. 예를 들어, 아무리 용감한 소방대원이더라도 인간인 이상 거센 불길을 두고 무서워서 물러서는 반응은 정상이다. 즉, 내 모든 행동을 정상이며, 나 말고 누구라도 이럴 수 있음을 받아들이는 것이 정상화다.

두 번째는 '타당화'다. 다른 사람은 어떤지 모르지만 적어도 나는 이럴 수 있다고 인정하는 것이다. 타당화는 'validation'이라는 영어를 번역한 용어다. 'valid'는 외국에 입국할 때 출입국을 허가하는 입국사증에 찍히는 말이기도 하다. 심리학에서는 수용하고 인정한다는 의미에서 '수인'이라는 말을 쓰기도 한다. 즉, 타당화란 비록 자신이 좀 허접하고 못마땅하더라도 괜찮다고, 타당하다고 말해주는 것이다.

그다음 세 번째는 '자기 확신'이다. 좀 부족하고 힘겹고 무엇 하나 뜻대로 되는 것이 없더라도, 자기 자신이 그 자체로 소중한 존재임을 받아들이는 것이다. 이렇게 자신을 인정하고 나면 어렵고 힘든 상황에서도 좋은 삶을 향해 나아갈 힘과 용기를 얻을 수 있다.

건강한 수용의 세 요소인 정상화, 타당화, 자기 확신을 거쳤음에도 불구하고 무언가 마음에 들지 않고 부족할 때 쓸 수 있는 비방이 있다. 바로 '아직'이라는 말이다. 아직 다 되지 못했다는 의미이다. 다만, 여기에 '도' 자를 붙여 "아직'도' 안 되었냐?"라고 하면 아주 부정적인 의미로 바뀌므로 조심해야 한다.

한번 수용이 되었다고 해서 그 상태가 계속 유지되는 것이 아니므로 살면서 거듭거듭 수용할 수 있어야 한다. '그렇게 노력했는데 아직도 왜 이 모양이지?'라고 자책하는 것이 아니라 '아, 아직 더 노력해야 하는구나'라고 인정하고 받아들이는 것이다. 우리 대부분은 수용을 잘하지 못하고 오랫동안 지속하지도 못한다. 그것을 이상하고 부족한 것으로 받아들이지 말고 '아직' 다다르지 못한 것일 뿐 영영 길을 잃어버린 것은 아니라는 점을 이해하고 믿어야 한다.

수용의 세 요소를 우리 삶에 어떻게 적용할 수 있는지 좀 더 구체적으로 살펴보자.

## ● 누구나 그럴 수 있다고
## 인정하는 것 — 정상화

건강한 수용의 첫 단추는 '정상화', 즉 '누구라도 그럴 수 있어', '이것은 잘못된 것이 아니야'라고 존중하고 인정해주는 것이다. 사람은 살면서 고통을 겪는다. 나만 겪는 것이 아니다. 이렇게 고통당하고 힘든 일이 생기는 건 지극히 정상이다. 즉, 내가 무언가 잘못했거나 결정을 제대로 하지 못해 고통을 겪는 것이 아니다. 그냥 고통은 삶의 자연스러운 현상일 뿐이다. 우리는 모두 살면서 힘에 부치는 어려운 일을 겪고, 노력한 만큼 결과가 나오지 않아 절망하기도 한다. 마음이 건강하지 못한 사람이라면 약간의 시련이나 결핍도 삶 전체의 실패로 받아들일 것이다. 하지만 우리는 결코 완전한 존재가 아니며 그것이 삶의 목표가 되어서도 안 된다. 우리의 삶은 매 순간의 선택으로 형성되는데, 언제나 올바른 판단만 내릴 수 있는 사람은 아무도 없다.

심지어 판단이 직업인 판사들조차 늘 객관적인 판결만 내리지 않는다는 사실이 밝혀졌다. 이스라엘 텔아비브대학 교수인 샤이 댄지거(Shai Danziger)가 2011년에 발표한 연구 결과는 판사들의 식사 여부가 수감자의 가석방을 결정하는 데 결정적인 외부 요인으로 작용한다는 사실을 보여준다. 가령 식사 시간 직후에 심리한 최초의 세 건과 식사 시간이 임박할 때 처리한 마지막 세 건을 비교한 결과, 밥을 먹고 편안한 상태로 판결한 경우에는 가석방 승인율이 52~63퍼센트에 이르렀지만 식사 시간이 임박해 지치고 힘들 때에는 승인율이 9~27퍼센트에 그쳤다.[2] 판사들은 스스로 엄격한 기준에 따라 합리적인 법률적 판단을 내린다고 생각하겠지만, 실제로는 식사 여부에 따른 혈당 수치나 휴식 여부에 따른 피로도가 판결에 영향을 미치는 것이다.


## 우리는 모두 완전한 존재가 아니며
## 그것이 삶의 목표일 수 없다

우리는 완전한 존재가 아니며, 따라서 결과가 좋지 않더라도 그런 선택을 했던 것이 잘못은 아니라는 점을 이해해야 한다. 우리가 살면서 행하는 수많은 선택에는 모두 그럴 만한 이유가 있었다. 선택하는 그 순간에 그것이 내게 가장 이롭다고, 내가 할 수 있는 최선이라고 믿었다면 그 믿음 자체를 존중하고 인정해야만 한다.

타인을 수용할 때에도 존중과 인정이 필요하다. 부모와 자녀의 예를 들어보자. 모든 부모는 자기 자녀에게 커다란 기대를 품게 마련이다. 이제 갓 걸음마를 시작한 아이를 보며 '내 아이가 혹 천재가 아닐까?' 하며 설레보지 않은 부모는 없을 것이다. 하지만 어떤 아이도 부모의 기대에 완벽하게 부응하지 못한다. 부모가 기대하는 아이란 이미 있는 그대로의 모습이 아니며, 기대하는 바 또한 아이 입장에서 형성된 것이 아니기 때문이다.

아이가 기대에 부응하지 못하더라도 존재 자체를 소중하게 여기고, 실수나 잘못을 해도 괜찮다는 존중과 인정을 보여줘야 한다. 예를 들면, 엄마의 심부름으로 그릇을 가져오다가 실수로 깨트려버린 아이에게 "너는 그렇게 덤벙대는 게 문제야. 나중에 커서 뭐가 될래"라고 말하는 대신 "네가 그릇을 빨리 가져다주려고 마음이 급했구나. 마음이 급할 때는 조심하지 않으면 그렇게 그릇을 깰 수도 있어. 중요한 건 소중한 네가 다치지 않았다는 거야. 그러니까 괜찮아"라고 말해줘야 한다. 아이가 그릇을 깨는 것은 당연한 일이다. 또 사춘기에 들어간 아이가 반항하는 것도, 부모에게 숨기고 싶은 비밀이 생기는 것도 정상이다. 자녀가 하는 이상하게 느껴지는 모든 행동도 사실은 정상이다. 아니라고 부인하고 싶겠지만 당신 또한 그때는 그랬다.

어차피 피할 수 없다면
'그럴 수 있다'라고 존중하고 인정하라


존중과 인정이 잘 안 되는 사람들은 종종 섣부른 판단과 평가부터 내린다. 사실 정신건강의학과 의사이자 교수로 살아온 내게도 존중과 인정은 쉽지 않은 과제였다. 늘 동료들과 후배들을 보면서 판단과 평가를 일삼았고 능력이 부족한 사람을 쓸모없다고 생각했다. 부진한 학생들을 보면 '저런 아이가 어떻게 의대에 들어왔지?'라며 한심하다는 눈빛을 보냈다. 일 못하는 후배들을 보면 '그딴 식으로 일할 거면 때려치워'라며 닦달했다.

2000년대 초에 긍정심리학을 공부하면서 조금씩 수용하는 훈련을 한 덕분에 능력이 있고 없고가 아니라 사람은 다 다르고 고유한 특성이 있다는 것을 깨달았고, 능력이 있으면 있는 대로 없으면 없는 대로 존중하고 인정할 수 있게 되었다. 예전에는 일부러 찾아간 식당에서 음식이 맛없으면 짜증이 났는데 이제는 인터넷에서 소문난 맛집이라고 다 맛있는 건 아니며, 맛집의 과장 광고에 속는 것 또한 충분히 있을 수 있는 일이라고 생각하게 되었다. 일을 잘하지 못하는 제자들을 볼 때도 경험이 많지 않은 전공의가 미숙한 건 정상이라고 생각하게 되었고, 오히려 '저 친구는 환자에게 참 따뜻한 것 같아'라며 다른 장점을 찾아보게 되었다. 이렇듯 주변 사람들이 마음에 들지 않았던 것이 그 사람의 문제라기보다 내 문제였다는 생각이 들었다. 모든 것이 정상이고 그럴 수 있다고 생각하니 존중과 인정이 쉬워졌고 삶이 훨씬 편해졌다. 결국 모든 수용은 더 좋은 삶을 위한 것이라는 사실을 나 스스로 증명한 셈이다.

존중과 인정을 잘하려면 우리가 완전한 존재가 아니며, 인생에는 우리가 피할 수도 바꿀 수도 없는 일들이 반드시 있고, 그런 일이 닥친 것이 모두 정상이라는 점을 받아들여야 한다. 나만 잘한다고 모든 일이 술술 풀리는 것도 아니고, 일이 잘못되는 모든 원인이 내게만 있을 수도 없다. 자신의 기대나 의도와는 상관없이 어느 날 갑자기 닥쳐오는 불행을 미리 피할 수도 바꿀 수도 없다. 어차피 피할 수 없다면 그것과 잘 지내는 법을 배우는 편이 현명하다.

가령 물이 가득 든 물통을 들고 있다고 가정해보자. 어차피 들고 있어야 하는 물통이라면 조금이라도 편하게 들고 있는 것이 낫지 않겠는가. 무거운 물통이 싫다고 해서 몸에서 멀리 떨어트려 어정쩡하게 들고 있으면 이리저리 흔들려서 더 힘들다. 차라리 가슴에 밀착시켜 안는 편이 힘이 덜 든다. 마찬가지로 내게 닥친 일을 두고 '그럴 수 있다'라고 존중하고 인정하는 것이 힘들고 괴로운 상황에서 가장 덜 불행할 수 있는 방법이다.

미국 텍사스대학 교수이자 '마음챙김-자기 자비(MSC)' 명상의 공동개발자이기도 한 크리스틴 네프(Kristin Neff)는 실패했다고 느끼며 부족한 자신을 탓하고 괴로워하는 사람들에게 처방해야 할 해독제로 '자기 자비(self-compassion)'를 제시했다. 그리고 자기 자비의 세 가지 핵심 요소로 자기 친절(self-kindness), 보편적인 인간성(common humanity), 마음챙김(mindfulness)을 꼽았다. 자기 친절은 자신의 결함을 관대하게 받아들이는 것으로, 수용의 두 번째 요소인 타당화, 즉 온화한 받아들임과 비슷하다. 보편적인 인간성은 '인간은 누구나 실수하고 잘못을 저지르며, 나 역시 단지 인간일 뿐'임을 인정하는 태도다. 마음챙김은 지금 이 순간의 감각과 정서를 알아차리는 것이다(마음챙김에 대해서는 뒤에서 자세히 살펴보도록 한다).

자신의 고통과 어려움을 외면하는 사람에게 더 나은 삶으로 나아가라고 조언하는 것은 사실 별 소용이 없다. 자신의 감정과 현재의 삶을 수용할 수 있어야만 비로소 행복의 취사 버튼을 누를 수 있다. 아무리 좋은 쌀을 좋은 솥에 안쳐도 취사 버튼을 누르지 않으면 밥이 지어지지 않는다. 삶도 다르지 않다. 정상화와 타당화를 거쳐 자기 확신까지 이르는 수용이 되어야만 비로소 좋은 삶으로 향하는 심리적 궤도가 돌아가기 시작한다.

# ● 나를 향한
## 다정하고 따뜻한 응원 — 타당화

      수용의 첫 요소인 정상화가 '인간은 누구나 그럴 수 있어. 그런 것이 이상한 것이 아니야'라고 인정하는 것이라면, 두 번째 요소인 '타당화'는 '다른 사람이 이러는 건 이상한 것일 수도 있겠지만, 적어도 나는 이렇게 행동하고 이렇게 느끼고 생각할 수 있어. 그래도 괜찮아'라고 말하는 것이다. 이유가 무엇이든 간에 '나는 이럴 수 있다'라는 것을 인정하는 것이 타당화다.

  '타당화'의 핵심은 온화한 받아들임이다. 온화함(warmth)은 주로 따뜻한 공감으로 나타나고, 다정하고 상냥한 말이나 행동으로 표현되기도 한다. 우리는 어떤 상황에서 문제가 있다고 판단되면 그것을 없애버리거나 해결하려고 한다. 그것이 삶을 올바르게 살아가는 태도인 양 말이다. 방바닥에 떨어진 머리카락을 곧바로 쓸어버리고, 얼굴에 난 여드름을 어떻게든 짜버려야 속이 시원하다. 아주 작은 문제라도 그냥 두고 보는 게 쉽지 않다. 하지만 우울이나 불안, 분노처럼 늘 찾아올 수 있는 손님들을 문제로 바라보고 제거하려고 들면 더 깊은 늪으로 빠져들 수 있다.

온화한 받아들임을 위해서는 그러한 것들을 문제로 인식하는 불편하고 부정적인 마음을 내려놓아야 한다. 오히려 그러한 것들을 '연민'의 마음으로 바라볼 수 있어야 한다. 그런데 과연 연민이란 뭘까? 여기저기 등장하는 '자기 연민에 빠진다'라는 표현 때문인지, 연민을 부정적으로 생각하는 사람이 많다. 하지만 '연민'의 진정한 의미는 '지금 힘이 들겠지만 그래도 너무 괴로워하지 말고 잘 이겨냈으면 좋겠다'라는 온화한 받아들임, 즉 사랑스럽게 바라보는 친절함과 그 고통이 없어지기를 바라는 강력한 마음이 합쳐진 자비를 말한다.


## 자기 자신을 따뜻하게 안아주고 공감하는
## 자비로운 응원의 마음

불교에서는 보살이 가지는 네 가지 마음인 자(慈)·비(悲)·희(喜)·사(捨)를 사무량심(四無量心)이라고 하는데, 그중 연민을 의미하는 비무량심이 바로 '중생을 불쌍히 여겨 고통의 세계에서 구해내고자 하는 마음'이다. 다시 말해 이때의 연민은 그저 불쌍히 여기는 마음에 머무는 것이 아니라 구해내고자 하는 마음으로 나아가는 자비이다. 기독교에서도 예수가 죄 속에 고통받는 사람들을 구하려는 자비의 마음으로 이 세상에 태어났다고 본다.

대중을 고통으로부터 구하려는 예수나 부처의 마음으로 나 자신을 바라봐야 한다. 3년째 공무원 시험에 떨어진 자기 자신을 다그치는 대신, 힘들고 괴로운 마음을 알아주고 자책하는 마음에서 스스로 빠져나오길 바라면서 따뜻하게 안아주자. 그것이 바로 진정한 자기 자비이다.

온화한 받아들임은 자기 수용에서도 중요하지만, 다른 사람을 이해하고 받아들이는 데도 무척이나 중요하다. 특히 한창 성장하는 어린아이에게는 부모가 얼마나 정서적으로 따뜻하게 공감해주고 수용해주는가가 정말 커다란 영향을 미친다. 부모에게 "넌 매일 게임만 하니 성적이 그 모양이지. 커서 뭐가 되려고 그러니!"라는 말만 들으며 자란 사람과 "성적이 좀 떨어졌구나. 너무 실망하지 마. 다음에 잘하면 되지"라는 말을 들으며 자란 사람이 과연 같은 결의 삶을 살아갈 수 있을까? 다른 집 아이들은 게임도 안 하고 열심히 공부한다는 것에 집중할 것이 아니라, 내 아이가 여러 여건상 지금은 게임에 몰두할 수밖에 없다는 것을 받아들이는 '타당화'를 통해 자비의 마음으로 아이를 대해보자.

나를 온화하게 바라봐주는 존재가 있다면
우리는 어떤 상황도 버텨낼 수 있다

온화한 받아들임의 가치는 사람 간에 긍정적인 정서를 공유하게 함으로써 호의와 애정 그리고 '연결감'을 느끼도록 해준다는 데 있다. 어린 시절에 부모로부터 느끼는 연결감을 심리학에서는 '애착(attachment)'이라고 표현하기도 하는데, 이러한 연결감이 중요한 이유는 그것이 심리적 안전감을 주기 때문이다.

"내가 무언가 실수를 하거나 잘못을 해도 우리 부모님은 나를 미워하지 않고 이해해주실 거야"라는 심리적 안전감을 느끼는 아이들은 자기 자신에 대해서도 안전감을 느낄 수 있다. 반면 부모에게 "넌 문제가 많아. 구제불능이야"라는 소리만 내내 듣고 자란 아이는 자기 자신에 대해서도 안전하게 느끼기가 어렵다. 작은 실수나 잘못에 대해서도 스스로 가혹해지기 쉽고, 이러한 엄격함이 타인을 대하는 태도에 그대로 반영되기도 한다. 허접하고 못마땅한 자기 삶에 대해서 '예스'라고 말할 수가 없게 되는 것이다. 부모의 온화한 받아들임은 이렇듯 아이가 어떤 모습으로 자라나는가에 지대한 영향을 미친다.

우리에게는 내 감정이 어떤지를 알아주고 자비의 마음으로 온화하게 바라봐주는 그런 존재가 너무나 필요하다. 부모가 되었든 친구가 되었든, 그런 사람이 단 한 명이라도 반드시 있어야 한다. 건강하고 행복한 삶을 위해, 아니 생존 자체를 위해서도 정말 중요한 것이 내가 어떤 모습이든 따뜻하게 바라봐주는 존재다. 그런 존재가 곁에 있으면 우리는 죽을 만큼 힘들고 괴로운 상황도 이겨내고 버텨낼 수 있다. 무엇보다 스스로 자기 자신에게 그런 존재가 되어주는 것이 중요하다.

수용

# ● 나는 괜찮은 사람이라고
믿는 것 — 자기 확신

수용의 세 번째 요소는 '자기 확신'이다. 자기 확신은 현재 자신의 감정이나 삶의 모습이 어떻든 '나는 소중한 존재이고 괜찮은 사람이다'라고 믿는 것이다. 자기 확신이 뭐가 어렵냐며 고개를 갸웃하는 사람도 있겠지만, 오랜 임상 경험을 통해 느낀 바는 생각보다 자신에 대한 부정적 편향이 강한 사람이 많다는 것이다. 이는 대개 불안, 분노, 패배감, 결핍감 등과 같은 부정적 감정이나 생각을 자기 자신과 동일시하는 데서 비롯된다. 가령 실패로 인해 좌절을 느끼면서 그렇게 좌절된 상태가 바로 자기 자신이라고 생각하는 것이다. 부정적인 감정과 생각을 자기 자신으로 여기지 않고, 진정한 자기 모습을 마주하며 그 모습이 어떻든 긍정하고 사랑해주는 것이 바로 '자기 확신'이다.

부정적 편향에서 벗어나려면 먼저 자신의 상태를 알아차려야 한다. 하지만 부정적인 감정이나 생각은 스스로 인식하지 못하는 사이에 자동적으로 형성되기 때문에 알아차리기가 어렵다. 차를 운전하거나 자전거를 탈 때 별다른 의식 없이 핸들을 돌리고 페달을 밟는 것과 같은 이치다. 우리는 매 순간 자신의 의지로 생각하고 판단하며 행동하는 것 같지만, 사실은 뇌가 인식하고 해석한 대로 움직이는 경우가 많다. 부정적 편향에서 벗어나지 못하는 이유도 그것이 자신의 선택이 아닌 뇌가 꾸며낸 것에 속아 넘어간 결과이기 때문이다.

우리가 자신에 대해 부정적 편향에 빠지는 이유는 뇌의 인식 체계가 지닌 편향성 때문이다. 뇌의 속임수에 지배당하지 않고 부정적 편향에서 벗어나려면, 생각과 거리를 두고 관점을 전환하려는 노력이 필요하다. 생각과 거리를 둔다는 건 쉽게 말해 생각에서 빠져나오는 것이다. 빠져나와야 비로소 자기 생각을 알아차릴 수 있다. 생각 속에 머물 때는 생각과 자신을 동일시하기 쉽다. 있는 그대로의 자기 자신이 아닌 생각으로 덧칠된 모습을 자기 자신으로 인식하는 것이다. 생각에서 빠져나와 알아차리고 바라봐야 그것이 진짜 자신이 아니라는 사실을 깨달을 수 있다.

'아, 내가 시험에서 계속 떨어지는 이유는 공부법이 잘못되어서일 수도 있는데 내가 멍청하고 게으르기 때문이라고 자책만 하고 있구나'라고 알아차리는 것만으로도 부정적 편향에서 벗어나는 데 도움이 된다. 부정적인 인식은 늪과 같아서 빨리 빠져나오지 않으면 더 깊이 침잠할 위험이 있다. 알아차림이 어렵다면 소리나 감촉과 같은 신체 감각으로 주의를 돌리는 것도 큰 도움이 된다.

부정적 편향에서 빠져나와 자기를 긍정하고 확신하고자 할 때도 역시 '자기애'와 '자기 자비'가 도움이 된다. 흔히 우리는 자존감이 높은 사람이 마음이 건강한 사람이라고 말하는데, 자존감은 자신을 스스로 어떻게 평가하느냐에 달렸다. 그리고 이 평가는 뇌의 편향성에 좌우되기 쉽다. 부정적 편향에 빠진 사람들은 자존감을 '자아도취'와 동의어로 해석하며 절대로 자기 자신에게 관대해서는 안 된다고 다짐한다. 반면에 자존감을 자기애로 해석하면 자기에게 이로운 것이 무엇인지가 선택의 기준이 된다. 힘들고 고통스러운 감정과 생각에 빠지는 것이 이로울 리가 없다. 실패를 새로운 기회로 삼을 의지와 능력이 내게 있다고 믿는 편이 훨씬 이롭다. 한편 자기 자비는 부정적 편향에 빠진 것조차 그럴 수 있다고 허용하면서, 한편으론 그것을 발판 삼아 다른 방향으로 나아가도록 이끌어준다.

앞에서도 강조했듯이 자기 연민은 자신을 불쌍하게 여기거나 슬픔과 고통 속에 빠져버리는 것이 아니다. 자기 연민은 스스로 고통에서 벗어나고 자기 존재의 가치를 발견할 힘이 내면에 있음을 깨닫도록 응원해주고 지지해주는 자기 자비의 마음이다.

# ● 지금 여기에 머무르는 훈련, 마음챙김

　　건강한 수용을 위해서는 부정적인 생각과 거리를 두고 관점을 전환함으로써 '나는 그 자체로 소중한 존재다'라는 자기 확신을 할 수 있어야 한다. 그러려면 내 마음이 부정적인 방향으로 흐르지 않고 좋은 쪽에 머무르도록 평소에 잘 챙겨야 한다. 마음이 머문다는 것은 다른 표현으로 '관심을 두는 것'이다. 관심의 한자는 흔히 볼 관(觀)에 마음 심(心)을 써서 '觀心'으로 아는 경우가 많은데 이것은 마음의 본바탕을 바르게 살펴본다는 의미로 일종의 수행 관점의 용어다.

　　실제 우리가 흔히 '관심을 준다'라고 말할 때의 관심은 관계할 관(關)과 마음 심(心), 즉 '關心'이다. 이 관심은 어떤 것에 마음이 끌려 주의를 두는 것이다. 이때 쓰는 '관(關)'은 '세관(稅關)'처럼 들고나는 물건들을 면밀하게 들여다보는 곳을 이를 때 쓰는 말이다. 다시 말해 우리가 우리 삶에 적용해야 할 진정한 관심은 '면밀하게 들여다보고 마음을 쓰는 모습'을 뜻한다.

우울증 환자는 대개 자신의 부정적인 모습에만 관심을 둔다. 결혼생활이 괴롭고 힘든 사람은 배우자의 부정적인 성품에만 관심을 두는 경우가 많다. 마음이란 것이 참 묘해서 어떤 대상에 관심을 둘수록 그것이 더 크고 중요해 보인다. 관심을 두면 의미를 부여하게 되고, 의미를 부여할수록 더 중요하고 절대적인 것처럼 느껴지는 것이다. 그래서 부정적인 자기 모습에 마음이 머무르면 그런 모습이 자신의 전부인 양 느껴진다.

부정적인 생각과 거리를 두고 마음을 긍정적인 방향으로 전환하려면 생각에서 빠져나와 '현존(presence)'에 집중해야 한다. '내가 그때 왜 그랬을까, 내가 그때 그렇게 선택하지 않았더라면' 등등의 '그때 거기'의 생각에서 빠져나와 '지금 여기'의 현존에 머무르는 훈련이 바로 '마음챙김'이다. 마음챙김은 아무런 판단도 저항도 하지 않으면서 현재 순간을 객관적으로 관찰하며 자각하는 것이고, 자각한 경험에 대해서도 그냥 깨어서 알아차리기만 할 뿐 좋다거나 싫다거나 하는 감정적 개입을 하지 않는 것이다.

마음챙김이 가져다주는 심리적 이익은 주관적인 감정이나 생각으로 채색된 가짜 현실이 아니라 있는 그대로의 진짜 현실을 보도록 해준다는 것이다. 자기 마음을 '그때 거기'가 아닌 '지금 여기'에 두는 마음챙김을 통해 우리는 온갖 선입견과 고정관념에서 벗어나 존재 자체의 소중함을 깨닫고 자기 확신에 다가갈 수 있다. 기분장애나 불안장애의 치료에서도 마음챙김이 매우 강력한 수용을 가져올 수 있다는 점은 이미 여러 임상 현장에서 증명되고 있다. 마음챙김 명상의 현대화에 선구자적인 역할을 한 매사추세츠 의과대학의 존 카밧진(Jon Kabat-Zinn) 교수는 비판단적 태도, 인내심, 초심자의 마음, 신뢰, 애쓰지 않는 것, 수용, 놓아주기를 마음챙김의 일곱 가지 태도로 제시하기도 했다.

## 마음챙김을 거듭하면 방황하는 주의력을 지금 여기로 되돌리는 힘이 세진다

마음챙김 훈련을 할 때 중요한 것 중의 하나가 알아차림을 지속하는 힘이다. 알아차림을 뒷받침해주는 것은 자꾸 '생각'으로 가려는 주의를 지금 여기에 머무르게 하는 집중력이다. 미국 현대 심리학의 아버지라 불리는 윌리엄 제임스(William James)는 "방황하는 주의력을 의식적으로 계속해서 되돌릴 수 있는 능력이 바로 판단력, 인격 그리고 의지력의 뿌리다. 이 능력이 없는 사람은 자신의 주인이 될 수 없다"라고 말했다. 물론 현존에 대한 알아차림을 지속하지 못하고 자꾸 감정이나 생각으로 끌려가는 것은 자연스러운 현상이다. 하지만 마음챙김 훈련을 거듭하다 보면 '방황하는 주의력'을 지금 여기로 되돌리는 힘이 강해지고 알아차림을 지속하는 시간이 점점 더 길어지는 것을 경험할 수 있다.

마음챙김 훈련은 다양한 형태로 이루어질 수 있는데, 일반적으로 가장 많이 접할 수 있는 것은 집중 명상의 일종인 '호흡 명상'을 활용하는 것이다. 호흡 명상은 말 그대로 호흡 자체에만 집중하면서 욕구나 생각이 멈춘 고요한 의식의 상태에 도달하는 것을 목표로 한다. 그런데 오랫동안 고요한 상태에서 집중력을 유지하는 것이 생각보다 쉽지 않다. 오랫동안 부정적인 생각에 지배당하던 관성 때문에 호흡에 주의를 기울이던 정신이 자꾸 생각으로 흘러가기 때문이다. 현존을 체험하기보다는 오히려 온갖 생각과 망상에 휘말리는 부작용을 경험하기도 한다. 이렇듯 정신이 자꾸 흐트러질 때에는 내 마음이 산란해지고 있다는 것을 '알아차리고' 다시 호흡에 집중하기를 반복하면 된다.

방석에 앉아 호흡에 집중하는 명상을 어려워하는 사람들에게 추천하고 싶은 것은 '움직임 명상'이다. 움직임 명상은 춤, 요가, 걷기, 운동 등과 같은 움직임을 하면서 그때그때 일어나는 몸의 변화를 명료하게 자각하고 알아차리는 명상법이다.

신경과학의 관점에서 명상의 효과를 분석하는 뇌과학자들의 연구 결과에 따르면, 움직임 명상이 뇌의 활성화 패턴을 바꿈으로써 부정적 반추(rumination)와 관련된 뇌 부위를 안정화하는 데 매우 효과적이라고 한다. 부정적 반추란 부정적 사건에 대한 기억이나 나쁜 경험을 반복해서 떠올리고 생각하는 것을 말한다.

움직임 명상 가운데 비교적 쉽게 접근할 수 있는 것으로 '걷기 명상'이 있다. 걷기 명상은 말 그대로 걸으면서 발의 움직임에 따른 감각에 주의를 집중하는 명상법이다. 방법은 한쪽 발을 바닥에서 천천히 들어 올려 다시 바닥에 내려놓고 다른 쪽 발을 들어 올려 내딛는 걷기 동작을 하면서 발의 움직임이 어떻게 진행되는지, 발바닥에 닿는 감촉이 어떠한지, 발을 들거나 내려놓을 때 몸의 균형이 어떻게 달라지는지 등 세세한 움직임을 하나하나 알아차리는 것이다. 걷기 명상은 생각에서 빠져나와 몸의 감각으로 주의를 돌려 현존을 체험하기 위한 좋은 방법이다.

우리의 몸과 마음은 뇌를 통해 서로 영향을 주고받으며 연결되어 있다. 움직임 명상이 부정적 반추를 멈추는 데 영향을 미치는 것도 그런 원리다. 몸의 감각을 인식하는 것도 생각이 떠오르는 것도 모두 뇌가 주관하는 일이기 때문에 감각을 인지하면서 동시에 생각에 집중하는 것은 매우 어렵다. 그래서 걷기 명상을 하며 발의 움직임과 촉감을 통해 감각에 집중하다 보면 생각이 끼어들 틈이 없어진다. 호흡에 집중하는 것도 움직임에 집중하는 것도 결국에는 감각에 집중함으로써 생각에서 빠져나와 거리를 두기 위한 것이다.

감각에 집중할 수 있는 훈련법이 또 있다. 눈앞에 책상이 있다고 가정하자. 이때 책상의 표면을 직접 손으로 만지면서 촉감을 느껴보고, 불빛에 따라 색이 조금씩 달라지는 것을 관찰하며 시각적인 경험을 해보는 것이다. 특히 좋은 느낌을 주는 감각 경험을 쌓아나가다 보면 부정적 생각이 점진적으로 사라지는 것을 느낄 수 있다. 가령 부드럽고 말랑말랑한 촉감이 느껴지는 물건을 주머니에 넣고 다니면서 수시로 만져보자. 일상생활을 하며 자신도 모르게 생각 쪽으로 몰려가는 마음을 다시 감각으로 가져오는 데에 큰 도움이 된다.

기분이 환기되는 시각적 경험에 자주 노출되는 것도 좋다. 나는 휴대전화에 '아름다운 순간'이라는 제목의 폴더를 만들어놓고 내가 직접 경험한 기분 좋은 장면을 사진으로 찍어 모아둔다. 여행지에서 본 황홀한 노을, 출근길에 우연히 마주친 붉은 꽃망울 등의 사진을 보면서 기분이 좋아지는 감각 경험을 하는 것이다. 이런 것들은 일상에서 그리 어렵지 않게 해볼 수 있는 것들이니, 자신에게 잘 맞는 방법을 찾아서 꾸준히 실천해봤으면 좋겠다.


주의를 돌려 감각에 집중하다 보면
생각이 끼어들 틈이 없어진다


생각은 뇌에 저장된 '기억'이라는 데이터를 기반으로 하는 인지 작용이다. 뇌는 오감을 통한 경험을 기억의 형태로 저장했다가 특정한 상황에서 의식으로 떠올려 어떻게 행동할지 판단하는 생각의 재료로 활용한다. 그래서 우리는 경험이 다르면 기억이 달라지고, 기억이 다르면 같은 상황에서도 다른 판단을 하게 된다. 생각은 과거의 경험으로 빚어진 기억을 재료로 삼는데, 우리는 기억의 주체를 자기 자신이라 여기기 때문에 생각 자체도 자기 자신과 동일시하게 된다.

이러한 뇌의 인식 메커니즘을 바탕으로 설명하자면, 수용은 기억과 생각을 자신이라 여기는 오류에서 빠져나와 지금 여기를 경험하는 자신을 생생하게 자각하고 인식하는 것이다. 수용전념 치료 전문가들이 강조하는 "마음에서 빠져나와 삶 속으로 들어가라"라는 메시지도 결국 같은 의미다. 생각을 줄이고 감각을 키우는 여러 훈련의 목표는 결국 생생한 삶의 감각을 회복하는 것으로 귀결된다. 기억으로 가치가 매겨지고 생각으로 덧칠된 마음에서 벗어나 지금 여기에 대한 감각을 통해 삶을 긍정하는 것, 그것이 우리가 어렵더라도 꼭 해야만 하는 진정한 수용이다. 수용은 행복으로 가는 변화의 초석이다.

## ● 더 좋은 삶을 만드는 동력, 긍정적인 경험하기

삶에 대한 생생한 감각을 회복한다는 것은 지금 여기의 삶에서 나를 즐겁고 힘이 나게 하면서 더 좋은 삶으로 나아가게 하는 동력이 되는 것들을 발견하고 경험하는 것이다. 그런 경험들을 통해 우리는 비록 힘들고 괴로운 일을 겪더라도 그것이 나와 내 삶의 전부가 아니라는 점을 인식하면서 '그러함에도 불구하고 예스!'라고 받아들이는 수용을 하게 된다.

건강한 수용을 하려면 고통을 저항 없이 잘 받아들이는 것이 중요하지만, 그것을 상쇄할 긍정적인 경험을 많이 하는 것 역시 중요하다. 사실 우리 삶에는 아주 작은 것에서부터 크고 중요한 것에 이르기까지 긍정적이고 행복한 경험을 할 기회가 많다. 다만 우리가 그것들을 미처 알아차리지 못할 뿐이다.

삶에서 좋은 것을 발견하는 능력이 있다면
행복이 저절로 오지 않을까

자기 자신과 삶을 부정하거나 회피하려는 경향을 보이는 우울증이라는 병은 한편으론 '삶에서 좋은 것을 발견하는 능력'을 상실한 것으로도 볼 수 있다. 실제로 우리 연구실에서 우울증 환자의 긍정적인 인식 능력이 떨어진다는 점을 보여주는 연구를 진행한 적이 있다. 피실험자들에게 웃는 건지 우는 건지 모호한 사람의 표정을 보여주면서 "지금 이 사람이 얼마나 행복한 것 같은가?"라고 묻고 행복해 보이는 정도에 따라 숫자 1부터 10을 선택하도록 했다. 그렇게 우울증 환자와 일반인을 대상으로 연구를 진행한 결과, 우울증 환자들이 행복한 표정을 인식하는 능력이 상대적으로 떨어진다는 점을 발견했다.

우울증 환자가 아니더라도 삶에서 좋은 것을 발견하고 경험하려면 상당한 의식적 노력을 기울여야 한다. 이것은 뇌의 부정적 편향성 때문이다. 뇌는 기본적으로 생존을 위한 기관이다. 생존하기 위해서는 당연히 내 삶을 위협하는 부정적인 것들을 잘 찾아내야 한다. 그러다 보니 좋은 것보다는 위험하고 안 좋은 것을 찾아내는 데 특화될 수밖에 없다.

뇌를 인터넷에 비유해 생각해보자. 웹사이트에 접속하면 '쿠키를 허용하겠는가'라고 묻는 메시지가 뜬다. 쿠키는 이 사람이 해당 웹사이트에 몇 번 접속했는지, 어떤 계정으로 로그인했는지, 웹사이트에 방문해 무엇을 검색했는지, 장바구니에 어떤 상품을 담았는지 등을 저장한다. 서비스를 제공하는 웹사이트에서는 쿠키를 통해 사용자의 특성을 파악하고 이를 마케팅에 이용한다. 그래서 쿠키를 일명 '온라인 마케팅을 만드는 과자'라고 부르기도 한다.

인간의 뇌에서는 기억이 바로 이런 쿠키에 해당한다. 웹사이트 방문 기록이 쿠키라는 형태로 내 컴퓨터에 저장되듯이, 내 모든 경험이 기억이라는 형태로 뇌에 쌓인다. 기억이라는 데이터 덕분에 뇌는 어떤 상황에서 자극이 들어왔을 때 이를 예측하고 판단하는 일을 상당히 효율적으로 수행할 수 있다.

그런데 뇌는 기억이라는 쿠키를 합리적 판단보다 직관적 판단에 먼저 사용하도록 진화했다. 오래전 원시시대부터 직감에 의존해서 빠르고 효율적으로 판단을 내리는 것이 생존에 유리했기 때문이다. 인간을 공격하는 맹수들에게 당하지 않으려면 대충 보고도 순식간에 판단을 내리고 재빨리 몸을 피해야 했다. 문명화된 오늘날에도 우리는 먹구름만 보고 비가 올 것 같으니 빨리 뛰어가야겠다고 판단하거나, 수상한 몸짓이나 표정을 짓는 사람을 보면 위험할지 모르니 피해야겠다고 판단한다. 생존을 우선시하는 뇌가 위험하고 부정적인 것을 먼저 인식하기 때문이다.

아무것도 하지 않고 멍 때릴 때
뇌의 디폴트 모드 네트워크가 활성화된다

　뇌의 편향성도 문제지만 나이가 들수록 자신이 경험하는 정보
들을 대충 보는 성향이 강해지는 것도 문제다. 미국 듀크대학교
의 아드리안 베잔(Adrian Bejan) 교수는 그 이유를 〈나이가 들면
왜 낮이 더 짧게 느껴지는가〉[3]라는 논문을 통해 신체가 노화하
면 단시간 내에 많은 정보를 처리하는 것이 어려워지기 때문이라
고 설명했다. 즉, 우리는 나이가 들수록 같은 시간에 같은 것을
보고 같은 경험을 해도 상대적으로 더 적은 이미지만 뇌에 저장
하게 된다. 영상으로 치면 프레임 수가 줄어드는 것이고, 컴퓨터
그래픽에 비유하자면 픽셀 수가 줄어드는 것이다. 물리적 시간과
우리 마음이 인식하는 시간은 각기 다른데, 마음은 뇌에 저장되
는 이미지가 업데이트될 때 시간이 흘렀다고 인식한다. 나이를
먹을수록 인식되는 이미지가 적으니 젊은 시절보다 시간이 빨리
지나가는 것처럼 느끼게 된다.
　노화가 진행되기 전이라도 뇌에 너무 많은 정보가 쌓여 과부
하가 걸리면 정말 알아차려야 중요한 것들을 놓치는 문제가 발
생한다. 뇌가 처리할 수 있는 정보의 양에는 한계가 있기 때문에
생존에 우선하는 부정적인 정보들을 먼저 처리하고 긍정적인 정
보들은 대충 지나치도록 작동하는 것이다.

오늘날 문명사회를 살아가는 인간이 놓쳐버린 중요한 능력 중 하나가 '아무것도 하지 않고 그냥 있는 것'이다. 하지만 온갖 감정과 생각을 내려놓고 마음을 쉬게 할 때 오히려 뇌에 저장된 기억이라는 정보를 더 잘 활용할 수 있다. 뇌에는 '디폴트 모드 네트워크(default mode network)'에 해당하는 영역들이 있는데, 이는 우리가 아무것에도 집중하지 않은 채 그저 쉬면서 멍하니 있을 때 활성화된다. 불필요한 기억을 지워서 공간을 확보하거나 오래된 기억을 활성화해 여러 종류의 생각을 다시 조합하는 등의 생산적인 일이 바로 그 순간에 이뤄진다.

과학자들은 디폴트 모드 네트워크가 활성화되는 것을 '신체를 이완하는 스트레칭 운동처럼 정신을 이완하는 운동'이라고 설명한다. 뇌의 디폴트 모드 네트워크를 활성화할 때 우리는 비로소 고도의 정신적 능력이라 일컬어지는 통찰력을 얻을 수 있다. 명상에서 '그냥 쉬기'를 강조하는 이유도 그것이 현재의 순간을 명료하게 알아차리는 힘을 되돌려주는 좋은 방법이기 때문이다.


## "힘든 하루였어" vs. "좋은 하루였어"
### 수용에서 긍정적 경험을 중시하는 진짜 이유

충분히 시간을 갖고 주어진 자극을 최대한 받아들여야 긍정적인 경험도 더 많이 할 수 있다. 우리는 뭐든 빨리빨리 하려는 성급함 때문에 삶에서 좋은 것들을 많이 놓치며 살아간다. 시간을 아끼기 위해 가까운 거리도 차를 타고 이동하니 시시각각 달라지는 자연의 변화와 아름다움을 감상할 여유가 없다. 친구와 오랜만에 만나 밥을 먹으면서도 머릿속으로는 내일 아침 회의 시간에 발표할 보고서를 걱정하느라 다정한 교감을 나누지 못한다. 요즘에는 새로운 지식과 정보를 뭐든 짧게 요약해주는 유튜브 영상을 통해서 얻는다. 책을 읽으며 새로운 지식을 얻는 즐거움을 누려보라고 말하면 '꼰대' 취급을 받는 시대다. 뇌는 생존을 위해 효율성을 추구하도록 진화했지만, 그 효율성 때문에 우리는 삶의 진정한 가치들을 놓치며 살아간다. 아이러니가 아닐 수 없다.

영화 〈어바웃 타임〉은 우리가 일상에서 아주 작은 것일지라도 충분히 경험하면서 긍정적인 것들을 발견해낼 때 삶이 얼마나 달라질 수 있을지를 보여준다. 이 영화에서 주인공 팀은 성인이 된 날 아버지로부터 오래전부터 전해져온 가문의 비밀을 듣는다. 그 비밀은 바로 가문의 남자들에게 시간을 되돌릴 능력이 있다는 것이다.

영화 후반에 변호사인 팀이 여느 사람들처럼 하루하루를 평범하게 살아가는 모습이 나온다. 회의 시간에 상사에게 싫은 소리를 듣고, 전철을 놓치고, 샌드위치로 점심을 때우고, 재판에 늦어

정신없이 법원에 달려가고, 어둑해진 밤에야 피곤하고 지친 상태로 퇴근한다. 그러고는 밤에 잠자리에 누워 "힘든 하루였어"라고 읊조린다.

그다음, 똑같은 일상들을 다시 살아보는 장면이 펼쳐진다. 팀은 "두 번째 살면서 처음에는 긴장과 걱정 때문에 볼 수 없었던 세상의 아름다움을 제대로 보는 연습을 해보라"라는 아버지의 조언대로 순간순간을 긍정적으로 바라보려 애쓴다. 잔소리 심한 상사 덕분에 동료와 유쾌한 농담을 주고받고, 점심으로 때울 샌드위치를 살 때는 직원의 상냥한 미소에 힘을 얻는다. 법원으로 달려갈 때도 잠시 멈춰 건물 천장의 아름다운 그림을 감상하고, 재판에서 승소하고서는 시간을 되돌리기 전에는 심드렁했던 것과 달리 동료와 함께 진심으로 기뻐하고 환호한다. 일과를 마치고 잘 시간이 되었을 때 오늘 어땠느냐고 묻는 아내에게 "아주 좋은 하루였어"라고 대답한다. 그러고는 이렇게 같은 일을 하면서도 전혀 다른 삶을 살 수 있게 만들어주는 것은 "단지 세상의 아름다움을 '알아차리는 것'뿐"이라고 말한다. 매 순간 세상의 아름다움을 제대로 보면서 살 때와 그렇지 않을 때 삶을 받아들이는 태도와 기분은 이렇게 달라진다.

사실 삶 자체를 바꾸는 건 어렵다. 변호사는 변호사대로, 의사는 의사대로, 학생은 학생대로 주어진 삶을 살아야 한다. 우리가 할 수 있는 것은 각자의 삶에서 이미 자신에게 주어진 긍정적인 자원들을 발견하고 그것들에 기쁨을 느끼면서 살도록 노력하는 것이다.

수치로 정확하게 표현할 수는 없지만, 어떤 부정적 문제를 해결하고 정서적 균형을 잡으려면 세 배 이상의 긍정적 경험을 해야 한다. 미국의 사회심리학자인 존 가트맨(John Gottman) 박사는 《결혼의 수학》이라는 책에서 "불행한 결혼생활을 하는 부부가 대화 나누는 모습을 관찰한 결과, 냉소나 경멸이 담긴 부정적인 말을 긍정적인 말에 비해 세 배 이상 많이 할 때 이혼으로 이어질 확률이 높았다"라고 말했다. 이 말은 어떤 부정적인 감정을 해소하려면 세 배 이상의 긍정적인 감정을 경험해야만 한다는 것으로도 해석될 수 있다.

무엇보다 긍정적인 감정을 많이 경험함으로써 마음을 건강한 상태로 유지하면 어쩔 수 없이 겪어야 하는 삶의 고통들을 저항 없이 잘 수용할 수 있다. 이것이 바로 수용에서 긍정적인 경험을 강조하는 진짜 이유다.

# ● 우리 존재 자체에
# 감사하라

긍정적인 경험을 많이 하려면 어떻게 해야 할까. 화창한 날씨의 한가로운 주말에 공원 풀밭에 누워 있다고 상상해보자. 누군가는 여유로운 시간을 보낼 수 있어서, 집 가까운 곳에 공원이 있어서 참 좋다고 생각할 것이다. 하지만 또 누군가는 공원 여기저기를 뛰어다니는 아이들이 휴식을 방해한다고 짜증스러워할 것이다. 애초에 공원으로 나섰던 이유도 잊어버린 채 '요즘 부모들은 애들 교육을 어떻게 하는 거야'라며 되레 화만 낼수도 있다. 주어진 상황에서 감사할 것들을 찾는 사람과 부정적인 문제에 초점을 맞추는 사람의 경험은 이렇듯 완전히 다르다. 긍정적인 경험을 늘리려면 일상에서 주어진 좋은 것들을 발견하고 감사하는 마음을 가져야 한다.

늘 감사하는 마음을 지니고 살아야 한다고들 말하지만, 감사하는 법을 제대로 아는 사람은 사실 그리 많지 않다. 감사는 '자신에게 주어진 긍정적인 경험과 결과들에서 다른 행위자가 베푼 선의를 알아차리고 긍정적 감정으로 반응하는 일반화된 경향성'이다. 즉, 일단 좋은 것을 경험하고 있다는 것을 알아차린 다음, 그것이 남의 도움으로 있게 된 것이라고 생각한 뒤, 좋은 감정으로 반응하는 것까지 이루어져야 진정한 감사라 할 수 있다. 단순하게 '오늘 여유롭게 시간을 보낼 수 있어서 참 좋다'라고 생각하는 건 감사가 아니라 주관적인 느낌이다. 그런 의미에서 감사라는 감정적 반응에는 해석이 필요하다. 가령 '그동안 코로나19 때문에 야외에서 이런 여유를 느끼는 것이 어려웠어. 그런데 정말 수많은 사람이 애써준 덕분에 지금 이렇게 건강하게 여유로운 주말을 보낼 수 있으니 정말 고마운 일이야'라고 느끼는 것이 진정한 감사라고 할 수 있다.


## 감사하는 마음근력이 생기면
## 절망 속에서도 삶의 가치를 발견할 수 있다

감사는 생각의 영역에 속한다. 영어의 'thank(감사하다)'와 'think(생각하다)'는 같은 어원에서 유래했다. 독일의 철학자 마르틴 하이데거(Martin Heidegger)는 "생각한다는 것은 감사한다는 것이다"라는 말을 남기기도 했다. 그는 감사야말로 생각의 본령이며 "존재하는 모든 것은 주어진 것이며 선물이라는 점을 깨닫고 감사함을 표하고 싶을 때 생각이 일어난다"라고 설명했다.

하이데거의 통찰에서 알 수 있듯 감사는 그냥 저절로 되는 것이 아니라 자신의 경험에서 의미와 가치를 발견하고 알아차리는 의식적인 노력이 뒤따라야 한다. 자신에게 주어진 경험이 얼마나 가치 있는지를 인식하고, 앞서도 말했듯이 그것이 당연하게 주어진 것이 아니라 다른 누군가의 수고 덕분이라는 것을 인정하며 고마운 감정을 느껴야 진정한 감사인 것이다.

따라서 다른 사람의 기여를 알아차리는 훈련이 필요하다. 이런 훈련을 꾸준히 하다 보면 어느새 마음에 감사라는 근력이 생기고, 그다음에는 감사할 일이 점점 많아지는 선순환에 이르게 된다. 감사하는 마음의 근력이 생기면 힘들고 절망적인 상황에서도 삶의 가치를 발견할 수 있다.

누군가는 "나는 정말이지 감사할 만한 일이 하나도 없어. 범사에 감사하라는 것은 도덕군자들한테나 해당하는 거 아니야?"라고 반문할지 모른다. 기본적으로 인간은 주어진 것들이 아닌 갖지 못한 것들에 더 집중하기 때문이다. 이미 가진 것들에 대한 만족감과 감사하는 마음보다는 갖지 못하고 이루지 못한 것들에 대한 결핍감을 더 크게 느끼는 것이다. 그래서 진정한 감사는 내가 가진 모든 것이 그냥 쉽게 얻어진 것이 아닌, 무언가 엄청나고 대단한 것들의 집결체라는 것을 깨달을 때 이루어진다.

생각해보면 세상에는 오로지 내 능력으로 할 수 있는 일이 없다. 쉽게 말해 지금 이 책을 읽는 것도 그냥 되는 것이 아니다. 내 눈의 시력을 유지하는 것은 내가 아니다. 눈에 들어온 글을 이해하는 것도 내가 하는 일이 아니다. 조물주의 힘이든 자연의 능력이든 우리 능력 밖의 신묘한 과정을 통해서 벌어지는 일이다. 먹는 것, 씹는 것, 삼키는 것, 걷는 것 등 살아가기 위한 모든 행위가 그렇다. 하지만 우리 대부분은 아직 갖지 못한 것들에만 집중한 채 자신이 불행한 이유를 거기에서 찾는다. 갖지 못해 불행하다고 생각하니 삶을 바라보는 관점도 부정적으로 치우칠 수밖에 없다. 이러한 부정적 편향을 긍정적인 자원으로 전환하는 가장 효과적인 방법이 바로 감사다.

하이데거와 같은 철학자들이 말한 것처럼 우리의 존재 자체가 사실은 경이로운 감사의 대상이다. 그러한 심오한 경지가 아니더라도 감사하는 마음으로 세상을 바라보면 삶의 매 순간이 감사할 일투성이라는 것을 알게 될 것이다.

감사 성향을 키우는 것은 심리적인 문제를 해결하는 데도 큰 도움이 된다. 실제로 '감사 노트 쓰기'처럼 감사 성향을 키우는 훈련을 꾸준히 하면 긍정 정서와 삶의 만족감이 향상되어 임상에서도 상당한 치료 효과를 보인다. 또한 단순히 만족감만 커지는 것이 아니라 자기 삶과 주변 사람을 대하는 태도에도 적지 않은 변화가 일어난다.

한번쯤 아무한테나 이유 없이 감사 편지를 써보자. 이유가 없다는 게 중요하다. 나는 긍정 교육을 할 때 종종 감사 편지와 감사 방문을 가장 먼저 해보라고 권한다. 처음에는 다들 어려워하는데, 상대방이 매우 고마워하는 것을 보고 오히려 내가 선물을 받은 것처럼 기뻤다는 반응이 많다.


## "그럴 수 있지" vs. "절대 안 돼!"
## 어떤 말을 쓰느냐가 삶의 행복도를 좌우한다

수용을 잘하기 위한 가장 효과적인 방법은 '수용 언어'를 일상적으로 사용하는 것이다. '괜찮아, 그럴 수 있어, 큰일 아니야, 별일 아니야, 이번에 또 배웠다, 또 가르쳐주는구나, 이것이 나을 수 있어, 지나가겠지, 그 사람 입장에서는 그렇겠구나' 등의 말을 자주 되뇌는 것이다.

우리 대부분은 '이럴 수는 없어, 절대로 안 돼, 이해할 수 없어, 도대체 왜 그러는 거야, 견딜 수 없다, 참기 힘들다, 최악이다, 매번 이런 식이야' 등의 비수용 언어를 쓴다. 당연한 말이지만 수용 언어를 쓰는 사람과 비수용 언어를 쓰는 사람의 행복도는 차이가 크다. 말하는 것이 뭐가 어려울까 싶겠지만 수용 언어를 잘 쓰는 사람은 드물다. '내 안의 비판자'가 이를 방해하기 때문이다.

사실 우리 삶은 외부 비판자보다도 내부의 비판자 때문에 힘들어진다. 비판을 듣는 것도 힘든데, 이 내부 비판자는 그리 공정하지도 친절하지도 않다. 내부 비판의 99.9퍼센트는 부정적인 말이다. '바보야, 너 따위가 뭘 잘하겠어', '또 그럴 줄 알았지', '네가 하는 일이 다 그렇지 뭐' 등의 불친절한 말은 우리가 수용을 잘하지 못하게 되는 가장 큰 이유이기도 하다. 때문에 이 내부 비판자를 어떻게 다룰 것이냐 하는 문제가 매우 중요하다. 삶에서 좌절할 만한 일이 생길 때 "이렇게 또 배우는구나"라고 말하는 사람의 삶과 "내 인생은 망했어"라고 말하는 사람의 삶은 만족도는 물론 이후 전개될 상황이 전혀 다를 것이다.

살아있는 한 큰일은 없다. 오직 그 일을 통해서 배워나갈 뿐이다. 수용 언어를 삶에 체화하기 위해 지금부터라도 조금씩 연습해보자. 여러 수용 언어 중에 임상 현장에서 제일 잘 쓰는 마법의 언어 '괜별그'를 소개한다. 이왕이면 조금 더 따뜻한 음성으로 그동안 힘들게 살아온 나 자신에게 이렇게 말해보자.

"괜찮아."

"별일 아니야."

"그럴 수 있어."

# 일상의 소소한 기쁨과 행복을 음미하라

감사와 더불어 키워야 할 또 다른 마음의 근력은 '음미(savoring)'이다. 음미는 '삶의 좋은 것들을 발견하고 집중해 향유하는 능력'이라고 정의할 수 있다. 삶에서 좋은 것들을 발견하고 그것을 긍정 자원으로 가져오려면, 발견하고 알아차리고 감사하는 데서 끝나지 않고 기분 좋게 누리고 즐기는 향유의 단계까지 나아가야 한다. 그래야 그것이 감각을 통한 경험이 되고 기분 좋은 긍정 자원으로 각인되기 때문이다.

여행지의 깔끔한 숙소에서 풀 먹인 듯 깨끗하게 세탁된 뽀송뽀송한 이불을 덮고 자는 소소한 경험도, 혹은 아이슬란드로 날아가 초록빛을 뿜어내는 오로라를 감상하는 경이로운 경험도 모두 음미의 대상이다. 일부러 작정해서 향유할 만한 일을 하는 것도 좋지만, 더 중요한 건 일상에서 발견할 수 있는 소소한 기쁨과 행복을 놓치지 않고 즐기는 것이다.

매번 작심삼일로만 끝나던 운동을 한 달 넘게 빠트리지 않고 했다. 그런 기특한 자신을 칭찬해주고 작은 성취를 이뤄낸 기쁨을 누리자. 요즘 유행하는 '챌린지'를 활용해도 좋다. 성공 스티커를 한 장 한 장 붙이면서 '갓생' 삶을 사는 기쁨을 누려보자. 오랫동안 치아교정기를 착용했는데 다음 주에는 드디어 치료가 끝난다. '치아를 교정했다고 삶이 얼마나 바뀌겠냐' 하지 말고 새 삶이 시작될 것처럼 기대하고 기뻐하자. 아침 출근길에 발걸음을 재촉하는데 노란 은행잎 하나가 발 앞에 떨어졌다. 단 1초라도 샛노란 은행잎의 선명한 아름다움을 향유해보자. 오랜만에 가족과 캠핑을 다녀왔다. 아이들이 즐거워하는 모습을 사진으로 담아둔 다음, 시시때때로 들여다보며 좋았던 시간들을 되새겨보자. 그렇게 향유하고 음미하는 과정을 통해 사소한 경험들조차 내 마음에 근력을 만들어주는 긍정 자원이 된다.


작은 성취를 기뻐하고 축하할수록
뇌가 자극돼 의욕이 높아진다


가능한 한 많은 것을 향유하고 음미하려는 의식적인 노력을 하지 않으면 삶의 모든 좋은 것이 손가락 사이로 빠져나가는 모래가 되어버린다.

인터넷과 휴대전화를 비롯한 온갖 첨단기술 덕분에 우리는 더 많은 일을 더 효율적으로 할 수 있게 되었지만, 그만큼 주위를 돌아볼 여유를 많이 빼앗겼다. 때로는 다른 모든 간섭을 차단하고 자신만의 '음미하기' 시간을 가져보자. 맛있는 음식을 먹을 때는 식사에만 집중하고, 좋아하는 음악을 들을 때는 잠시 휴대전화를 꺼두자.

특히 '축하(celebration)'는 좋은 것들을 발견하고 음미하는 세부적인 방법으로 가장 많이 추천하는 것이다. 'cele'는 '하늘'이라는 뜻이며 '축하'의 '축(祝)'은 '빌다', '기원하다'라는 뜻으로 무릎을 꿇고 앉아서 축문을 읽고 있는 모습을 상형한 글자다. 무엇인가 바라는 일에 온 마음과 정성을 다하는 모습이고, 그것이 실제 이루어졌을 때 기뻐하고 좋아하는 것을 축하라고 한다. 즉, 제사를 드리는 마음으로 정성껏 축하를 하는 것이 진짜 축하다.

'축하하기'는 우리가 부정적 편향에서 벗어나는 데 실질적인 도움을 준다. 축문을 읽고 온 마음을 다할 만큼 중요한 일이 일어난 것이니, 자랑할 거리가 있으면 마음껏 자랑하고 축하를 받자. 동료에게 칭찬의 말을 건넨 것, 아파트 경비원에게 상냥하게 인사한 것도 자랑하고, 드디어 소원하던 유럽 여행을 떠나게 된 것도 자랑하라.

작은 성취라도 기뻐하고 축하하면 뇌에서 성공 호르몬이라고 알려진 도파민이 분비된다. 물론 뇌의 복잡미묘한 작동을 호르몬 한두 가지의 작용으로 설명할 수는 없다. 그렇더라도 도파민은 우리에게 의욕과 성취감을 느끼게 해주는 역할을 한다.

그런데 응원하는 야구팀이 결승전에서 승리할 때에도 순간적으로 도파민을 비롯해 많은 활성 호르몬이 분비된다. 이런 활성 호르몬 수치를 급격히 높이는 대표적인 동인이 도박이고, 이렇게 올라간 호르몬을 떨어뜨리지 않도록 하는 행위가 중독이다. 삶에 아무런 도움이 되지 않는 도박, 술, 마약, 쇼핑 등에 중독되지 않으려면 평상시에 아주 작은 성취라도 온 정성을 다해 기쁘게 축하해야 한다. 축하를 많이 할수록 뇌는 자극을 받고 성취감과 의욕이 높아진다. 결과적으로 다른 일도 계속 더 잘하는 선순환의 궤도에 오르게 된다.


삶의 모든 반짝이는 경험은
우리의 내면을 풍요롭게 한다


미국의 심리학자 마이클 맥컬러프(Michael McCullough)는 감사하고 음미하는 마음이 가져다주는 효과에 대한 연구 결과를 통해 "삶의 일상적인 경험을 알아차리고 긍정적으로 해석하며 음미하는 것은 웰빙의 결정적인 요인"이라고 설명하면서 실제로 매일 감사일기를 쓰면서 감사와 음미의 경험을 많이 쌓은 사람들은 불안과 스트레스 지수가 낮을 뿐 아니라 삶에서 더욱 큰 만족감과 활기, 긍정적인 감정을 느끼며 타인에게 더 친절하다고 분석했다.[4]

음미가 중요한 이유는 그것이 삭막한 우리 마음을 긍정 자원으로 채워주기 때문이다. 마음챙김 명상이 감정과 생각을 내려놓고 마음을 비우고 쉬는 훈련인 데 반해, 음미는 삶의 모든 반짝이는 경험들을 나의 내면으로 가져와 긍정 자원으로 채우는 것이다. 마음챙김 명상 훈련을 하다 보면 자칫 '나'라고 생각했던 모든 것이 '나'가 아니구나, 어디에도 '나'라고 할 만한 고정된 실체는 없구나, 하는 깨달음을 얻을 수도 있지만 반작용으로 엄청난 공허감을 느낄 수 있다. 제대로 자신을 갖추지 못한 상태에서 비우기만 하면 그 공백을 감당하지 못한다. 비운 것을 좋은 것으로 채울 줄 알아야 한다. 바로 음미를 통해서다.

나는 주말이면 꼭 텃밭에 간다. 무엇이든 씨를 뿌리고 물을 흠뻑 주고 기다리면 씨앗에 어떤 힘이 숨어있는지 꼬물꼬물 새싹이 나와 씩씩하게 땅을 뚫고 올라온다. 지난해에는 잎이 겨우 두 개 달린 참외 모종을 심었는데 곧 잎이 무성해지더니 참외가 주렁주렁 열렸다. 씨가 싹이 되고 꽃이 피고 열매가 열리는 모든 과정을 찬찬히 음미하면서 생명의 경외심을 느낄 수 있었다.

이렇듯 음미는 대단한 것이 아니다. 별것 아닌 듯 보이는 것도 주의를 기울여 들여다보면 아주 작은 순간에 숨어 있는 우주의 신비를 깨달을 수 있다. 이렇게 향유의 경험으로 마음을 채우면 실수나 잘못을 해도 그것이 전부가 아님을 아는 심리적 균형 감각이 장착된다. 나아가 자기 자신과 삶 자체가 얼마나 소중한 것인지도 가슴 깊이 깨닫게 된다.

따라서 우리에겐 하루 세 끼 밥을 먹듯 감사와 음미를 생활화하는 노력이 필요하다. 삶에서 좋은 것들을 발견하고, 알아차리고, 감사하고, 음미하는 마음의 작용 없이는 예기치 않게 일어나는 수많은 고통과 불행을 긍정하고 받아들이기가 너무 어렵기 때문이다. 우리는 바다에 파도가 치는 것을 멈추게 할 수는 없지만, 파도를 잘 타면서 험한 바다를 헤쳐 앞으로 나아가는 방법은 배울 수 있다.

초전도체처럼 저항하지 않고 무엇이든 있는 그대로 받아들이는 것이 수용의 기본 전제지만, 가장 중요한 수용 대상을 구체적으로 정해두는 것도 유용하다. 다음의 다섯 가지를 기억하자.

첫째, 자기 자신을 수용한다. 지금의 시각으로 보면 내가 행한 모든 것이 후회될 수도 있지만, 그때는 그럴 수밖에 없었고 그럴 만한 이유가 있었다는 것을 수용하라. 나의 성품, 환경, 삶 등 나를 이루는 모든 것을 받아들이는 것으로 시작해야 한다. 둘째, 타인을 수용한다. 비록 내 마음에는 들지 않지만 지금 이 사람이 이러는 것은 다 이유가 있다는 것을 수용하라. 그를 위해서가 아니라 나를 위해 수용하는 것이다. 셋째, 죽음을 수용한다. 인간은 누구나 죽을 수밖에 없는 존재다. 영원히 살 것처럼 살고 있다는 사실을 알아차리고 유한한 삶 속에서 할 수 있는 것을 하면 된다. 넷째, 일상의 모든 스트레스를 수용한다. 스트레스가 없는 삶은 죽은 삶이다. 살다 보면 누구라도 스트레스를 겪을 수밖에 없다. 그렇다면 차라리 어떤 스트레스라도 받아들이는 편이 현명하다. 다섯째, 지금 이 순간을 수용한다. 어떤 경험이든 오직 이 순간에만 집중하는 것이다. 부정적이든 긍정적이든 모두 받아들이고 그 안에서 좋은 것을 찾아 누려야 한다.

수용은 웰빙, 즉 진정한 행복의 일곱 가지 요소 중 가장 기초가 된다. 기초만 잘 놓이면 그 이후부터는 삶이 별문제 없이 성장해간다. 그래서 수용을 체화한 후 다른 요소들이 저절로 이루어지는 예가 많다. 수용을 여러 번 강조해도 지나치지 않은 이유가 여기에 있다.

2장

# 변화

—

## 어제보다 더 나은 나를
## 목표로 하라

*Change*

# ● 변화는
# 매일 조금씩 더 나아지는 것

물리학자이면서 수많은 격언을 남긴 게오르크 크리스토프 리히텐베르크(Georg Christoph Lichtenberg)는 "우리가 변화한다고 해서 더 나아진다고는 장담할 수 없다. 그러나 더 나아지기 위해서는 반드시 변화해야 한다"라고 말했다.

삶이 더 나은 방향으로 나아가기를 원할 때 왜 반드시 변화가 필요할까. 그것은 달리는 기차를 따라잡으려면 그보다 빨리 달려야 하는 것과 비슷한 이치다. 달리지 않고 서 있으면 결국 뒤에 남겨진다. 주변 환경과 조건의 변화에 보폭을 맞추지 않으면 우리 삶은 정체되는 것이 아니라 도태된다. '매일 조금씩 더 나아지기' 위해서는 매일 조금씩이라도 다른 생각과 다른 행동을 해야 한다. 그러한 소소한 생각과 행동들이 변화이고, 그런 작은 변화들이 모여 더 큰 변화가 되고 삶의 질을 바꿔준다.

수용에 이어 살펴볼 '변화'는 사실 우리에게 매우 익숙한 주제다. 서점에 나와 있는 수많은 자기계발서에서 설파하는 내용도 서로 강조하는 바가 다르고 설명하는 방식을 변주했을 뿐 사실상 모두 변화에 대한 것이다. 오늘날 이토록 변화가 강조되는 이유는 간단히 두 가지다. 변화가 그만큼 중요하거나 혹은 그만큼 어렵기 때문이다.

변화에 대한 몇 가지 오해부터 바로잡아보자. 먼저 우리가 변화해야 하는 이유는 다른 사람에 '비해' 더 나은 사람이 되거나 더 잘 살기 위한 것이 아니다. 무엇을 하든지 자기 삶에서 가장 중요한 경쟁 대상은 자기 자신이다. 그렇다고 자기 자신과 싸우란 의미가 아니다. 다른 사람과의 비교가 아니라 자기다운 더 좋은 삶을 살기 위한 변화에 관심을 집중하자는 것이다. 작년보다는 올해에, 지난달보다는 이번 달에, 어제보다는 오늘 더 나은 내가 되는 것이 변화의 목표가 되어야 한다.

따라서 변화의 방법에 만병통치약과 같은 하나의 정답만 존재하는 것은 아니다. 중요한 것은 자기 자신에게 맞는 방법과 속도를 찾는 것이다. 모두가 새벽형 인간이 되지 않아도 된다. 올빼미형 인간도 건강할 수 있고 행복할 수 있으며 성공도 이룰 수 있다.

변화라고 하면 '모든 것을 한꺼번에 뒤집는 것'이라고 생각하는 사람이 있는데 그것 역시 오해다. 어느 날 길을 가다가 간판 하나가 눈에 들어왔는데, 이름도 거창하게 '슈퍼맨 수련관'이었다. 광고 문구를 보니 세계 최초로 자동단전호흡을 개발해서 한국과 미국에서 특허를 받았고, 이를 1박 2일 수련하면 평생 건강하며 3박 4일 수련하면 인간 혁명을 이룰 수 있다고 적혀 있었다. 물론 그곳에서 직접 수련해보지 않았으므로 단정할 일은 아니지만, 인간의 몸에 혁명이라고 할 만한 변화가 그것도 겨우 이삼일 만에 일어난다는 것은 상식에도 맞지 않는다. 아무리 건강한 체질과 영재의 두뇌를 갖고 태어났어도 이삼일 만에 인생이 확 뒤집힐 만큼의 변화는 일어날 수 없다.

하루아침에 달라지는 거창한 변화를 꿈꾸지 말자. 우리가 이루어야 할 변화는 모든 것을 단번에 뒤바꾸는 혁신이나 혁명이 아니다. 그것을 목표로 할 필요도 없다. 우리가 하려는 변화는 '매일 조금씩 더 나아지는 것(better and better)'이다.

# 작고 구체적인 변화를
일상으로 가져오자

진료실에 들어선 환자들이 가장 많이 하는 질문 중 하나가 "제가 도대체 왜 아픈 거예요?"이다. 아프고 불편한 증상을 고치는 것보다 원인을 아는 데 초점을 맞추는 것이다. 마찬가지로 변화에 있어 가장 큰 걸림돌은 문제의 근원이나 원인을 탐색하는 데만 몰두하는 것이다. 여러 이유가 있지만, 대개는 세상의 모든 현상을 원인과 결과라는 단선적인 질서로 파악하려는 사고 습관 때문이다.

물론 병을 치료하려면 원인을 정확히 알아야 한다. 하지만 세상만사가 하나의 원인에 하나의 결과로만 이루어지지 않는다. 대개는 여러 가지 요인이 이리저리 얽혀 있어 결정적 원인을 추적하기 어렵고, 때로는 현대 기술을 총동원해도 아무런 원인을 알아내지 못할 수도 있다. 인간의 지능에도 한계가 있거니와, 우리의 몸이나 지구 환경 자체가 대단히 복잡하기 때문이기도 하다.

자신이 왜 이렇게 아프고 힘들게 사는지 궁금해하는 것은 자연스러운 일이지만, 그렇다고 그것에만 매달려 있어선 안 된다. 문제의 원인을 밝히려는 마음에만 집착하면 자기 자신과 삶을 지긋지긋한 문제투성이로 바라보는 부정적 프레임이 더 강화될 수도 있다. 문제가 되는 상황보다 긍정적인 상황에 초점을 맞추고 작은 변화를 통해 큰 변화로 발전하는 것을 목표로 삼아야 한다.

우리가 변화에 실패하는 가장 큰 이유는
수용 없이 무작정 변화하려 들기 때문이다

따라서 이 책에서 설명하는 '변화'는 몰입, 재미, 즐거움 등 좋은 삶으로 나아가기 위한 긍정 자원을 획득하는 것에 초점을 둔다. 긍정 자원이 풍부한 사람은 어떤 문제가 생겨도 스스로 상황을 통제할 수 있다는 자신감으로 임하며 변화를 위한 활동에도 더욱 적극적이다. 따라서 부정적인 감정의 원인을 찾으려는 노력 못지않게 긍정적인 감정을 강화하는 것도 중요하다.

나는 병을 치료하는 의사로서 병리적 문제를 해결하는 치료 못지않게 환자의 긍정 자원을 발견하고 키워주는 치료가 중요하다고 생각한다. 삶이 힘들고 불행하게 느껴지는 사람에게 근본적으로 필요한 것은 단순한 병증 치료를 넘어 더 나은 삶으로 나아가는 것이다. 그러려면 앞에서 설명한 대로 우선 자신의 존재와 삶을 있는 그대로 긍정하는 수용이 전제되어야 한다. 사실 우리가 변화에 실패하는 가장 큰 이유가 수용 없이 무작정 변화하려고 들기 때문이다.

변화에 성공하려면 내가 만족할 만한 것 중에서 어떤 것들로 변화할 것인가 하는 구체적인 목표가 필요하고, 1년이면 1년, 5년이면 5년 등 언제까지 좋아지게 만들 것인가, 또 이를 할 수 있도록 누가 도와주고 누가 함께할 것인가 등의 구체적인 계획이 중요하다.


## 매일 조금씩 나아지는 변화가 없다면
## 우리 삶은 녹슬어버린다


사실 우리는 지금 이 순간도 변화하고 있다. 아무것도 하지 않고 멍을 때리는 순간에도 우리 몸은 1초에 380만 개의 세포를 교체하고 있다. 눈 깜짝할 사이에 수백만 개의 세포가 죽어가고 또 수백만 개의 세포가 생겨나는 것이다.

흔한 인사 중에 "여전(如前)하시죠?"라는 말이 있다. 별 탈 없이 살고 있냐는 물음인데, 사실 '여전'하게 살아서는 행복한 삶으로 나아갈 수 없다. 이것은 인간은 점점 나빠진다는 전제 아래 하는 말이다. 원래 점점 나빠져야 하는데, 나빠지지 않고 전과 같은 상태를 유지하기만 해도 괜찮다는 의미다. 우리는 여전하면 안 된다. 시간이 갈수록 조금씩이라도 나아져야 한다. 법정 스님의 말씀처럼 "매일 조금씩 나아지는 변화가 없다면 우리 삶은 녹슬어 버리게 된다".

어떤 측면에서 우리는 의식하지 않았을 뿐 살아가는 환경에 맞춰서 계속 성장하고 변화하며 살아왔다. 인간의 삶 자체가 끊임없는 변화 활동으로 이뤄지기 때문이다. 갓 태어났을 때 우리는 숟가락을 쥐는 법도 몰랐고 화장실에 가서 용변을 볼 줄도 몰랐다. 젓가락으로 라면을 돌돌 말아 올리면서 동시에 다른 손으로는 숟가락으로 국물을 떠먹기까지 우리는 얼마나 많은 훈련을 통해 변화하고 성장했는가.

이처럼 우리는 일상의 삶에서 작고 구체적인 변화를 차곡차곡 쌓아 큰 변화로 발전시킬 수 있다. 매일 밥 먹고 잠자는 일상으로 변화를 가져오자. 그러려면 우선 변화가 즐거워야 한다. 음치에 박치인 사람도 음악은 좋아할 수 있다. 그렇다면 매일매일 한 소절씩만 연습해보면 어떨까. 언젠가 사람들 앞에서 진심을 담아 노래 한 곡 부르는 자신을 상상하며 말이다. 누군가에게는 이런 작은 노력과 희망이 변화와 성장의 동력이 된다.

'변화'라는 단어만 들어도 피로감을 느끼는 사람이 있다. 변화는 모든 것을 한꺼번에 뒤집는 혁명이라는 오해, 힘들고 부담스러운 것이라는 선입견 때문이다. 지금 당장 마음의 준비가 안 되어 있다면 서두르지 말자. 다만 이왕 시작할 거라면 앞서 말했듯 즐겁게 해야 한다. 무슨 일이든 즐겁지 않으면 꾸준히 할 수 없기 때문이다. 기쁘고 즐거운 상태를 표현하는 말로 '룰루랄라'가 있다. 대개 '룰루랄라 콧노래를 흥얼거린다'라고 표현하는데, 콧노래란 것이 기분 좋고 즐거울 때 저절로 나오는 것이 아닌가. 바로 이러한 '룰루랄라'가 몸과 마음을 변화시키고 우리 삶을 변화시킨다.

# ● 어떻게 '변화'라는 열차에 올라탈 것인가

변화를 위해서는 마음에 자리한 부정적인 프레임에서 먼저 벗어나야 한다. 부정적인 마음의 프레임을 놔둔 채로는 아무리 긍정적인 경험을 쌓아도 결국 다시 원점으로 돌아가기 때문이다. 발화 지점을 찾아서 불씨를 없애야만 불이 완전히 진화되듯 매일 조금씩이라도 나아지려면 삶을 부정적으로 바라보는 마음의 프레임부터 수정해야 한다.

사실 삶 자체는 긍정적이지도 부정적이지도 않다. 내가 만일 행복하지 않다면 그것은 삶이 부정적인 것이 아니라 삶을 대하는 내 마음이 부정적인 프레임에 갇힌 것이다. 우리 주변에서 흔히 마주치는 사례를 들어보자. 다이어트 강박에 시달릴 만큼 자신의 외모를 싫어하는 여성이 있다. 이 여성은 옷을 사러 갔을 때 매장 직원이 "손님에게는 이런 스타일이 잘 맞을 것 같아요"라며 원피스를 추천하면 속으로 '내가 지금 뚱뚱하고 못생겼으니까 저런 옷으로 가려야 한다는 거지?'라고 생각한다. 반면에 그다지 예쁘진 않지만 그걸 문제 삼지 않는 여성이라면 어떨까. 똑같은 추천을 듣고 '내가 저런 여성스러운 스타일이 어울리는 외모구나'라고 가볍게 받아들일 가능성이 크다. 매장 직원의 추천 자체는 부정적인 것도 긍정적인 것도 아니다. 그것을 받아들이는 사람의 마음이 부정도 긍정도 만들어낸 것이다.


## 마음의 프레임을 형성하고 강화하는
## 인간의 뇌에 장착된 예측 시스템


그런데 한번 형성된 마음의 프레임을 바꾸는 일은 쉽지 않다. 당신의 의지가 특별히 부족해서도 마음이 나약해서도 아니다. 마음의 프레임을 형성하고 강화하는 주범은 모든 인간의 뇌에 장착된 예측 시스템이다. 먼저 우리가 세계를 어떻게 경험하고 마음에 들여오는지 알아보자. 막 개찰구를 지나는데 곧 전철이 플랫폼에 도착한다는 알림음이 들려온다. 이러한 청각 경험은 귀라는 감각기관을 통해 지각된다. 이후 어떤 사람은 지각하지 않으려고 전속력으로 달려서 아슬아슬하게 전철에 올라탄다. 또 어떤 사람은 지금 뛰어봤자 어차피 놓칠 테니 다음 전철을 타자고 느릿느릿 계단을 올라간다.

똑같은 청각 경험을 했는데 두 사람의 행동이 다른 이유는 뭘까. 우리가 경험을 지각할 때 뇌에 저장된 개념을 사용해 '예측'하고, 이것이 행동을 위한 선택에 반영되기 때문이다. 당신이 가진 개념은 이전의 경험으로 형성된 기억이 '범주화' 과정을 거쳐 저장된 것이다. 범주화란 현재의 기억을 이전의 기억과 비교해 가치를 매긴 후 몇 개의 카테고리로 나눠 분류한 것이다. 예측한다는 것은 지각한 경험이 생물학적 존속과 번영에 도움이 될지를 예전 개념과 비교해서 선택할지 말지를 판단하는 것이다.

그러니까 우리는 서로 경험이 다르므로 기억이 다르고, 기억이 다르기에 개념도 다르게 형성되고, 개념이 제각각이므로 똑같은 경험도 다르게 예측하고, 그 결과 서로 다른 행동을 하는 것이다. 이러한 뇌의 예측 시스템에 대해 심리학자 리사 펠드먼 배럿(Lisa Feldman Barrett)은《감정은 어떻게 만들어지는가?》라는 책에서 "깨어있는 매 순간 당신의 뇌는 개념으로 조직된 과거 경험을 사용해 당신의 행동을 인도하고 당신의 감각에 의미를 부여한다"라고 말했다.

아슬아슬하게 전철에 올라탄 사람은 예전에도 그렇게 뛰어서 전철에 타본 경험이 있을 가능성이 크고, 느릿느릿 걸어 올라탄 사람은 그 반대의 경험을 했을 가능성이 크다. 또 이 두 사람은 회사에 지각했을 때의 경험도 다를 것이다. 전자의 사람은 지각이 매우 불편한 경험이어서 되도록 하고 싶지 않았던 반면에 후자의 사람은 그렇지 않았을 것이다. 이처럼 우리의 현재 판단과 행동에 영향을 미치는 프레임은 이전에 자신이 했던 경험들의 결과로 축적된 것이다. 그리고 경험을 인지하고 예측하고 판단해서 실제 행동으로 표현하는 일련의 과정은 스스로의 판단으로 진행되는 것이 아니라 무의식적 처리로 순식간에 일어난다.


## 변화는 결국 자기 마음의 프레임을
## 어떻게 긍정적으로 전환하느냐에 달렸다


인간은 뇌의 예측 시스템에 따라 사물과 세상을 인식한다는 점을 보여주는 연구 사례가 있다. 미국 뉴저지대학 의생물공학과의 토머스 파파토머스(Thomas Papathomas) 교수가 홀로그램으로 제작한 3D 마스크로 진행한 실험이다. 실험에서는 마스크 뒷면의 움푹 팬 부분에 얼굴을 그려서 실제로는 코가 가장 뒤쪽에 있었는데, 사람들은 이를 눈으로 직접 보면서도 코가 가장 앞에 튀어나와 있다고 인식했다. 파파토머스 교수는 이를 '깊이 반전 착시(depth inversion illusion)' 효과라고 불렀고,[5] 일반적으로는 '홀로-마스크 착시(hollow-mask illusion)로 알려져 있다. 이러한 착시 효과가 일어나는 이유도 뇌의 예측 시스템 때문이다. 즉 우리 뇌는 3D 마스크의 얼굴 모습을 보면서 '사람 얼굴은 볼록하다'라는 사전 정보를 토대로 음각인 마스크의 뒷면을 보면서도 볼록하게 튀어나와 있다고 예측하는 것이다.

한 번도 본 적이 없는 사물을 볼 때는 어떨까. 관련된 여러 개념을 불러와 열심히 추론해보겠지만 끝내 그것이 무엇인지 알아내지 못하고 어떻게 행동해야 할지도 모를 가능성이 크다. 현대 문명이 닿지 않은 원시 마을의 부족민이 하늘에서 떨어진 콜라병을 신이 내린 선물이라고 생각하는 것처럼 말이다. 경험을 많이 해서 관련 개념이 풍부하면 추론이 좀 더 쉽고 빠르게 이루어진다.

때로는 에너지를 효율적으로 사용하기 위해 여러 정보들 가운데 일부만 선택하고 나머지는 무시해버리기도 한다. 우리가 흔히 경험하는 착시 현상이나 인지적 편향의 사례들은 모두 뇌가 에너지를 효율적으로 사용하거나, 그것이 생존에 유리하기 때문에 예측 시스템에 의해 경험 정보를 선별함으로써 발생한 결과다. 말하자면 우리는 뇌가 보는 대로 보면서, 뇌가 선택하고 구성한 세계를 경험하는 것이다.

사실 우리는 자기 마음에서 진행되는 일들의 전모를 상세히 알지 못한다. 여러 위대한 과학자 덕분에 인류는 마음에 대해 점점 더 많이 알게 되었지만, 여전히 심연에 감춰진 부분이 훨씬 더 많다. 그러므로 우리는 마음의 프레임이 결국은 '뇌에 의해 구성된' 것이며, 따라서 자신에게 어떤 부정적 프레임이 있는지를 잘 살펴서 그것을 진실이라 착각하며 살아가는 일이 없어야 한다. 실질적인 변화를 일으켜 스스로 가치와 의미가 있다고 여기는 삶으로 나아가기 위한 관건은 결국 자기 마음의 프레임을 어떻게 긍정적으로 전환하느냐에 달렸다.

프레임을 바꾼다는 건 쉽게 말해 세상을 바라보는 나의 생각을 바꾼다는 것이다. 결국 변화란 프레임의 변화다. 물론 생각을 바꾼다고 저절로 변화가 이루어지지는 않는다. 하지만 생각이 바뀌지 않으면 행동이 바뀌어도 진정한 변화는 이룰 수 없다. 흔한 비유로 파란색 안경을 쓴 사람에게는 세상이 온통 파란색으로 보일 수밖에 없다. 변화를 위한 첫걸음은 자신의 고정관념과 편향된 관점을 살펴서 부정적 측면을 줄이고 긍정적 측면을 늘리는 훈련을 하는 것이다.

인지과학자 박경숙 박사는 《문제는 무기력이다》라는 책에서 다음과 같은 네 가지로 전형적인 전환 기술을 소개한다.

1. **주의 돌리기** : 부정적인 생각이 떠오르면 의식적으로 주의를 돌려 다른 생각을 하는 것이다.
2. **거리 두기** : 자신의 부정적인 생각이 사실이 아닐지도 모른다고 의심하며 그 생각과 거리를 두는 것이다.
3. **반박하기** : 자신의 부정적인 생각에 스스로 반론을 제기하고 공격하는 것으로, 이를 통해 지레 낙담하거나 포기하는 것

을 막을 수 있다.

**4. 대안 찾기 :** 자신에게 일어난 일의 원인이 여러 가지라고 생각
될 때 그중 덜 치명적인 것을 선택해 생각을 바꾸는 것이다.
비관주의자들은 많은 원인 가운데 가장 나쁜 것에 집착하
는데, 심리적 전환을 위해서는 조금 덜 해롭고 덜 파괴적인
원인을 찾아 생각을 바꿔야 한다.

희망적인 것은 우리가 뇌의 심연에서 일어나는 일을 알지 못해
도 '의식'이라는 능력을 통해서 얼마든지 자기 생각을 알아차리고
인지 전환을 이뤄낼 수 있다는 점이다. 우리는 각자의 의식적인
선택을 통해 심리적 전환을 이뤄내고 삶을 변화시킬 수 있다. 《몰
입의 즐거움》을 쓴 미하이 칙센트미하이(Mihaly Csikszentmihalyi)
는 변화의 가능성에 대해 이렇게 말했다.

"다행히도 개인이 주도적으로 선택해 현실을 바꿀 수 있는 여
지는 얼마든지 있다. 운명의 굴레를 박차고 나설 수 있는 가능성
이 가장 높은 사람은 바로 이런 믿음을 가진 이들이다."

# ● 작은 습관을
## 체화하는 것부터 시작하자 ─ 지속

지금은 국립발레단 예술감독으로 활동하는 발레리나 강수진, 한국인이 가장 좋아하는 축구 선수로 꼽히는 박지성에겐 공통점이 있다. 두 사람 모두 심하게 뒤틀리고 상처가 많은 못생긴 발을 갖고 있다. 오랫동안 강도 높은 훈련을 견뎌내며 얻은 일종의 훈장 같은 것이다. 그들의 발 사진을 보며 누구나 이만큼 노력하면 성공할 수 있다고 말하는 사람도 많다. 하지만 어떤 일을 오랜 시간 반복해서 그만한 성공을 거두는 것이 말처럼 쉬운 일은 아니다. 더욱이 왜 굳이 그런 고생을 해야 하냐, 좀 쉽게 살면 안 되냐고 하는 항변하는 이들도 있을 것이다.

오랫동안 잘못된 자세로 휴대전화를 들여다보는 바람에 거북목이 되어버린 사람을 물리치료사는 어떻게 치료할까. 견인 장치를 사용해 얼굴을 위로 끌어당긴 다음 목을 쭉 편 상태로 한 시간 이상 가만히 있게 한다. 그러기를 짧게는 몇 달, 길게는 수

년에 걸쳐 꾸준히 반복해야 한다. 잘못된 방향으로 굳어진 목을 다시 펴는 방법은 그렇게 올바른 방향으로 있는 시간을 늘리는 것뿐이다. 그러므로 변화에서 우선 중요한 것은 충분한 시간과 제대로 된 방향이다.

중년으로 접어들면서 몸의 근육량이 점점 줄어드는 걸 체감하게 되면 가장 먼저 헬스클럽 연간 정기권부터 끊는다. 식단에서도 탄수화물은 모두 없애버리고 단백질로만 채운다. 이렇게 굳은 결심으로 그간의 모든 습관을 바꾸려는 시도는 좋지만, 문제는 단번에 좋아지길 기대했다가 생각만큼 효과가 나타나지 않으면 금세 포기해버린다는 것이다.

변화를 위한 더 좋은 방법은 동네 산책부터 시작하는 것이다. 걷는 것이 지루하면 자전거를 타도 된다. 그러다가 익숙해지면 그때 헬스클럽에 가서 본격적인 웨이트 운동을 시작해도 된다. 뇌는 부정적 프레임뿐만 아니라 긍정적 프레임도 만들어낼 수 있다. 작고 사소한 것이라도 긍정적인 행동을 루틴으로 습관으로 만들면 삶도 더 나은 쪽으로 변화하게 마련이다.

## 변화는 결국 시간 싸움,
## 한번에 뚝딱 이뤄지는 법은 없다

일본 이와테현에 '후다이'라는 어촌 마을이 있었다. 이 마을의 촌장은 와무라 고토쿠라는 사람이었는데, 그는 무려 열 차례나 촌장직을 연임했다고 한다. 1984년에 와무라 촌장은 마을에 거대한 방조제를 짓겠다는 계획을 세운다. 그는 어린 시절에 15미터나 되는 쓰나미가 마을을 덮친 대지진의 경험을 잊지 않고 있었다. 그래서 다른 마을의 방조제는 대부분 10미터에 불과한데도 후다이에는 반드시 15.5미터의 방조제를 세워야겠다고 결심한 것이다.

촌민들은 예산 낭비라며 결사반대하고 나섰지만, 결국 와무라 촌장의 고집대로 1987년에 15.5미터의 방조제가 지어졌다. 덕분에 2011년 동일본 대지진으로 거대한 쓰나미가 발생해 다른 마을은 모두 쑥대밭이 되어버렸을 때 오직 후다이만은 무사할 수 있었다. 사망자는 단 한 명이었으며 그나마도 방조제 수문 밖으로 어선을 살피러 갔다가 행방불명된 것이었다.

우리가 긍정 자원을 발견하고 개발해야 하는 이유는 살면서 고통스러운 일을 겪게 될 때 무너지지 않고 버티는 힘을 기르기 위해서다. 그래야 어떤 일이 생겨도 포기하지 않고 자신이 지닌 자원을 활용해 문제에 대처하고 행복을 향해 계속 나아갈 수 있다. 아무리 큰 홍수가 몰려와도 마을이 침수되지 않으려면 방조제를 충분한 높이로 쌓아야 한다. 변화도 그렇게 마음의 방조제를 높이 쌓아가는 일이라고 생각하면 된다.

우리 삶에 방조제를 쌓을 때 충분히 높이 쌓는 것도 중요한데, 그보다 더 중요한 것은 어느 한쪽에 빈틈이 생기지 않도록 전체를 균일하게 높이는 것이다. 재미있고 즐거운 일을 하면서 보람과 성취감도 느낄 수 있어야 한다. 사람들과 좋은 관계를 맺으면서 자기 마음도 잘 챙겨야 한다. 좋아하는 일에 몰입하되 건강을 해쳐서는 안 된다. 즉, 어떤 한 가지를 희생해서 다른 것을 더 잘하려 하는 것은 바람직한 변화가 아니다. 한쪽을 허물어 다른 쪽을 높이 쌓는다 한들, 쓰나미가 몰려오면 결국 낮아진 쪽으로 물이 흘러넘칠 것이다. 자기 삶에 어떤 쓰나미가 몰려와도 잘 버텨내려면 몰입, 재미, 즐거움과 같은 긍정 자원을 균일하게 쌓으면서 동시에 우울, 불안, 분노와 같은 부정 자원을 긍정 자원으로 전환하려는 노력을 함께 기울여야 한다. 그래야 아무리 힘든 일이 닥쳐도 구멍 난 곳으로 물이 흘러넘치는 사태를 막을 수 있다.

방조제를 높이 쌓는 데 가장 필요한 건 시간이다. 변화는 결코 한번에 뚝딱 이룰 수 없다. 많은 사람이 변화에 실패하는 데는 '당장 오늘', '1년 내에' 결실을 맺으려 하기 때문이다. 시간의 축을 길게 잡자. 변화는 결국 시간 싸움이다.

런던 택시기사는 버스기사보다 해마가 크다?

오랜 시간 작은 습관이 쌓이면 큰 변화를 이룰 수 있다

말콤 글래드웰(Malcolm Gladwell)이 자신의 저서 《아웃라이어》를 통해 제시한 '1만 시간의 법칙'은 반복적인 경험과 학습의 중요성 측면에서 주목할 만하다. 1만 시간이면 하루에 8시간씩 할애한다고 가정할 때 약 5년에 해당하는데, 기업에서도 인재를 5년 정도 키우면 자기 몫을 제대로 해내는 사람으로 성장한다. 의사의 경우를 보더라도 인턴 1년과 전공의 4년을 마치고 5년째에 들었을 때 전문의 시험에 응시할 자격이 주어진다. 한 분야에서 전문가 수준으로 숙련되려면 5년여의 시간이 필요하듯, 탄탄한 마음의 근력을 형성하는 습관을 구축하는 데에도 그에 버금가는 시간을 들여야 한다.

오랜 시간 반복적으로 경험해서 루틴이 되고 습관이 되어야만 진짜 자기 것이 된다. 반복 경험은 유전자 발현 양상도 변화시킨다. 대표적인 사례가 런던의 전통 택시 블랙캡의 운전사들이다. 지금이야 네비게이션의 발달로 그 역할이 줄었지만, 블랙캡 운전사들은 대도시 런던의 도로 구조를 모두 외워서 주소만 보고 거침없이 찾아갈 수 있다. 블랙캡 운전사들의 머릿속엔 매우 상세한 지도가 들어가 있는 셈이다.

이들이 도로를 외우는 방법은 무엇일까. 오랫동안 반복해서 런

던의 골목골목을 다녀본 경험과 시간이다. 런던 택시 스쿨 연습생들은 스쿠터에 지도를 싣고 런던 시내를 하루 평균 10시간 이상, 짧게는 4년 길게는 5년 이상 달린다. 그 결과 런던 내 모든 도로와 지형지물의 위치가 머리에 그대로 장착된다. 블랙캡 운전사를 대상으로 한 연구 결과에 따르면, 시간이 흐르고 운전 경험이 쌓일수록 뇌의 해마가 점점 더 커졌다고 한다.[6] 해마는 기억력과 공간 지각력을 관장하는 뇌의 영역이다. 뇌의 신경계 구조가 변형되는 현상을 '신경가소성(neural plasticity)'이라고 하는데, 긍정적이든 부정적이든 어떤 경험을 반복해서 하면 신경가소성 현상이 일어나는 것이다. 주의 깊게 볼 점은 첫 5년간은 큰 변화가 없다가 이후부터 해마의 증량 속도가 빨라진다는 점이다. 어떤 일이든 5년 이상 꾸준히 해야만 진정한 변화와 성장으로 연결될 수 있다는 점을 보여준다 할 수 있다.

쉽지는 않겠지만 인간은 누구나 올바른 방향으로 노력할 수 있다. 그 노력은 매일 반복해서 몸에 체화하는 것이다. 그렇게 습관이 되면 매일 반복하는 것이 덜 힘들기 때문이다. 매일 운동하던 사람이 하루 운동을 쉬면 몸이 찌뿌둥하게 느껴지는 것도 운동이 이미 습관이 되어서 나타나는 현상이다.

앞서 얘기한 강수진 단장이나 박지성 선수 역시 한순간의 초인적인 능력으로 큰 성공을 거둔 것이 아니다. 자신이 좋아하는 일을 더 잘하고 싶어서 매일 하다 보니 습관처럼 체화되어 점점 더 잘하게 되는 과정을 분명히 겪었을 것이다.

큰 사고가 일어나기 전에 반드시 그와 유사한 작은 사고들이 먼저 일어난다는 경험적 논리를 '하인리히 법칙(Heinrich's Law)'이라고 한다. 1931년 미국의 한 보험회사에서 일하던 허버트 윌리엄 하인리히(Herbert William Heinrich)가 밝힌 법칙이다. 그는 수많은 산업재해 사례를 분석한 결과 산업재해가 발생해 중상자 한 명이 발생했을 때 이전에 같은 원인으로 다친 경상자들이 반드시 있었다는 통계적 공통점을 발견했다.

하인리히 법칙은 산업재해뿐 아니라 각종 사고와 재난에도 적용된다. 온 국민의 마음에 지워지지 않을 상처를 남긴 삼풍백화점 붕괴 사고나 세월호 사고도 사전 징후로 나타났던 작은 사건들을 간과하지 않고 해결했더라면 일어나지 않았을 것이다.

이 하인리히 법칙을 긍정적인 변화의 수단으로 적용해보면 어떨까. 작은 습관들을 계속 쌓아 올리면 결국 큰 변화와 성장을 이룰 수 있을 것이다. 어떤 변화든 작은 습관을 체화하는 것부터 시작하자. 습관을 체화하려면 같은 일을 여러 번 반복하는 수밖에 없다. 우리의 몸과 마음은 애초에 무엇이든 반복하지 않고는 체화할 수 없도록 설계되어 있기 때문이다. 런던의 블랙캡 운전사들의 경우 일을 하는 동안에는 해마가 계속 커지다가 일을 그만둔 후 해마가 다시 작아졌다고 한다. 매일 운동하던 사람이 한동안 쉬면 근육이 점차 소실되듯 말이다.

'에빙하우스 곡선(Ebbinghaus curve)' 이론에 따르면 우리가 한 번 배우고 기억한 내용은 한 달이 지나면 20퍼센트밖에 남지 않는다. 인간의 기억력과 망각에 관해 연구하는 학자들은 기억이 빠르게 사라지는 것을 막는 가장 좋은 방법은 "어떤 내용을 학습 후에 바로 복습하고 연이어 복습을 반복하는 것"이라고 말한다.[7] 배우고 익힌 것을 체화하려면 시간과 반복의 힘을 지렛대로 사용하는 수밖에 없다. 작은 습관의 힘을 말해주는 "티끌 모아 태산"이라는 고전적 속담도 있지 않은가.

# ● 좋아하고 잘하는 일에
## 시간을 쏟아라 — 선호

충분히 오랫동안 시간을 투자해 작은 습관을 체화할 때, 간과해선 안 될 전제 조건이 있다. 바로 자신이 좋아하고 잘하는 일을 선택해야 한다는 것이다.

말콤 글래드웰이 제시한 1만 시간의 법칙은 사실 세계적인 심리학자 안데르스 에릭슨(Anders Ericsson) 박사가 자기 분야에서 최정상에 오른 사람들을 연구한 논문을 근거로 하고 있다. 그런데 에릭슨 박사는 1만 시간의 법칙이 누구나 오래 꾸준히 버티기만 하면 성공할 수 있다는 오해를 불러일으켰다면서 《1만 시간의 재발견》이라는 책을 내놓았다. 이 책을 통해 에릭슨 박사는 1만 시간의 법칙에서 핵심은 얼마나 '오랜 시간' 하느냐가 아니라 얼마나 '신중한 연습(deliberate practice)'을 하는지에 달렸다고 주장한다. 올바른 방법이 전제되지 않은 1만 시간은 무용지물이라는 것이다. 방조제를 매일 1센티미터씩 쌓더라도 마땅한 재료로 튼

튼하면서도 효율적으로 쌓아야만 제 역할을 할 수 있다. 마찬가지로 무언가를 반복하되 무작정 오래만 해서는 안 되고 자신이 정말 좋아하고 잘할 수 있는 분야를 찾아서 올바른 방법으로 노력해야 제대로 된 변화와 성장을 이뤄낼 수 있다.


## 중요한 것은 '얼마나'보다 '어디'에 의식적으로 집중하고 몰입하느냐이다

에릭슨 박사와 그의 연구팀이 진행한 연구 결과에 따르면, 전체 성과에서 노력이 차지하는 비중은 30퍼센트가 채 되지 않는다. 게임의 경우에는 26퍼센트, 음악과 스포츠는 각각 21퍼센트와 18퍼센트이다. 이를 보면 성과를 좌우하는 것은 대부분 노력보다는 타고난 재능이라는 사실을 알 수 있다. 좀 실망스러운 결과일지도 모른다. 하지만 에릭슨 박사가 '신중한 연습'이라고 부른 것에서 타고난 재능 못지않게 중요한 점이 있는데 바로 '의식적으로 집중하고 몰입'하는 것이다.

우리가 변하려는 이유는 사회적으로 높은 지위에 올라가거나 많은 돈을 벌고 유명해지자는 것이 아니다. 우리 힘으로 어찌지 못하는 불가피한 고통이 찾아왔을 때 넘어지지 않고 계속해서 더 나은 삶으로 나아가는 것이 진정한 목표다. 그러니 당장 어떤 변화가 보이지 않는다고 해서 포기하거나 실망하지 말자는 것이고, 그 이유는 삶에서 뚜렷한 질적 변화를 가져오려면 충분한 시간이 필요하기 때문이다. 또 올바른 방향과 방법으로 노력했을 때 시간의 힘이 훨씬 더 제대로 나타나기 때문에 자신이 가진 자원이 무엇인지 먼저 확인하자는 것이다. 예술과 스포츠 분야의 탁월한 재능이나 높은 지능만 자원이 아니다. 긍정적인 관점이나 성찰하는 능력 역시 중요한 심리적 자원이다.


## 우리 모두의 내면에는
## 발견되기를 기다리는 날갯짓이 있다

생각보다 많은 사람이 자신이 가진 자원이 무엇인지 잘 모른다. 2016년 KBS 뉴스를 통해 소개된 독수리 '금강이'의 이야기가 좋은 사례일 것이다. 금강이는 부모가 모두 날개에 치명상을 입어 비행 능력을 상실한 바람에 나는 방법을 배우지 못한 채 사육장에서 자랐다. 독수리가 새끼를 둥지에서 일부러 떨어트려 나는 법을 가르친다는 것은 잘못된 속설이라고 한다. 하지만 날개를 펴서 하늘을 나는 법과 먹이를 찾는 법 등 생존에 관한 대부분을 어미로부터 배우는 것은 사실이다.

하지만 금강이는 부모가 나는 모습을 본 적이 없으니 자신에게 하늘을 자유롭게 날 수 있는 잠재력이 있다는 것조차 알 수 없었다. 일반적으로 독수리는 생후 5개월이면 독립하지만 금강이는 첫 비행까지 1년이 걸렸다. 나는 법을 모르니 땅에만 있으려고 했고 사육사들이 다그치면 낮게 날다가 금세 내려앉곤 했다. 그럼에도 금강이는 사육사들에게 혹독한 비행 적응 훈련을 받은 덕에 독수리 본연의 모습을 되찾아 자연으로 돌아갈 수 있었다.

금강이와 마찬가지로 우리는 타고난 잠재력과 자원이 아무리 많아도 그것을 확인하고 개발하려 노력하지 않는다면 변할 수 없을 것이다. 우리는 모두 그것이 무엇이 되었든 '날갯짓'이라는 잠재적 소인을 지니고 있다. 어렸을 때는 주로 가정과 학교에서 교육을 통해 잠재력을 개발하게 되는데, 여기에 더해 스스로 자신의 가치를 발견하려는 노력이 필요하다.

당신의 내면에서 발견되기를 기다리고 있는 날갯짓이 무엇인지 살펴보자. 반드시 그렇지는 않지만, 우리는 대개 잘하는 일을 좋아한다. 잘 못하는 일을 기꺼이 좋아서 하는 경우는 많지 않다. 그런 점에서 잠재력을 발견하기 위한 좋은 방법은 자신이 어떤 일을 할 때 진심으로 즐거운지 살펴보는 것이다.

# ● 엉킨 실타래를 풀 나만의 방법을 찾아라 — 방법

 

지금까지 이야기한 변화의 원칙은 '지속'과 '선호'라는 말로 요약할 수 있다. 새로운 변화를 가져오려면 내가 좋아하고 잘하는 것을 발견해 꾸준히 지속해야 한다. 시간과 재능 다음에 중요한 것은 '방법'이다. 이어서 구체적인 방법에 대해 살펴볼 텐데, 그전에 변화의 중요한 원칙에 대해 한 가지만 더 짚어보자.

변화의 한자는 '變化'이다. 이 중 '變(변할 변)'은 '𢼸(어지러울 런)'과 '攵(칠 복)'의 조합인데, 여기서 '𢼸'은 실이 꼬여버린 모습을, '攵'은 막대기를 형상화한 것이다. 즉, 막대기로 헝클어진 실들을 가지런히 펴듯 어지러운 상황을 바로잡는 것이 변화인 셈이다.

엉킨 실타래를 한꺼번에 풀려고 들면 더 헝클어질 수 있으므로 막대기, 즉 적합한 방법을 잘 찾아서 차근차근 풀어가야 한다. 다만 어떤 막대기도 '금 나와라, 뚝딱'의 도깨비방망이가 될 수는 없다. 그런 점에서 누구든 자기 자신과 삶을 변화시키고 싶다면 운동, 독서, 명상을 습관으로 들여야 한다. 이 세 가지는 내가 가진 긍정 자원에 상관없이 더 좋은 삶을 위한 변화의 토대로서 갖춰야 할 습관이다.

물론 어떤 운동을 선택할지, 어떤 책을 어떤 방식으로 읽을지, 어떤 명상법을 적용할지는 사람마다 다르다. 다만 이 세 가지가 서로 균형을 이루도록 잘 조합하면 엉킨 실타래를 풀 자신만의 막대기로 활용할 수 있다.

우리는 몸의 움직임을 통해서 많은 감각 경험을 하고, 이것으로 변화를 위한 새로운 에너지를 얻기도 한다. 꾸준히 할 수 있는 좋아하는 운동을 정해 매일 조금씩 시도해보자. 몸과 마음이 연결되어 있어 몸이 건강해지면 마음도 건강해진다는 사실은 새삼 강조할 필요가 없다.

변화를 위해서는 자기 내면을 살피고 긍정 자원을 발견하고 이것을 어떻게 변화로 가져갈지에 대한 고민과 성찰이 필요한데, 이때 도움이 되는 것이 독서다. 명상은 앞서 '수용'에서도 잠깐 살펴봤지만, 내 안의 부정적 프레임을 살피고 긍정적인 상황에 초점을 맞추기 위해서도 매우 중요하다. 또한 변화의 구체적인 방법 중 하나인 '몰입'을 하는 데도 큰 도움이 된다.

이 세 가지 습관을 일상적으로 실천하려면 시간을 운용하는 방법에도 변화가 필요하다. 유튜브를 계속 보는 습관이 있다면, 일주일에 하루만이라도 유튜브를 보는 대신 책을 읽으면 어떨까.

매일 헬스클럽에 가는 것은 습관으로 만들기 어렵지만, 회사에서 엘리베이터 대신 계단을 오르는 것은 그리 어렵지 않다. 매일 정신없이 바쁘게 돌아가는 일상에서 그렇게 짬을 내 몸을 움직이는 것이 삶에 얼마나 큰 활력을 주는지는 직접 실천해봐야 알 수 있다.

삶을 의무와 책임으로만 채워서는 안 된다. 남들과의 비교를 통해 결정되는 '성공'도 좋지만, 스스로 매일 더 나아지는 '성장'에도 관심을 기울여야 한다. 그러려면 당장 급하거나 중요하지 않아도 내가 좋아하는 일을 하는 시간을 확보해야 한다. 그것이 자신의 삶을 더 나은 방향으로 이끌어주는 것이라면 말이다.

운동, 독서, 명상 역시 당장은 별로 중요해 보이지 않을 수 있지만, 보다 나은 삶을 바란다면 이것들을 위한 시간을 반드시 만들어야 한다. 삶의 가장 귀중한 자원인 시간을 어떤 일에 사용할지 결정하는 것은 누구에게나 중요하다. 그 구체적인 방법은 각자 다르겠지만, 공통적인 원칙은 일시에 큰 변화를 만들겠다는 욕심보다는 매일 조금씩 실천하겠다는 마음으로 접근하는 것이다.

# ● 적당히 도전적인 일로
# 몰입을 경험하라

변화에서 가장 중요한 키워드는 '몰입'이다. 현대인은 소위 멀티태스킹이라는 이름으로 한번에 너무 많은 일을 하려고 든다. 그 결과 우리의 의식 상태는 초점이 맞지 않는 카메라 같은 상태가 된다. 인간의 뇌가 애초에 멀티태스킹에 맞지 않기 때문이다.

몰입은 '무언가에 완전히 빠져 있을 때 일어나는 총체적인 감각의 각성'이라고 할 수 있는데, 이렇게 무언가에 완전히 빠져들면 자아와 환경 간의 구분이 없어지는 무아지경을 경험하게 된다. 미하이 칙센트미하이는 우리가 무언가에 완전히 빠져들 때를 가리켜 "의식이 경험으로 꽉 차 있는 순간"이라고 설명하면서, 이러한 몰입의 순간에는 "물 흐르듯 행동이 자연스럽게 이루어지는 느낌"이 든다고 말했다.

행복감은 그런 몰입의 순간이 끝난 뒤에 몰려온다. 단지 기쁘고 만족스러운 감정을 넘어 자신이 한층 성장했으며 매우 충실하게 살고 있다는 충족감을 느끼는 것이다. 또한 이러한 충족감은 그 일을 더 잘하고 싶다는 마음을 불러일으켜 계속해서 노력하게 만드는 강력한 동인이 된다. 이때 그 일에 내 의식이 가 있는지가 매우 중요하다. 그래야 변화가 찾아오기 때문이다. 내가 온 힘을 다할 때 비로소 변화가 일어나는 법이다.


쉽지도 버겁지도 않은 과제를 찾아
나에게 몰입의 경험을 선사하라


몰입은 삶의 질을 한층 끌어올리기 위한 최적의 방법이다. 깨어있는 내내 몰입할 순 없지만, 몰입의 경험이 반복적으로 쌓이면서 자기 자신에 대한 전반적인 만족감과 더불어 원하는 삶을 살아가고 있다는 느낌이 충만해진다. 몰입은 주어진 과제를 아주 잘 수행할 때 일어나는 현상이다. 칙센트미하이는 숙련된 외과 의사, 세계적인 체스 선수, 등반가 등을 예로 들면서 최고의 수행과 몰입 현상을 설명했다.

더 쉬운 예로 실력이 뛰어난 가수가 혼신의 힘을 다해 노래를 부를 때도 몰입이 일어난다. 이때는 그 장면을 지켜보는 청중에게도 몰입이 일어난다.

나는 〈싱어게인〉이라는 오디션 프로그램에서 무명 가수들이 온 마음으로 노래하는 모습을 보며 부지불식간에 감탄했었다. 그런데 출연 가수들 못지않게 인상적이었던 사람은 심사위원인 이해리 씨였다. 이해리 씨는 가수들의 노래를 들으며 어떤 순간 입을 크게 벌리며 놀라는 표정을 지었는데, 그런 모습이 바로 몰입하는 사람에게서 나타나는 자연스러운 현상이다. 노래에 완전히 빠져 자기가 얼마나 크게 입을 벌리는지 의식하지 못하는 듯했고, 그런 모습이 다른 사람들에게도 인상적이었는지 '진실의 턱'이라는 별명까지 얻었다.

이해리 씨가 자신도 모르게 입을 벌리고 몰입한 순간은 무대에 선 가수가 감동 이상의 뛰어난 기량을 보여줄 때였다. 이처럼 몰입은 훌륭한 음악이나 황홀한 풍경과 같은 것들을 경험할 때 곧잘 일어난다. 나처럼 음치에 박치인 사람이 노래방에서 아무리 열심히 노래를 불러도 사람들에게 몰입의 경험을 선사하지는 못한다. 가끔 지인들과 노래방에 가서 마이크를 잡으면 내 노래에는 관심이 없고 다들 각자 자기가 부를 다음 노래를 찾는 데 여념이 없는데, 그래도 뭐라 탓할 수 없는 노릇이다. 이는 노래를 부르는 나도 마찬가지다. 노래를 최대한 잘 부르려고 갖은 애를 쓰지만 음정이나 박자가 틀렸다는 걸 인지할 때마다 창피한 마음이 들고 소심해진다. 내가 아무리 음악을 좋아하고 즐기더라도 일정 수준 이상 잘하지 않으면 몰입을 경험할 수 없는 것이다.

그러니까 몰입은 '잘하는 것'과 매우 관련이 깊다.

칙센트미하이의 표현을 빌리자면 몰입은 "쉽지는 않지만 그렇다고 버겁지도 않은 과제를 극복하는 데 한 사람이 자신의 실력을 온통 쏟아부을 때 나타나는 현상"이다. 즉, 과제 난이도와 실력 간의 균형이 중요하다. 과제가 너무 어려우면 불안과 두려움에 빠져 자포자기하게 된다. 반대로 너무 쉬운 과제 역시 몰입의 경험을 선사하지 못한다. 밥 먹듯 쉬운 일을 할 때는 권태나 지겨움이 느껴지기 쉽다. 두 가지 경우 모두 자신의 실력을 온통 쏟아붓는 집중의 상태로 가기 어렵다.

몰입이 일어나려면 하려는 일이 '적당히 도전적'이어야 하고 자신이 그 일에 대해 '상당한 수준의 실력'을 갖추고 있어야 한다. 가령 엄홍길 대장이 남산을 오르면서 몰입을 경험하기는 어렵다. 반대로 등반 경험이 전혀 없는 사람이 히말라야 등반에 도전해서 몰입을 경험하는 것도 거의 불가능하다. 외과 의사들의 경우에는 스무 시간 넘게 꼼짝않고 수술하면서도 고도의 집중 상태를 유지하곤 하는데, 실력이 뛰어난 의사일수록 그런 고된 수술에서 높은 수준의 몰입을 경험한다. 외과 수술은 매우 숙련된 기술과 더불어 짧은 순간에 정확한 판단을 내릴 수 있는 순발력과 지혜가 필요한데, 이 모든 것을 갖춘 상태에서 꽤 위험하고 까다로운 수술을 하면 몰입 경험이 잘 일어나는 것이다.

의식이 경험으로 꽉 차는 몰입의 순간,
그 경험이 성장과 변화로 이어진다

하지만 실력이 충분하지 않은 상태에서 느끼는 '각성'이나, 실력과 비교해 과제가 다소 쉬울 때 생기는 '자신감'도 긍정적인 감정으로 볼 수 있다. 각성 상태에서도 우리는 집중력을 발휘해 능동적으로 과제를 해결하려는 의지를 갖게 된다. 자신감도 주어진 것을 잘 해낼 수 있을 것이라는 믿음을 주어 일을 쉽게 처리할 수 있게 한다. 다만 두 가지 모두 몰입만큼 높은 행복감과 충족감을 주지 못할 뿐이다.

몰입을 하기 전까지는 지루하고 힘든 경험도 해야 하는데, 그때 필요한 것이 꾸준한 훈련이다. 모차르트의 피아노 소나타를 수천 명의 관중이 몰입할 만큼 멋지게 연주하려면 악보에 그려진 음 하나하나를 익히고 그것을 수백 번 반복해서 연습해야 하듯이 말이다. 엄홍길 대장도 히말라야를 등반하는 동안에는 무척이나 힘들고 고통스러웠을 것이다. 장시간 고도의 집중력을 요구하는 까다로운 수술을 집도하는 외과의들도 중요한 생명을 다루는 일을 하는 만큼 엄청난 긴장과 불안을 느낄 것이다.

성공한 발레리나와 축구 선수, 뛰어난 실력을 지닌 음악가와 외과의, 세계적인 기록을 지닌 등반가의 예를 들어 설명하다 보니 이렇게 남다른 재능이 요구되는 일을 할 때만 몰입이 일어난다고 오해할 수 있는데 그렇지는 않다. 게임이나 공부를 할 때도, 꽃을 가꾸거나 반려견을 산책시킬 때도 몰입을 경험할 수 있다. 과제와 실력의 균형이라는 두 함수의 조건만 맞아떨어지면 어떤 일을 하든 몰입을 경험할 수 있고, 이를 통해 얼마든지 성장과 변화를 만들 수 있다.

히말라야에 올라야만 몰입을 경험할 수 있는 건 아니다. 한 발 한 발 땅의 기운을 느끼며 가쁜 호흡을 가다듬기 위해 잠시 쉬더라도 끝까지 포기하지 않고 정상에 오를 수 있다면 북한산이든 관악산이든 상관없다. 등산을 좋아해서 꾸준히 하다 보니 어느새 자신이 걷고 있다는 것을 잊어버릴 만큼 몰입하게 되고, 이런 경험이 계속해서 자신의 성장으로 이어지면 족하다.

# 매일 조금씩 자기 능력의
# 최대치를 발휘하라

　　수십 년간 한 분야에 종사하며 장인의 경지에 이른 사람들의 이야기를 다룬 〈생활의 달인〉이라는 프로그램이 있다. 그 프로그램에 출연하는 달인들의 직업을 보면 정말 다양하다. 그들은 분야를 막론하고 10년 이상 자신의 업에 충실하면서 다른 사람들이 흉내 내기 어려운 숙련의 경지에 이른 사람들이다. 달인의 경지에 이르면 웬만큼 성과가 나서 일이 즐거워지고 집중도 더 잘하게 된다. 우리가 몰입의 경험을 통해 얻고자 하는 것도 그들처럼 자신이 하는 일을 더 좋아하고 집중하면서 꾸준히 성장하고 변화하는 충만한 삶으로 나아가는 것이다.

　달인들이 일하는 모습을 잘 관찰해보면 다른 사람과의 차이를 한 가지 발견할 수 있다. 일을 조금이라도 더 잘하기 위해 작고 사소한 것들도 연구하면서 자기 능력의 '최대치'를 발휘한다는 것이다. 꽈배기를 만들고 만두를 빚고 호떡을 구울 때도 어떻게 하면 가장 빠른 속도로, 가장 예쁜 모양으로, 가장 맛있게 만들 수 있는지 고민하면서 최적의 방법을 찾아간다. 속도를 위해 맛을 포기하거나 맛을 위해 모양을 포기하지 않는다. 본인의 능력 안에서 할 수 있는 모든 것을 하는 것이다.


## 삶의 각 영역에서 최대치를 실행할 때
## 우리 삶은 녹슬지 않고 앞으로 나아갈 수 있다

운동해부학에서 흔히 사용하는 '가동범위(Range of Motion, ROM)'라는 말이 있다. 움직일 수 있는 범위를 뜻하는 말로, 가동범위가 좋으면 어떤 움직임을 쉽게 수행할 수 있다. 그래서 스트레칭이나 웨이트처럼 몸을 직접 쓰는 운동을 할 때는, 움직일 수 있는 범위 내에서 최대한 몸을 움직여 자기 몸의 가동범위를 최대치로 넓혀야 한다. 아프고 힘들어도 계속 움직여야 하는 이유가 여기에 있다.

몇 년 전 어깨를 쓰지 못하게 될 뻔한 경험을 했다. 뻐근하고 묵직하더니 점차 통증이 심해지고 밤에 자다가 무심코 옆으로 누우면 소스라치듯이 놀라서 깰 정도로 고통스러웠다. 소위 오십견이었다. 오십견이 오면 염증이 생기면서 관절의 가동범위가 제한되기 때문에 어깨와 팔을 쓰기가 어렵다. 옷을 입기 위해 팔을 위로 드는 동작도, 밥을 먹기 위해 수저를 입 가까이 가져오는 동작도 쉽게 하지 못한다. 병원에 치료를 받으러 갔더니 수건으로 등 밀기, 벽 짚고 일어서기, 위아래로 팔 흔들기, 양손 깍지 끼고 올리기 등의 동작을 하게 했다. 오십견이 오기 전에는 대수롭지 않아 보이던 동작을 하는데도 엄청나게 아팠다. 오십견이 가동범위를 제한하는데, 그 범위를 넘어서려니 고통이 따르는 것이었다. 하지만 이전으로 돌아가려면 힘이 들더라도 가동범위를 차츰 늘려 원래의 360도에 가까워지게 하는 수밖에 없었다. 완전히 회복하진 못했지만 치료를 계속하니 가동범위가 확실히 넓어졌다. 오십견 치료를 하면서 나는 평소에 최대치로 움직여야만 몸이 녹슬거나 굳어버리지 않는다는 걸 새삼 깨달았다. 팔을 컴퓨터의 자판 두드리는 데만 쓰면 근육에 녹이 슬고 오십견이 온다. 옆으로도 보내고 뒤로도 보내는 다양한 동작을 해야 생각한 대로 팔을 자유롭게 움직일 수 있다.

이 과정을 고스란히 겪으며 작은 통찰을 얻었다. 각자 차이는 있겠지만 누구에게나 삶의 가동범위가 있을 것이다. 자신에게 주어진 삶의 가동범위대로 최대한 움직이며 사는 것이 건강한 삶이다. 최대 가동범위로 움직이지 않고 살던 대로 산다면 관절이 굳듯이 인생이 굳고 아픔이 찾아온다.

그래서 나는 행복한 삶을 위한 방법으로 각자의 일상에서 '최대치 하기'를 권한다. 현재 자신에게 주어진 삶의 범위를 살펴서 내가 과연 최대치로 임하고 있는지를 점검하고, 부족한 부분이 있다면 최대치로 끌어올리는 것이다.

최대치를 한다는 건 어떤 일에 임할 때 자기 능력을 최대한 발휘한다는 의미이지만, 자기 삶을 충실하게 만드는 데 중요한 모든 영역에서 두루두루 노력을 기울이는 것도 포함된다. 내 경우, 내 삶에서 중요한 영역은 네 가지로 구분된다. 나는 기독교인이자 '예배자'이고, 집안의 가장이자 아이들의 '아버지'이며, 직장에서는 교수이자 선배인 '지도자'이고, 또 주변 사람들에게 선하고 긍정적인 영향을 미치려고 노력하는 '영향자'이기도 하다.

나는 이 네 가지 범주 안에서 최대치를 하기 위한 목표를 세우고 실행하고 점검한다. 다이어리에 매일 범주별로 목표를 적고 스스로 점수를 매기는 방식으로 최대치를 점검하는 것이다. 오늘 내가 예배자로서 할 일, 아버지로서 할 일, 지도자로서 할 일, 영향자로서 할 일을 적고 그 일을 얼마나 잘했는지 동그라미, 세모, 엑스로 점수를 매긴다. 그리고 연말에는 점수를 합산해서 평가해본다. '올해는 지도자로서는 괜찮았는데 아버지로선 조금 부족했네. 내년에는 좀 더 나은 아버지가 되기 위해 무엇을 해야 할까' 하며 오늘보다 조금 더 나은 내가 되기 위한 계획을 세운다. 아무리 바빠도 이 작업을 빼먹지 않는 이유는 네 가지 영역에서 조금씩이라도 두루두루 나아져야 내 삶이 더 충만해지기 때문이다.

## 변화의 목표는 최고가 되는 것이 아니라
## 매일 조금씩 더 나아지는 것이다

그렇다고 모든 것을 최고로 해내야 한다는 부담은 갖지 않아도 된다. 최대치를 한다는 것이 반드시 '베스트(best)'를 해내는 걸 의미하진 않는다는 얘기다. 다만 '매일 조금씩 더 나아지는 것(better and better)'을 목표로 살아간다면 최고가 될 순 없어도 최고에 가까워질 순 있다. 내일이 오늘보다, 내년이 올해보다 더 나아질 테니 말이다. 최대치를 하는 것은 더 나은 삶을 위한 것이지 최고가 되기 위한 것이 아니다. 최대치를 하지 않으면 어느 순간이 녹이 슬고 고통이 따라오니 매일 조금씩이라도 '최대치 하기'를 실행하자는 것이다. 심리적 궤도에 있는 수용·변화·연결 세 가지는 기본적으로 멈추지 않고 계속 돌아가는 수레바퀴와 같다. 오늘 했으니까 내일은 안 해도 되는 그런 것이 아니다. 돌아가지 않고 멈추면 그때부터 녹슬고 문제가 생기기 시작한다.

요즘에는 1인 가구가 늘면서 혼밥하는 사람이 많아졌다. 그렇게 매일 혼밥하는 사람에게는 삼시 세끼를 잘 챙겨 먹는 것이 충만한 삶을 위한 중요한 조건이 될 수 있다. 그렇다면 끼니를 잘 챙겨 먹되 주어진 여건에서 자신이 할 수 있는 일을 모두 해보면 어떨까. 라면 하나를 끓여도 어제보다 더 맛있게 만들 수 있는 방법을 찾아보는 것이다. 배달 음식을 줄이고 요리에 도전해보는 건 어떨까. 요즘은 밀키트도 잘 만들어져 나오니 해볼 만할 것이다. 일주일에 하루는 가족이나 친구들과 밥 먹는 날로 정해보는 것도 좋다.

최대치를 한다는 것은 이런 것이다. 그리 대단한 일이 아니더라도 매일 조금씩 더 나아지기 위해 주어진 자기 삶의 여건에서 할 수 있는 것들을 잘 챙기고 구조화해서 두루두루 해보는 것이다.

긍정심리학에서는 최대를 원하는 것은 웰빙에 도움이 되지 않는다고 한다. 항상 최상을 바라보는 사람은 항상 부족하기 때문이다. 그래서 '최대자'가 아니라 '만족자'가 되라고 말한다. 즉, 최고로 좋은 것보다는 충분히 좋은 것을 선택하면서 '이 정도면 괜찮아'라고 만족하는 것이 웰빙의 방법이라고 가르친다.

하지만 그렇더라도 삶의 영역에서 최대치를 조금씩 늘려가는 것은 필요하다. '매일 조금씩 더 나아지기'를 목표로 하는 변화에서는 어떤 제약 조건도 핑계일 뿐이다. 하나를 가진 사람은 하나만 하면 되고 열을 가진 사람을 열을 하면 된다. 나이가 들어서 몸이 말을 안 듣는다는 것도 핑계다. 눈이 잘 보이지 않고, 귀가 잘 들리지 않고, 단단한 것을 씹지 못하고, 다리에 걸을 힘이 없더라도 그 상태에서 할 수 있는 것을 하면 된다. 변화의 목표는 남들보다 성공하는 것이 아니고 자기 자신과 삶을 성장시키는 것이다. 따라서 주어진 여건이 어떻든 오늘보다 더 나아지려는 노력만으로 충분하다. 심지어 감옥이라는 극단적인 여건에서도 일신우일신(日新又日新)이 가능하다. 오랫동안 수감생활을 했던 신영복 교수는 아버지에게 보내는 서한에 이렇게 썼다.

"저는 전에도 말씀드렸다시피 결코 많은 책을 읽으려 하지 않습니다. 일체의 실천이 배제된 조건하에서는 책을 읽는 시간보다 차라리 책을 덮고 읽은 바를 되새기듯 생각하는 시간을 더 많이 가질 필요가 있다 싶습니다. 지식을 넓히기보다는 생각을 높이려 함은 사침(思沈)하여야 사무사(思無邪)할 수 있다고 생각되기 때문입니다."[8]

'사침'은 '생각을 깊이 한다'는 것이고, '사무사'는 '사특함이 없다'는 것이다. 풀이하자면 "깊은 생각을 통해 마음을 바르게 한다"라는 뜻이다. '일체의 실천이 배제된 조건'에서도 생각을 많이 하는 시간을 갖는 것은 얼마든지 가능하다. 오히려 더 많이 가질 수도 있다. 깊게 통찰하는 시간을 통해 사사로운 것들에 마음이 쏠리지 않도록 하는 것, 이 역시 훌륭한 변화 모드의 삶이라 할 수 있다. 생각의 변화만으로도 마음을 더 올바르게 할 수 있고 그에 따라 삶의 질 역시 크게 달라지기 때문이다.

# ● 몰입의 경험이
    변화를 가져온다

　　우리의 삶은 경험으로 채워진다. 느끼고 생각하고 행동하는 것이 모두 경험이며, 어떤 경험을 하느냐에 따라 삶의 질이 달라진다. 무언가에 몰입을 하거나 최대치를 해내는 것도 결국에는 우리가 매일 하는 경험의 방향과 내용을 바꾸는 것이다. 생각만 바꿔서도 안 되고 행동만 바꿔서도 안 된다. 생각이 우리 삶에 중요한 변화를 가져오는 것은 맞지만, 생각에서 그치면 아무 소용이 없다. 생각에만 머무는 사람은 지금 여기에 존재하는 대신 과거로 가서 지난 일을 후회하거나 미래로 가서 일어나지도 않을 일을 걱정하는 데 에너지를 쓰게 된다.

　실제의 삶에서 구체적인 변화가 나타나게 하는 힘은 결국 행동에서 나온다. 깊은 사색을 하고 통찰을 얻되, 일기도 쓰고 운동도 하고 친구를 만나 수다도 떨어야 한다. 그래야 지금 여기에 존재하는 자신을 생생하게 느끼며 실질적인 변화의 목표를 세울 수 있다. 내가 끓인 라면이 맛이 없으면 어쩌지 걱정하는 대신 달걀을 넣든가 파를 넣든가 해서 더 맛있는 라면을 끓이려는 노력을 해보는 것이 더 낫지 않겠는가.

앞에서 변화하려면 자기 마음의 부정적 프레임을 먼저 버려야 한다고 했는데, 그 이유도 생각과 감정의 방향을 바꿔서 행동을 재구성하기 위해서다. 생각만 열심히 하고 행동을 바꾸지 않으면 결국엔 다시 부정적인 생각으로 돌아갈 공산이 크다. 몸과 마음이 연결되어 있는 까닭에 생각과 행동도 긴밀하게 영향을 주고받기 때문이다. 그렇다면 생각에 묶인 마음을 풀어내고 행동으로 나아가려면 어떻게 해야 할까?

오감을 충족하는 소소한 기쁨이 계속될 때
머릿속에 머물던 변화가 현실로 구현된다

다음 그림은 수용전념치료(Acceptance Commitment Therapy, ACT)[9]에서 활용하는 매트릭스다. 수용전념치료란 부정적인 내적 경험을 통제하거나 회피하지 않고, 감정을 있는 그대로 경험하고 알아차리는 수용 중심의 인지행동치료다. 특히 우울, 불안 등 여러 정신장애에 뛰어난 효과를 보이는 것으로 보고되고 있다.

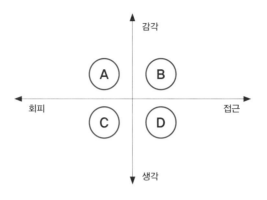

【 수용전념치료 매트릭스 】

사람의 모든 행동은 위 매트릭스의 4분면으로 설명된다. 가로축은 어떤 일에 다가가는 '접근'과 반대로 그 일에서 멀어지는 '회피'를 양극단으로 한다. 여기에선 접근이란 대인관계든 독서든 운동이든 어떤 행동을 하기 위해 다가가는 것이고, 회피는 그 행동을 하지 않으려고 뒤로 물러나는 것이다. 세로축은 몸의 감각과 머릿속의 생각을 양극단으로 하는데, 감각은 오감을 통한 경험을 의미하고 생각은 정신적인 경험을 의미한다.

내가 진료실에서 만나는 환자 대부분은 C에 해당한다. 생각의 노예라고 할 만큼 온갖 복잡한 생각들에 사로잡혀 있으며 회피 성향이 크다. 좋아하는 사람이 있어도 '저 사람이 나랑 사귀어줄까? 내가 먼저 다가가면 차이겠지!' 이런 생각만 하다가 말 한

마디 못 하고 그 사람과 점점 멀어지고, 그러면서 주위 사람들이 모두 자기를 싫어한다며 괴로워한다. 정말 불행한 구조라고 할 수 있는데, 이렇게 자기 생각에 빠져서 세상과도 자기 삶과도 화해하지 못한 채 회피하며 사는 것이 정신과를 찾는 대다수 환자의 모습이다.

생각을 열심히 하는 사람들의 공통점 중 하나는 책을 많이 읽거나 공부를 열심히 한다는 것이다. 이들 가운데 대인관계도 원만하고 자기 분야에서 높은 성취를 이루며 성공하는 경우를 볼 수 있다. 이런 사람은 D에 해당한다고 할 수 있다.

또 생각보다는 오감을 통한 경험을 중시하고 즐기는 사람들도 있다. 그런데 이들 중에 막상 사람과의 교류에는 소극적이고 자기 일을 열심히 하지도 않는, 즉 A에 해당하는 사람들이 있다. 지리산 깊숙한 곳에 들어가서 세상과 동떨어져 은둔의 삶을 살아가는 사람들이 아마도 여기에 해당할 것이다.

눈치챘겠지만, 몸도 마음도 가장 건강하게 살아가는 건 B에 해당하는 사람들이다. 여러분은 A-B-C-D 중 어디에 해당할까?

C의 형태로 살던 사람이 B의 삶으로 옮겨가는 건 상당히 어렵다. A나 D에 속하는 사람들 역시 마찬가지다. 우리에겐 '관성'이란 것이 있어서 늘 하던 방식대로 하고, 살던 대로 사는 게 편하고 좋기 때문이다. 아침에 일어나 관성적으로 출근해 관성적으로 일하며 관성적인 생각을 하다가 관성적으로 퇴근한다. 관

성을 거슬러서 경험의 내용을 바꾸는 것은 실제로 매우 고통스러울 수 있다. 따라서 지금까지 강조했던 것처럼 작고 사소한 일들부터 시작해보는 것이 좋다.

앞에서 설명한 인지 전환의 기술을 활용해 생각에서 벗어나려는 노력과 더불어 일상에서 할 수 있는 오감의 경험으로 다가가는 시간을 조금씩 늘려가자. 이러한 다가가기를 포기하지 않고 계속하는 방법은 몰입할 수 있는 일, 능동적인 기쁨과 즐거움을 선사하는 경험을 찾는 것이다. 이런 일은 대개 어떤 대가나 보상을 바라고 하는 것이 아니라 자발적인 욕구의 발현으로 하게 된다. 어떤 일을 자신이 원해서 할 때와 누군가에게 보수를 받고 할 때의 마음가짐은 다르다. 똑같은 일인데도 스스로 알아서 할 때는 의욕이 충만하다가 누군가에게 보수를 받고 할 때는 급격히 흥미를 잃고 의무적으로 임하게 된다. 왜 그럴까? 우리가 돈을 정말 좋아하는 것 같지만 실상은 '욕망의 충족'이라는 심리적 보상을 더 강력하게 추구하는 본성을 지니고 있기 때문이다.


삶을 바꾸는 몰입은 생각만으로 이루어지지 않는다
때로 열정을 다해 극한의 경지에 올라 보라

2015년 봄에 제주도로 여행을 갔다가 우연히 한 사진 전시회를 보게 되었다. 이제는 고인이 된 김수남 작가의 특별전이었는데, 전시회 제목이 〈극(極):끝없는 기억〉이었다. 전시회가 무척 인상적이어서 집에 돌아와 김수남 작가의 이야기를 찾아봤다. 그는 신문사와 잡지사에서 사진기자로 활동하다가 생을 마치기 직전까지 국내를 비롯해 일본, 중국, 태국 등 여러 국가를 돌며 그곳의 자연 풍광과 더불어 굿, 놀이 등 무속문화의 현장을 카메라에 담아 소개했다. 그의 작품에 대해 일본의 북디자이너 스기우라 고헤이(杉浦 康平)는 "샤머니즘이라고 하는 가슴 깊숙한 곳의 풍경을 하나의 통로로 해서, 아시아 각지의 민간신앙의 다채로움과 생활 문화의 독자성을 생생하게 투시하게 된 것이다"라고 설명했다.

무속문화에 대한 깊은 관심과 열정은 인간 김수남의 순수한 열망이었다. 그렇기에 취재 여행 중 길에서 뇌출혈로 쓰러지기 직전까지 아시아 여러 나라의 무속문화를 사진으로 담는 작업에 그토록 몰입할 수 있었을 것이다. 자신이 좋아하고 의미 있다고 생각하는 일을 '극(極)'의 지경에 이를 때까지 지속한다는 것은 다른 사람이 보기에는 초인적인 의지가 필요한 고단한 일이지만, 당사자에게는 무엇과도 바꿀 수 없는 기쁨과 환희를 선사하는 일이 아니었을까? 그렇기 때문에 그가 느꼈던 기쁨과 환희가 그의 사진을 감상하는 생면부지의 내게도 고스란히 전해졌던 것일 테고 말이다.

몰입도 반복해서 하다 보면 어느 날 갑자기 시들해지는 순간이 온다. 몰입의 경험이 쌓여 실력은 늘었는데 과제의 난이도가 똑같다면 더 이상 가슴이 뛰지 않고 진부하게 느껴질 것이다. 따라서 변화를 위한 몰입을 지속하려면 계속해서 더 어려운 과제에 도전하면서 극한까지 밀어붙일 수 있는 마음가짐과 태도가 필요하다. 스스로를 끝을 알 수 없는 미지의 꼭짓점으로 계속해서 밀어 올리려면 생각이 아니라 행동, 오감의 경험에 몰두할 수 있어야 한다. 생각만으로는 몰입이 일어나지 않으며 삶을 저 위까지 밀어 올릴 수도 없다.

## ● 서두르지 말고 '마냥'
## 자신이 바라는 삶에 가까워지기

 

 

변화의 방법으로 한 가지 더 추가하자면 '서두르지 말고 마냥 하기'다. 우리는 자기 마음과 삶을 찬찬히 돌볼 시간을 좀처럼 내지 못한다. 너무 바쁘게 살기 때문이다. 한국 사람들은 전 세계에서 가장 바쁘게 사는 것으로 정평이 나 있다. 한국어를 모르는 외국인들도 '빨리빨리'라는 한마디는 모두 알 정도다.

언젠가 한국 사람들의 급한 성미를 풍자하는 만화를 본 적이 있다. 컵라면에 물을 붓자마자 뚜껑을 여닫으며 빨리 안 익는다고 투정하는 사람, 커피 자판기 버튼을 누르고 빨간불이 꺼지기도 전에 컵 나오는 곳에 손을 넣고 기다리고 심지어 노려보기까지 하는 사람, 영화관에서 마지막 대사가 끝나기 무섭게 자리에서 일어나는 사람 등이 등장한다. 이렇게 매일 바쁘게 살아가니 "안 그래도 바빠 죽겠는데 또 뭔 변화냐" 하는 볼멘소리가 들려온다.

하지만 '급할수록 돌아가라'는 속담도 있지 않은가. 급하다고 서두르다 오히려 일을 그르치는 경우는 얼마든지 있다. 영화관이나 운동장처럼 사람들이 많이 모인 공간에서 불이 났을 때 서로 먼저 빠져나가려고 서두르다 다치거나 죽는 것도 그런 사례에 해당한다. 1990년에는 이슬람 성지인 사우디아라비아 메카의 보행자 터널에 갑자기 많은 사람이 몰리며 무려 1,426명이 압사 사고로 목숨을 잃은 대참사가 일어나기도 했다.

물리학자인 디르크 헬빙(Dirk Helbing)과 타마스 비첵(Tamás Vicsek)은 컴퓨터를 이용한 보행자 모델을 통해 비상구를 빠져나가는 군중들의 행동을 시뮬레이션한 후 그 결과를 〈네이처〉 지에 발표했다.[10] 그 결과, 사람들이 서로 빨리 나가겠다고 출구로 모여들수록 빠져나가는 속도는 오히려 더 느려진 것을 알 수 있었다. 실험 결과를 보면 평상시에는 45초 동안 초속 1미터로 총 90명이 빠져나간다. 반면 위기상황을 설정해놓고 모두가 서둘러 초속 5미터로 나가면 서로 부딪히면서 오히려 속도가 느려져 총 65명밖에 나가지 못한다. 또한 서로 밀치며 몸싸움을 벌이느라 200명 중 5명이 쓰러지고 45초 동안 빠져나오는 사람은 44명으로 줄어든다. 빠져나오려는 사람의 수가 많아지면 속도는 더 줄어든다. 400명이 한꺼번에 빠져나오려고 출구로 몰리면 45초간 겨우 3명밖에 빠져나오지 못한다.

지금 내 일상이 너무 바쁘다는 생각이 든다면 '잠시 멈춤'을 통해 오히려 속도를 늦춰보자. 우리는 "너무 바빠서 정신이 없다"라는 말을 자주 하는데, 너무 바쁘게 움직이다 보면 내적 에너지가 소진되어 실제로 '정신이 없는' 상태가 되고 만다.

가끔은 뇌의 디폴트 모드 네트워크를 활성화할 필요가 있다. 아무것에도 집중하지 않고 그냥 쉬는 것이다. 우리는 이러한 '잠시 멈춤'을 통해 오히려 더 많은 것을 더 충실하게 해낼 수 있다. 서두르지 말고 대신 '마냥' 하자. '마냥'이라는 단어의 의미는 '언제까지 줄곧' 혹은 '부족함 없이 실컷'이다. 빨리 가려고 하지 말고 자기 속도대로 마냥 걸어보자. 꽃이 피지 않는다고 조바심내지 말고 마냥 바라봐주자. 힘이 들 때는 멈춰 서서 마냥 쉬어보자. 기쁜 일이 있으면 마냥 축하하고 음미해보자. 변화란 이처럼 오랫동안 꾸준히 충실하게 하는 것이지 바쁘게 서두르며 하는 것이 아니다.

그런 점에서 변화에서 마지막으로 이야기하고 싶은 건 'and'하지 말고 'or'하자는 것이다. and를 교집합이라고 하고 or를 합집합이라 한다. 교집합은 복수의 집합들에 공통으로 들어있는 모든 것을, 합집합은 복수의 집합에 포함된 모든 것을 뜻한다. 수학 연산으로 따져도 A and B and C and D보다 A or B or C or D의 수가 훨씬 더 크다. 바쁘게 사는 사람들의 대표적인 특징이 가능한 한 많은 일을 다 잘 해내려 하는 것이다. 회사에서는 유능한 직원으로 인정받으면서 취미 생활도 완벽하게 하고 친구들 사이에서 인기도 있어야 한다. 자기 삶의 영역에서 중요하다고 생각하는 역할을 두루두루 잘하는 것은 좋으나 모든 것을 한꺼번에 할 필요는 없다. 오늘은 회사 일만 열심히 하고 취미 생활은 내일로 미뤄도 된다. 이번 주말엔 친구들과 즐거운 시간을 갖고 밀린 업무는 다음 주에 출근해서 처리하면 된다. 하루에 한 가지씩만 더 나아져도 된다. 하루에 한 가지씩만 잘해도 된다. 그래야 룰루랄라 즐겁게 오랫동안 지속할 수 있다.

지금 우리의 목표가 더 충실한 삶, 더 좋은 삶으로 한 발 한 발 나아가는 것이란 점을 잊지 않았으면 한다. 내가 제안하고 싶은 것은 '근사하게'다. '근사하다'는 건 '그럴듯하게 괜찮다'는 뜻이다. 자신이 바라는 삶에 조금씩 가까워지는 것이 바로 '완전하지는 않더라도 비슷하게 좋은' 근사한 변화다. 누군가 내게 잘 살고 있냐고 묻는다면 곧바로 '예'라고 대답하진 못하겠다. 나 역시 여전히 실수도 하고 후회도 한다. 대단한 부자도 아니고 엄청난 명성을 얻은 유명인사도 아니다. 하지만 확실하게 이야기할 수 있는 건 어제보다 더 나은 오늘을 살기 위한 노력을 멈추지 않고 있다는 것, 그래서 5년 전보다는 10년 전보다는 잘 살고 있다는 것이다. 우리 모두 완벽함 대신 근사함을 꿈꾸면 좋겠다. 근사함을 꿈꾸는 마음이야말로 충실하고 행복한 삶으로 가는 방향타가 되어줄 것이다.

3장

**연결**

─

함께하는 삶의 가치를
잊지 마라

*Connection*

# ● 사람은 서로
# 연결되어야 행복하다

  신경과학자들의 연구에 따르면, 사람이 서로 관계를 맺는 것은 인간의 원초적인 욕구다. 실제로 인간은 소외당할 때 정말 아픔을 느낀다. 내가 누군가와 연결되어 있지 못하다는 것, 세상과 연결되어 있지 못하다는 것이 고통을 준다. 김지수 기자가 이어령 선생을 인터뷰하고 쓴 책《이어령의 마지막 수업》에 이런 내용이 나온다.

  "이 컵을 보게. 컵은 컵이고 나는 나지. 달라. 서로 타자야. 그런데 이 컵에 손잡이가 생겨봐. 관계가 생기잖아. 손잡이가 뭔가? 잡으라고 있는 거잖아. 손 내미는 거지. (중략) '나 잡아주세요'라는 신호거든. '손잡이 달린 인간으로 사느냐. 손잡이 없는 인간으로 사느냐.' 그게 중요한 차이를 만들어."

  이어령 선생은 다른 인터뷰에서도 평생 살아보니 '관계'가 제일 중요하더라며, 인문학에서도 인간·시간·공간의 세 가지 '사이(間)'가 가장 중요하다고 강조했다. 사실 인간(人間)은 문자 그대로 사람(人) 사이(間)라는 뜻이다. 죽음을 앞둔 노학자의 깨달음은 일면 단순하지만 가슴을 울린다. 너무 중요한데 또 너무 당연해서 잊고 사는 것이 바로 '함께하는 삶'의 가치이기 때문이다.

## 로제토 마을에 생긴 일, 결속감과 사망률의 상관관계

서로 연결되어 함께 살아가는 것이 얼마나 중요한지 보여주는 유명한 연구 결과가 있다. 일명 '로제토 효과(Roseto effect)'[11]라고도 불리는 연구다.

로제토는 미국 펜실베이니아에 있는 작은 마을로, 이탈리아 이민자들이 모여 사는 공동체다. 로제토에서 주민들을 진료하던 의사들은 신기한 현상을 하나 발견했다. 유독 심장병으로 사망하는 사람들의 숫자가 적다는 점이었다. 로제토 마을 사람들은 술과 담배를 즐기고 기름진 음식을 좋아하고 과체중도 많았기에 더욱 이상했다. 연구자들은 1935년부터 50년간 로제토와 그 이웃 마을인 뱅고어의 사망률을 비교 조사했다. 뱅고어 사람들은 로제토와 같은 식수원의 물을 마시고 같은 병원을 다니고 있었는데, 조사 결과 뜻밖의 사실이 밝혀졌다. 좋지 못한 생활습관을 갖고 있음에도 불구하고 로제토 마을 사람들의 심장병 사망률은 뱅고어의 절반 수준에도 미치지 못했던 것이다. 이는 기존 의학계의 믿음을 거스르는 것이었다. 도대체 이유가 뭐였을까? '로제토 효과'를 처음 보고한 연구자들은 그 원인을 명확히 이해하지 못한 상태로 논문에 "로제토 마을의 가장 특이한 점은 주민들이 삶을 즐기는 방식이었다. 그들의 삶은 즐거웠고 활기가 넘쳤다. 그들은 서로를 신뢰하며 도와주었다. 가난한 사람들은 있었지만, 진정한 가난은 없었다. 이웃들이 빈곤한 사람들의 필요를 채워주었다"라고 썼다. 사회적 결속과 지지가 인간의 신체적 건강에 중대한 영향을 미친다는 점을 사실상 인정한 것이다.

사망률 조사는 10년에 한 번씩 진행되었는데, 처음 30년간은 로제토 마을의 심장병 사망률이 상대적으로 낮았지만 1960년대 들어서는 뱅고어 마을과 비슷한 수준으로 올라갔다. 연구자들은 그 이유를 로제토에 미국의 자본주의적 이념이 유입되면서 공동체에 대한 기여보다는 개인의 삶을 우선으로 생각하는 문화가 자리 잡았기 때문이라고 설명했다.

사회적 결속과 지지는 심장병과 같은 특정 질환에 걸린 환자들의 회복에도 영향을 미친다.[12] 1988년 42~77세의 미국 남성 3만 2,624명을 대상으로 한 연구에서, 사회적으로 강력한 네트워크를 가진 남성은 사회적으로 고립된 남성과 비교해 심혈관 질환 사망률이 절반에도 미치지 않는다는 사실이 밝혀졌다. 또한 이들은 관상동맥 심장병에 걸렸을 때도 상대적으로 더 오래 살아남았다. 연구에 따르면 가족이나 친구와 같은 친밀한 지지자들이 곁에 있는 남자 환자는 중환자실에 입원한 후에도 잘 회복해서 더 오래 살아남았다.

사회적으로 지지 받고 있으며 서로 연결되어 있다는 '결속감'은 주변 사람들로부터 언제든지 도움을 받을 수 있는 신념과 연관된다. 내가 아프고 힘든 순간에 나를 도와줄 사람이 아무도 없다는 고립감은 사람을 더욱 고통스럽게 하고 회복을 더디게 한다.


## 고립감이 어떠한 가혹한 형벌보다
## 지독한 이유

주변 사람과의 연결이 생존에 얼마나 막대한 영향을 미치는지를 보여주는 또 다른 사례가 있다. 미국에는 최고 악명 높은 범죄자들만 수감되는 일명 '슈퍼맥스'라는 교도소가 수십 개 있다. 최고 수준의 보안을 갖춘 슈퍼맥스 교도소의 목적은 범죄자들을 최대한 사회로부터 고립시키는 것이다. 특히 이곳의 독방은 작은 창문 하나 없고, 바깥의 어떤 소리도 들리지 않을 만큼 철저히 외부와 차단되어 있다. 수감자들은 매 끼니를 문에 달린 작은 구멍으로 배급을 받고, 다른 수감자와의 만남도 가족 면회도 허용되지 않는다. 하루에 딱 한 시간 독방을 나갈 수 있는데 그 때도 손발에 족쇄를 차고 허리에는 사슬을 묶어야 한다.

워싱턴의 슈퍼맥스에서 무작위로 뽑은 수감자 131명을 대상으로 한 조사에 따르면 슈퍼맥스 수감자 가운데 45퍼센트가 심각한 정신질환 또는 뇌 손상을 보이는 것으로 나타났다. 외부와의 접촉이 차단된 상태에서 오래 생활하는 것은 이토록 인간을 병들게 하고 죽음에 이르게 한다.

앞에서 예로 들었던 제임스 본드 스톡데일 중령은 베트남수 용소에서의 체험을 기록한 저서 《베트남에서의 체험(A Vietnam Experience)》에서 "그 끔찍한 곳에서 나를 견디게 해준 것은 바로 '옆방의 동료(The man next door!)'였다"라고 말했다. 그를 비롯해 미군 포로들은 독방에 갇혔을 때 미리 약속한 신호로 벽을 두드려 옆방 동료와 의사소통을 했다고 한다. 미군 포로들은 새로운 하루가 시작될 때마다 벽을 두드리며 그날의 안부와 희망을 나누고, 힘든 순간이 오면 서로 힘을 북돋우는 말을 주고받았을 것이다. 다른 사람과의 연결, 즉 누군가와 관계를 맺는 것은 때에 따라 생존에 결정적인 역할을 하기도 한다.

# ● 친화적인 사람이
   살아남는다

마더 테레사는 "오늘날 가장 큰 재앙은 나병이나 결핵이 아니라 어디에도 소속되지 못했다는 느낌이다"라는 말을 남겼다. 실제로 오늘날 우리가 맞이한 불행과 재앙의 상당 부분은 사회적 결속감이나 공동체 정신을 잃어버린 데 그 원인이 있다.

OECD(경제협력개발기구)에서는 매해 각 나라의 '더 나은 삶 지수(Better Life Index, BLI)'를 발표한다. 주거, 소득, 일과 직업의 질, 사회적 관계, 지식과 역량, 환경, 시민 참여, 건강, 주관적 웰빙, 안전, 일과 삶의 균형의 11개 항목을 평가해 산출하는 것이다. 2022년 자료[13]를 보면 우리나라는 '사회적 관계' 항목에서 1.5점을 받아 최하위를 기록했다.

사회적 관계 지수에서 특히 중요한 하위 항목이 '사회적 지원'인데, 이는 '어려움이 생겼을 때 의지할 수 있는 친구나 친척이 있다고 답변한 사람의 비율'로 평가한다. 이 항목에서 OECD 평균이 91퍼센트인 데 반해 한국은 80퍼센트에 그쳤다. 다시 말해 우리나라 사람 열 명 중 두 명은 힘들고 어려울 때 주변에 의지할 사람이 단 한 명도 없다는 의미다. 이런 사회적 고립은 코로나 이후 사회적 단절이 더 심해지면서 특히 젊은 세대를 중심으로 더욱 악화되고 있다. 사회적 네트워크에 연결되는 것이 인간의 본성에 가까운 것이며, 다정함과 친밀감이 생존의 필수 조건임에도 불구하고 왜 우리는 공동체보다 개인의 욕구를 더 중시하게 된 걸까?

## 자기존중이나 성장보다
## '관계'를 중시하는 한국인

그간 우리는 도전과 용기, 열정과 의욕을 최고의 가치이자 미덕으로 여기며 살아왔다. 덕분에 전 세계적으로 기적이라 불릴 만큼 눈부신 성장을 이뤘지만, 그 반작용으로 우리의 두뇌에는 심각한 불균형이 생긴 것 같다. 뇌과학에서는 인간의 삶을 이야기할 때, 여러 신경전달물질 중 정서와 삶에 특히 영향을 주는 뇌 호르몬 세 가지를 중요하게 꼽는다. 적극적으로 성과를 내게 하고 중독이 생길 만큼 흥을 불러일으키며 보상에 대한 욕구를 자극하는 도파민, 안정된 정서를 유지하고 여러 상황을 조율해

균형을 맞추는 세로토닌 그리고 애착과 사랑, 연민 등과 연관되는 옥시토신이 그것이다. 안타깝게도 우리나라 사람들은 도파민 수준만 높고 세로토닌과 옥시토신은 현저하게 결핍된 불균형 상태에 놓인 것 같다. 균형과 안정감을 찾아주는 호르몬이 결핍된 무리에서 사회적 교류와 지지가 현저하게 줄어든 것은 당연한 일이다.

아이러니한 것은 한국인만큼 '우리'라는 말을 자주 사용하는 민족이 없다는 사실이다. 개인화 정도가 높은 유럽인들이 '내 집, 내 학교, 내 부모님, 내 친구'라고 말하는 데 반해 한국인은 '우리 집, 우리 학교, 우리 부모님, 우리 친구'라고 말한다. 멀지 않은 과거까지 우리는 로제토 마을 사람처럼 몇 대가 함께 모여 대가족을 이루며 살았고, 향악이니 두레니 해서 이웃끼리 서로 돕는 것을 당연한 이치로 여겼다. '본질적으로 무엇이 가장 중요한가'라는 문제에 있어 무엇보다 개인을 중시하는 서양사람들과는 많이 다른 모습이다.

실제로 우리 연구팀에서 진행한 조사에서도 이런 차이가 발견되었다. 우리 연구팀은 한국의 일반 대중 1,011명을 대상으로 자신의 삶에서 가장 중요하다고 생각하는 가치가 무엇인지를 조사했다. 긍정심리학자 크리스토퍼 피터슨(Christopher Peterson)이 진행했던 '가치엽서 프로젝트'를 응용한 것으로, 조사 결과 무려 40.9퍼센트가 가장 중요한 가치로 '관계'를 꼽았다. 미국과는 분명히 대조적인 결과라 할 수 있는데, 미시간대학의 조사 결과를 보면 미국인들이 가장 중요하게 생각하는 가치는 '자기존중과 성장'이었다. 우리 연구팀이 진행한 조사에서 '자기존중과 성장'은 2위로 나타났으나 1위인 '관계'와 점수 차가 매우 컸다. 한국인은 '자기존중과 성장'이라는 개인적 요소보다 타인과 좋은 관계를 맺거나 남을 돕는 것과 같은 '관계'적 요소를 더 중시한다는 점을 보여주는 결과였다.

## 공동체가 무너지는 우리 사회, 이대로 괜찮을까

우리 민족의 유전자에는 공동체 문화를 중시하는 DNA가 있다. 오늘날의 한국은 사회문화 및 인류학적으로도 대표적인 집단주의 문화로 분류된다. 하지만 현재 우리는 공동체가 무너지고 질 높은 사회적 교류와 지지가 점점 줄어드는 사회에 살고 있다. 몸에 맞지 않는 옷을 입고 있는 셈이랄까.

요즘은 동호회 활동이라는 것도 사회적 교류의 장이라기보다 취미 생활을 위한 개인적 수단에 그치는 모양새다. 주말에 자전거를 함께 타러 모이지만 서로 누가 누구인지 모르는 경우가 다반사이고, 정해진 코스를 완주하고 나면 즐거웠다는 인사를 끝으로 뿔뿔이 흩어진다. 학교에서 벌어지는 왕따 현상, 연일 뉴스에 보도되는 각종 혐오 사건들은 사회적 관계의 부재를 통감하게 한다. 홀로 죽음을 맞이하는 고독사도 늘고 있다. 최근에는 가족, 친구, 사회에서 격리되어 홀로 살아가다 아무도 모르게 죽음에 이르는 20~30대 청년이 증가하는 추세다. 고립감을 견디다 못해 타인에게 위해를 가하는 사람은 또 얼마나 많은가. 이 모두가 우리 사회에 얼마나 불행이 만연한지 적나라하게 보여준다.

사실 공동체는 나 말고 한 명만 더 있어도 가능하다. 단 한 명이라도 강력하게 연결되어 있다면 인간은 자살을 선택하지 않는다. 공동체가 있느냐 없느냐가 생존에 큰 영향을 미치는 것이다.

요 몇 년 새 코로나19로 사회적 거리두기를 하면서 우리 삶에서 연결이 얼마나 중요한지 새삼 깨달았다. 내가 안 아파야 남도 안 아프고, 남이 안 아파야 나도 안 아프다는 사실이 '사람은 연결되어야 행복하다'는 삶의 진리를 절박하게 상기시켜준다. 한편으로 같은 시기 늘어난 혐오로 인해 연결이 끊어지는 경험도 했다. 다시 연결되기 위해서는 혐오를 줄이는 훈련도 필요하다. 인간은 연결되지 않으면 불행할 수밖에 없는 존재다.

# ● 공감력과 친화력은
어떻게 형성되는가

인간은 서로 연결될 때 행복하다. 이를 뒷받침하는 여러 학설 가운데 '사회적 모방(social mimicry)' 이론이 있다. 모방은 다른 사람의 말투나 동작, 표정을 무의식적으로 따라 하는 것을 말한다. 두 사람이 함께 식사할 때 한 사람이 식사를 빨리하면 상대도 속도를 맞추게 되고, 한 사람이 식사량이 많으면 함께 생활하는 사람의 식사량도 점점 늘어나는 것이 대표적인 예다. 특정 지역에서 한동안 생활한 외지인이 그 지역의 사투리를 쓰게 되거나, 맞은편에 앉은 사람이 머리카락을 쓸어 넘기거나 안경을 밀어 올리는 등의 특정 동작을 반복할 때 자신도 모르게 같은 행동을 보이는 것 역시 흔한 모방 현상이다. 긴 세월을 함께 생활한 부부는 얼굴이 닮아간다고 하는데, 이는 오랫동안 상대방의 표정을 따라 하면서 같은 얼굴 근육을 반복해서 사용하기 때문에 나타나는 현상이다.

인간은 이기적 존재이지만
타인과 연결될 때 비로소 행복해진다

　이렇게 상대의 말투나 동작을 모방하는 것은 호감도를 상승시키는 효과를 일으키는데, 심리학에서는 이를 '카멜레온 효과'라고 부른다. 미국의 심리학자 타냐 차트랜드(Tanya Chartrand)와 존 바그(John Bargh) 연구팀은 학생들을 대상으로 진행한 실험 연구를 통해 우리가 자신의 행동을 모방하는 사람에게 더 호감을 느낀다는 점을 검증했다.[14]

　실험에 참여한 학생들은 두 명의 조교와 대화를 나눴는데, 한 조교는 학생들의 몸짓을 따라 했고 다른 조교는 그렇게 하지 않았다. 대화가 끝난 후에 학생들에게 조교들에 대한 호감도를 물었는데 몸짓을 모방한 조교와 그렇게 하지 않은 조교의 점수는 각각 70.2점과 61.3점이었다. 연구팀은 실험 결과를 토대로 '모방'이 사람 간의 상호작용이 더욱 원만하도록 도와주고 상대에 대한 호감도를 높여준다는 결론을 내렸다. 그리고 공감 능력이 높은 사람일수록 카멜레온 효과가 더 많이 나타난다는 점도 보여주었다.

　이러한 카멜레온 효과가 나타나는 이유는 뇌의 '거울 뉴런(mirror neurons)' 때문이다. 이탈리아 출신 신경과 전문의이자 신경과학자인 마르코 야코보니(Marco Iacoboni)는 《미러링 피플》이라는 책에서 인간의 모방 행위는 뇌의 전운동피질과 하두정피질에 있는 작은 신경세포회로인 '거울 뉴런'에서 비롯된다고 주장했다. 거울 뉴런은 상대의 어떤 행동을 보거나 들을 때 마치 자신이 같은 행동을 하고 있는 것처럼 동일한 두뇌 영역을 활성화한다.

태어난 지 얼마 안 된 아기가 엄마가 하품하는 모습을 보고 따라서 하품하는 것도 거울 뉴런의 작용이다. 이 거울 뉴런 덕분에 우리는 다른 사람을 모방하면서 새로운 것을 학습할 수 있고, 다른 사람의 마음을 읽고 공감함으로써 적절하게 반응할 수 있다. 거울 뉴런은 우리가 사회적 관계를 맺고 살아가는 데 핵심적인 역할을 한다.

그렇다면 우리가 모방 능력을 바탕으로 사람들과 감정을 공유하며 상호 학습하고 협력하게 된 이유는 무엇일까? 그것은 사회적 관계가 생존에 도움이 될 뿐 아니라 행복한 삶에도 필요하기 때문이다. 여러 번 강조하지만 우리는 연결될 때 비로소 행복하다. 인간은 아주 오래전부터 생존을 위해 무리를 지어 살아왔다. 사회적 세계에서 살아가게 된 인간이 사회적 관계 능력을 키우는 쪽으로 진화한 것은 자연스러운 결과다.

세계적인 영장류학자 프란스 드 발(Frans De Waal)은 《공감의 시대》에서 "인간은 이기적인 존재이기도 하지만 동시에 1억 년 이상 진화를 거쳐 사회성을 발달시켜온 존재"라고 말했다. 사회성 중에서도 특히 공감은 인류가 더 많은 공공의 이익을 얻는 데 크게 기여했다는 것이 그의 주장이다. 행복학의 대가인 하버드대학 탈 벤 샤하르(Tal Ben-Shahar) 교수도 《하버드는 학생들에게 행복을 가르친다》에서 '관계'가 우리에게 지속적인 행복을 가져다주는 힘이라면서 "우리가 사랑하는 사람들과 시간을 보낼 때, 우리 자신과 우리의 안녕에 시간을 투자하고 있는 것과 같다"라고 했다. 더 나아가 그는 우리가 남들을 돕는 이타성을 갖도록 진화한 것 역시 행복한 삶에 필요하기 때문이라고 강조했다.


## 75년 연구 끝에 하버드대가 밝혀낸
## 행복의 본질


우리 삶에서 인간관계가 행복의 중요한 조건이라는 점을 밝힌 유명한 연구가 있다. 이른바 무엇이 우리의 삶을 행복하게 만드는지에 관한, 1938년에 하버드대학에서 시작된 성인발달에 관한 종단연구로 세계에서 가장 오래 진행된 연구 프로젝트이기도 하다.

1차 연구는 1938년 당시 하버드대학 2학년 268명으로 시작되었으며, 2차 연구는 1970년대에 보스턴의 저소득층 가정에서 자라는 11~16세 남자아이 456명을 대상으로 진행되었다. 연구팀은 건강, 직업, 결혼생활 등에 관한 설문조사를 통해 피험자들의 삶을 75년 이상 추적 관찰했다. 그들의 집을 직접 방문해 인터뷰를 진행하고 혈액 검사와 뇌 촬영도 했다. 피험자들 가운데 상당수가 고인이 되면서 연구 프로젝트는 그 자녀들을 대상으로 한 2세대 연구를 시작했다. 하버드 의과대학 정신과 교수로, 길게 지속되고 있는 이 연구 프로젝트의 네 번째 책임자인 로버트 월딩거(Robert Waldinger)는 2015년 '무엇이 좋은 삶을 만드는가?'라는 제목의 TED 강연에서 이렇게 말했다.[15]

"75년간 724명의 삶을 추적한 결과로부터 얻은 수만 페이지에 달하는 데이터에서 우리는 어떤 교훈을 얻을 수 있을까요? 인생의 행복은 부와 명예를 위해 열심히 노력하는 데 있지 않다는 것입니다. 75년간의 연구를 통해 얻은 메시지는 '사람들 간의 좋은 관계가 우리를 건강하고 행복하게 만든다'라는 것입니다. (중략)

가족, 친구, 공동체와 긴밀하게 연결된 사람들이 더 행복할 뿐 아니라 신체적으로도 건강했으며 연결이 부족한 사람들에 비해 오래 사는 것으로 나타났습니다. 그리고 외로움의 경험은 매우 유해한 독성이 있는 것으로 드러났습니다. 타인으로부터 고립된 사람들은 덜 행복하다고 느낄 뿐만 아니라 중년기에 여러 가지 건강상의 문제가 시작되며 뇌 기능이 더 빨리 저하되고 외롭지 않은 사람보다 수명이 짧았습니다."

그는 강연을 시작하며 "무엇이 우리를 건강하고 행복하게 만들어줄까요? 여러분은 최선의 미래를 위해 현재의 시간과 에너지를 어디에 쓰시겠습니까?"라고 질문을 던진 뒤 "1980~2000년대에 태어난 밀레니얼 세대의 80퍼센트는 인생의 목표가 '부자'가 되는 것"이라고 답했지만, 이는 연구 결과가 보여준 교훈과는 거리가 있다고 설명했다. 연구 결과에 따르면, 사람들과의 돈독한 유대관계를 형성해 사회적 지지가 강한 사람들은 나이가 들면서 정신적인 악화를 덜 경험했다. 가령 배우자와의 관계에서 안정감을 느끼는 여성들은 덜 우울하고 기억력 감퇴도 더디게 나타났다. 로버트 월딩거는 배우자와의 관계가 행복에 미치는 영향에 대해 언급하며, 결혼생활이 불행한 사람들은 감정적·육체적 고통을 더 많이 느낀다고 말했다. 그는 돈독한 관계를 유지하는 부부 역시 갈등은 있지만 싸운 뒤에도 여전히 상대에 대한 믿음을 잃지 않으며 심각한 상처를 받지도 않기 때문에 여전히 행복할 수 있었다고 설명했다.

진정한 행복을 원한다면
행복한 사람을 곁에 많이 두어라

로버트 월딩거가 언급한 배우자와의 관계에 주목해야 하는 이유는 가까운 사람일수록 자신의 행복에 더 커다란 영향을 미치기 때문이다. 의사이자 사회학자인 니컬러스 크리스태키스

(Nicholas A. Christakis) 하버드대학 교수와 정치학자인 제임스 파울러(James H. Fowler) 캘리포니아대학 교수가 1971년부터 2003년까지 1만 2,067명을 추적 관찰해 밝혀낸 '3단계 영향 법칙'에 따르면, 가장 가깝게 연결된 1단계의 친구가 행복할 경우 당사자가 행복할 확률은 15퍼센트 더 높아진다. 반면에 2단계 거리에 있는 사람(친구의 친구)이 행복할 때 그 전염 효과는 10퍼센트에 머물고, 3단계 거리(친구의 친구의 친구)에 있는 사람의 행복 확산 효과는 6퍼센트에 그친다.

흥미로운 점은 매일 함께 일하는 직장 동료가 행복감을 느껴도 그것이 내게 전염될 가능성은 매우 낮다는 것이다. 많은 시간을 함께 보내기는 하지만, 친밀감보다는 경쟁이나 의례적인 사회적 관계를 바탕에 두기 때문이다. 즉, 우리가 다른 사람의 행복에 전염되는 건 그 관계가 친밀감을 바탕으로 한다는 걸 전제한다.

행복한 사람 곁에 있을 때 덩달아 행복해지는 이유는 우리에게 타인의 마음을 읽을 수 있는 '사회적 뇌'가 있기 때문이다. 《사회적 뇌 인류 성공의 비밀》의 저자 매튜 리버먼(Matthew D. Lieberman)은 "우리는 하루에도 수백 번씩 마음 헤아림(mentalization) 신경망을 가동해 다른 사람들의 마음속에서 무슨 일이 일어나는지 능숙하게 추측해낸다"라고 말했다.

우리 뇌에는 거울 체계와 함께 마음 헤아림 체계라는 것도 있어서 상대가 어떤 생각을 하고 어떤 감정을 느끼는지 추론할 수 있다. 이에 대해 매튜 리버먼은 "물고기가 자신을 둘러싸고 있는 물을 의식하지 않듯, 인간에게 마음 읽기는 너무 기초적인 것이어서 우리는 그것을 좀처럼 깨닫지 못한다"라고 설명한다.

그러나 누구나 이런 능력을 잘 활용하는 것은 아니다. 마음 헤아림을 잘하는 엄마는 아이가 말로 표현하지 못해도 배가 고픈지, 어디가 아픈지 등을 잘 알아차려 적당한 반응을 해줄 수 있다. 당장 해결해주지 못하더라도 내 마음을 알아주는 엄마가 있다는 믿음 덕에 아이는 곧 진정된다. 반대로 마음 헤아림을 잘하지 못하는 엄마는 아이가 왜 우는지 알아채지 못하거나 아예 관심이 없어 적정한 대응을 해줄 수 없다. 더 불편해진 아이는 울음이나 짜증이 심해지고 결국 엄마와 아이 모두 힘들어진다. 이렇게 자란 아이는 성인이 되어서도 감정조절을 잘 하지 못하고, 본인 자신도 남의 마음을 잘 알아차리지 못하게 되는 수가 많다.

거울 체계와 마음 헤아림 체계 덕분에 사회적 네트워크가 넓어지면 뇌의 사회적 신경망도 더욱 잘 연결된다. 사회적 신경망 연결이 활발해지면 세로토닌, 도파민, 옥시토신의 균형이 잘 유지되면서 몸과 마음이 건강해지고 삶의 질도 한층 높아진다. 주변에 행복한 사람들이 많을수록 우리가 행복해질 수밖에 없는 이유다.

트라우마마저 치유하는
좋은 관계의 힘


좋은 관계는 생존과 행복의 필수 요소일 뿐 아니라 트라우마와 같은 고통에서 벗어나도록 도와주는 치유제 역할도 한다.

몇 년 전부터 나는 여러 전문가와 함께 세월호 참사의 유가족 부모 500여 명과 생존 학생 75명을 대상으로 그들이 트라우마에서 벗어나려면 어떤 지원이 필요한지에 관한 연구를 진행하고 있다. 재난 트라우마에 대해 공식 연구윤리심의위원회 심의와 국가 연구비 지원을 받아 진행되는 최장기 연구 프로젝트로, 세월호 참사가 일어난 후 18개월 되는 시점부터 시작해 지금까지 지속하고 있고 여러 편의 논문도 발표했다.

순식간에 사랑하는 자녀를 잃고 유가족이 되어버린 부모들과 친구들을 한꺼번에 잃고 자신도 절체절명의 트라우마를 경험한 생존 학생들이 회생하는 데 가장 필요한 자원은 무엇일까? 장기간의 연구 결과, 그들에게 가장 필요한 지원은 다른 사람들이 지속적으로 보내주는 따뜻한 관심, 즉 진정성 있는 사회적 지지였다.[16] "언제까지 세월호만 붙들고 늘어질 거냐", "이제 그만 좀 해라"라는 냉소적인 시선과 무관심만큼 그들을 고통스럽게 하는 것은 없었다.

세월호 사건 같은 대형 재난만 트라우마를 남기는 것은 아니다. 어릴 적 부모의 학대, 노동 현장에서의 상해, 권위주의 정권에서의 국가 폭력 등도 치명적인 트라우마를 남긴다. 어떤 트라우마든 그것이 치유되려면 고립감에서 벗어나는 것이 가장 중요하다. 이때 필요한 것이 사회적 지지다. "좋은 친구는 건강에도 좋다"라는 명언을 남긴 심리학자 어윈 사라손(Irwin G. Sarason)이 정의한 바에 따르면, 사회적 지지란 '의지할 수 있는 사람, 돌봐주고 사랑하며 가치 있다고 인정해주는 존재 혹은 이용 가능성'이다. 사회적 지지는 여러 형태로 나타날 수 있지만, 다음의 사례에서처럼 내 손을 잡아주고 이야기를 들어주는 단 한 사람의 지지도 강력한 치유의 힘을 발휘할 수 있다. 프랑스 태생의 미국 예술가인 니키 드 생팔(Niki de Saint-Phalle)의 이야기다.

사실 이전까지 나는 니키 드 생팔에 대해 잘 알지 못했다. 그러던 중 우연히 전시회에 갔다가 한 기괴한 작품을 보고 충격을 받았다. 보드에 온갖 색깔의 물감 주머니를 붙인 뒤 그 위에 석고를 입히고는 총을 쏴서 의도하지 않은 그로테스크한 흔적을 적나라하게 드러낸 작품이었다. 그것이 한 젊은 여성 예술가에 의해 탄생한 전위 행위 예술 작품 '슈팅 페인팅(shooting painting, 사격 회화)' 시리즈라는 것을 나중에 알게 되었다.

당시 내가 본 작품에서 석고로 부조 작업을 해둔 것은 천사와 위인을 비롯해 아이들이 좋아하는 캐릭터 등이었는데, 그 모습이 마치 살아 있는 사람이 실제로 총을 맞고 피를 흘리는 것처럼 충격적이었다. 창작자 니키 드 생팔에 따르면 이 작품은 남성 중심의 세계를 파괴하면서 그동안 받아온 정신적 억압에서 해방되는 카타르시스를 표현한 것이었다. 그 작업 과정이 하도 강렬한 인상을 주었던지라 그녀의 작품들과 생애에 관한 이야기들을 찾아봤다.

니키 드 생팔에게는 어릴 적 아버지에게 지속적으로 당한 성폭행과 어머니의 정서적 학대로 인한 트라우마가 있었다. 어머니로부터 똑같이 극한의 학대를 받은 두 동생은 자살로 생을 마감했다. 트라우마 피해자인 니키는 학교에도 적응하지 못했고, 집에서 탈출하고자 이른 나이에 결혼했지만 순탄치 않은 생활을 이어가다 파국을 맞았다. 다행히 그녀는 예술에 천재적인 소질을 타고났고, 가슴속의 응어리진 분노를 작품으로 해갈할 수 있었다.

그녀가 트라우마를 근본적으로 극복하도록 이끌어준 사람은 스위스의 유명한 설치미술가 장 팅겔리(Jean Tinguely)다. 두 사람은 비록 불륜 관계로 시작했지만 뜨거운 사랑을 나눴다. 이미 성공한 예술가였던 장은 니키를 자신의 네트워크로 이끌어줬고, 이를 계기로 그녀는 예술계의 좋은 친구들을 사귈 수 있었다. 둘은 결혼해 서로 영감을 나누는 사이가 되었다. 여러 문제로 끝까지 결혼생활을 유지하진 못했지만 두 사람은 노년에 이를 때까지 친구이자 동지로서 깊은 관계를 유지했다. 특히 장 팅겔리는 위태로운 니키의 삶을 굳건히 받쳐주는 지지자로서, 그녀 스스로 트라우마를 극복하도록 도와주는 절대적인 치유자 역할을 했다.

니키의 작품은 장 팅겔리라는 강력한 지지자를 통해 심리적 회복을 하는 과정에서 놀라운 변화를 드러냈다. 전 세계적으로 유명세를 탄 '나나' 시리즈가 대표적이다. '나나'는 '보통의 여자아이'를 일컫는 프랑스어인데, 니키는 나나를 자유분방하면서도 활기가 넘치는 모습으로 표현했다. 이전까지의 작품이 모든 기성 질서를 파괴하며 분노를 표출하는 행위였고 어머니에게 받은 트라우마로 인해 여성성, 임신, 출산 등을 거부하는 표현이 많았던 것을 생각한다면 실로 극적인 변화라 할 수 있다.

마치 다른 사람이 창작한 것처럼 이전 작품들과 확연히 다른 '나나' 시리즈는 기존의 남성 중심 사회에서 여성에게 부여한 미의 기준을 전복시키는 유쾌함으로 많은 사람에게 영감을 주었고, 임신한 여인의 모습을 재기발랄하게 표현함으로써 지금까지도 많은 인기를 얻고 있다. 단 한 사람과의 끈끈한 유대와 사랑이 트라우마 속에 외롭고 결핍되었던 삶을 완전히 변모시킨 것이다.

# ● 연결의 핵심은 친밀함과 돌봄에 있다

'연결'된다는 건 정확히 어떤 의미일까? 명함을 주고받으면 연결되었다고 할 수 있을까? SNS에서 친구가 된다면? 1인 방송을 하는 유튜버라면 팔로워들과 연결되었다고 할 수 있을까? 직장에서 함께 일하는 팀원은?

오해하지 말자. 무조건 많은 사람과 관계를 맺어야만 연결이 잘된 삶을 사는 것은 아니다. 자기계발서에서 "성공의 85퍼센트는 인간관계에서 나온다"라고 말할 때 그 인간관계는 '인맥'을 말하는 것으로, 우리가 지금 이야기하는 연결과는 거리가 멀다. 물론 다양한 사람과 관계를 맺으며 경험의 폭을 넓히는 것을 나쁘다고 할 순 없다. 우리 인생에는 그런 관계도 필요하다. 다만 진정한 행복을 위한 연결은 커넥트(connect)가 아니라 케어(care)라는 것을 기억할 필요가 있다.

살면서 우리는 세 유형의 사람을 만난다. 유해하고 아무 도움이 안 되는 '독소적'인 사람, 유해하지도 않고 도움이 되지도 않는 '중립적'인 사람, 아무 해도 끼치지 않으면서 좋은 영양분과도 같은 도움을 주는 '영양적'인 사람이 그것이다. 독소적인 사람은 나를 통제하고 부정적으로 바라보는 사람이다. 영양적인 사람은 나를 있는 그대로 수용하고 공감해주는 사람이다. 나의 관계망을 돌아보자. 서로를 격려하고 돌보고 믿어주는 사람들과 영양적 관계를 맺고 있는가. 늘 불평만 늘어놓는 독소적인 사람을 만나고 있지는 않은가.

많은 사람이 어떤 관계든 잘 유지하는 것이 좋다고 생각하는데 사실은 그렇지 않다. 인간관계에도 디톡스가 필요하다. 내 에너지를 과도하게 소진해야 하는 관계, 연결되지 않고 오히려 외로움이 느껴지는 관계, 부정적인 감정으로 가득해 만날수록 독이 되는 관계는 정리해야 한다.


연결의 선순환 구조를 만드는
이상적인 세계


나는 연결을 기준으로 볼 때 지구상의 모든 인간은 네 가지 부류로 나눌 수 있다고 생각한다. 나쁜 사람, 아픈 사람, 좋은 사람 그리고 훌륭한 사람이다. 나쁜 사람은 나뿐인 사람, 나만 아는 사람이다. 자기 자신과만 연결되고 다른 사람과는 연결되지 않는 사람이다. 이런 사람은 일이 잘못되면 타인을 비난하는 데 급급하고 자신의 잘못에 대해서는 책임지려 하지 않는다. '내로남불'의 전형이라 할 수 있다. 매사에 부정적이고 거만하며 타인의 고통이나 아픔에 공감하지 못한다. 아픈 사람은 자기 자신과도, 타인과도 연결되지 않는 사람이다. 관계로 인한 괴로움과 어려움을 많이 겪으며 스스로 고립되어 있다고 느끼기 때문에 불행한 삶을 살 가능성이 크다. 내 진료실에 찾아오는 사람들이 대부분 여기에 해당한다. 좋은 사람은 자기 자신과는 연결되지 않은 채 다른 사람들과만 연결된 사람이다. 이런 사람은 타인에게 좋은 사람일지 몰라도 자기 에너지를 소진해 결국 불행해질 수 있다는 점을 기억해야 한다. 마지막으로 훌륭한 사람은 나 자신과 먼저 잘 연결되고 타인과도 잘 연결된 사람이다. 나와 잘 연결된 사람은 다른 사람과 잘 연결될 가능성이 크다. 이렇게 연결의 선순환 구조가 만들어지면 공동체 사회가 건설되고 세계 전체가 연결되는 이상적인 형태로 나아갈 수 있다.

영화 〈아바타〉의 배경인 판도라 행성에서는 마치 뇌의 신경망처럼 모든 생물이 서로 연결되어 있다. 아바타의 생물들은 신경다발 끝이 열려 있어서 노출된 신경세포를 다른 생물의 신경계에 직접 연결한다. 그리고 나비족에게는 '큐'라는 연결기관이 있어서 이것을 이용해 정신적 교감을 나눈다. 큐로 연결이 되면 유전자 정보뿐 아니라 조상의 기억과 영혼까지 주고받을 수 있다. 나비족에게 큐를 연결하는 행위는 매우 특별한 사이라는 의미다.

영화에서 가장 인상적인 장면 중 하나는 성인식이 끝난 후에 나비족 모두가 앞사람의 양어깨에 손을 올려 여러 개의 원으로 그물망을 만드는 모습이다. 영화의 마지막에서도 나비족은 공동의 적에 대항하기 위해 힘을 모으며 서로의 손을 잡아 거대한 그물망처럼 연결된다. 이 장면은 훌륭한 사람이 많아져 연결의 선순환 구조가 만들어지고 모든 사람이 마음을 모아 연대하는 이상적인 세계의 모습을 잘 보여준다. 그러나 그것은 정말 '이상'이라고 할 만큼 어려운 길이다.


## 얼마나 친밀한가,
## 서로 보살피고 있는가

자기 자신뿐 아니라 타인과도 잘 연결되는 훌륭한 사람이 되고자 할 때 가장 기본이 되는 자원은 '사랑'이다. 사랑에 관한 여러 학문적 접근 가운데 대표적인 이론이 미국의 인지심리학자인 로버트 스턴버그(Robert J. Sternberg)가 제시한 '사랑의 삼각형' 이론이다. 이 이론에 따르면 사랑에는 친밀감, 열정, 헌신의 세 가지 요소가 필요하다. 열정은 육체적 접촉에 대한 강렬한 갈망을 의미하며 즉흥적이고 감정적이다. 헌신은 사랑하기로 한 결정을 지키겠다는 약속이자 책임감으로, 이성적이며 인지적이다. 친밀감은 상대를 좋아하고 소중히 여기며 친밀한 의사소통을 하는 것으로 정서적이다.

이 세 가지 요소는 다양한 형태로 조합될 수 있다. 가령 친밀감과 열정만 있고 헌신이 빠지면 낭만적 사랑이 되고, 열정 없이 헌신과 친밀감만 있으면 동반자적 사랑이 된다. 열정과 헌신만 있으면 일방적이고 미성숙한 사랑이 되고, 열정이나 헌신만 있으면 공허한 사랑이 된다. 스턴버그는 세 가지가 모두 있어야 이른바 '완성애'라고 하는 성숙한 사랑을 할 수 있다고 설명했다.

어떤 형태든 사랑 그 자체로 소중하지만, '연결'을 위한 사랑에서 가장 중요한 요소는 친밀함이다. 사람과 사람을 연결해주는 사랑은 상대에게 온 마음을 다해 친밀하게 주의를 기울이는 과정에서 비로소 생겨나기 때문이다.

그렇다면 친밀감은 어떻게 형성될 수 있을까? 친밀감을 형성하는 데에는 크게 여섯 가지 요소가 있다. 앎, 신뢰, 헌신, 상호성, 상호의존성, 보살핌이다. 앎은 서로에 대해 잘 알고 이해함으로써 공감하는 것까지를 일컫는다. 신뢰는 아무런 비밀 없이 무엇이든 공유할 수 있을 만큼 내게 안전한 존재라는 느낌이다. 헌신은 서로에 대한 일종의 책임의식으로 일관적인 태도가 중요하다. 상호성은 너와 내가 함께한다는 '우리'라는 의식이며, 상호의

존성은 서로 긍정적인 지지를 해주며 영향을 주고받는 것이다. 보살핌은 상대가 어떤 감정이고 어떤 상황에 놓였는지 주의를 기울이면서 걱정해주고 배려해주는 것이다.

내가 강조하는 연결의 핵심은 보살핌에 있다. 보살핌은 다른 말로 '돌봄', 영어로는 'care'이다. care에는 걱정하고 염려하고 관심을 기울이고 배려하는 의미가 모두 포함된다. 우리말 '돌봄'의 사전적 정의는 '관심을 가지고 보살피는 일'인데, 실제로는 어린아이나 몸이 불편한 사람을 옆에서 도와주는 정도로 쓰이는 듯하다. 내가 'care'를 '연결'이라는 단어로 대응해 사용하는 이유도 '돌봄'이란 단어가 주는 선입견 때문이다. 복합적으로 말하면 돌봄과 연결이 한 맥락에서 함께 잘 일어나야 한다.

다른 사람들과 관계를 잘 맺으려면 먼저 나와 관계를 잘 맺어야 하고 그러려면 나를 사랑해야 한다. 나를 사랑하려면 우선 나에 대한 친밀감이 있어야 하고, 친밀감을 가지려면 돌봄이 있어야 한다. 나를 돌보려면 나에게 관심을 기울이고 염려하고 배려해야 한다.

다른 사람들과 관계를 맺을 때도 마찬가지다. 내가 누군가와 잘 연결되었는지 확인하려면 내가 그 사람을 얼마나 보살피는지, 그 사람이 나를 얼마나 보살펴주는지를 보면 된다. 서로를 보살펴주는 관계야말로 행복한 삶에 반드시 필요한 영양적 관계다.

# ● 진정한 연결을 위해서는 공감이 필요하다

그렇다면 우리는 어떤 사람에게 친밀감을 느끼고 보살피고 싶은 마음이 드는 걸까? 질문을 이렇게 바꿔보자. 우리는 자신과 비슷한 사람에게 끌릴까, 반대의 사람에게 더 끌릴까? 거리에 나가 물어보면 첨예하게 의견이 갈릴지 모르지만, 과학적으로 우리는 자신과 공통점을 가진 사람, 동질감이 느껴지는 사람에게 끌린다.

심리학자 게리 레반도프스키(Gary W. Lewandowski)는 누군가에게 매력을 느끼게 하는 가장 큰 요소가 '유사성(similarity)'이며, 우리에게는 직관적으로 그런 사람을 알아보는 능력이 있다고 말한다. 그리고 유사성의 개수보다는 비율이 중요하다고 강조한다. 가령 30개의 특성이 유사하더라도 200개 중 30개(15퍼센트)라면 10개 중 7개(70퍼센트) 특성이 유사한 것보다 못하다는 것이다.[17]

## "우리가 남이가!"
## 동질감은 자칫 편 가르기가 된다

미국 콜로라도대 벤저민 도미니크(Benjamin W. Domingue) 교수는 '자신과 비슷한 유전자를 가진 사람을 배우자로 선택할 가능성이 상대적으로 더 크다'는 연구 결과를 내놓았다. 그의 연구팀은 백인 커플 825쌍의 유전자와 무작위로 선정된 남녀 한 쌍의 유전자 170만 개를 비교 분석했는데, 그 결과 커플 간의 유전자 유사성이 무작위로 선정된 남녀 간의 유전자 유사성보다 더 크다는 점을 확인했다.[18] 벤저민 도미니크는 "한 사람이 다른 사람의 유전적 유사성에 끌리는 메커니즘은 매우 복잡하고 다면적"이라고 전제하면서, 유전자 발현으로 나타나는 개인의 특성은 성격, 외모, 지적 역량 등 실로 다양하고, 그러한 것들이 모두 복합적으로 영향을 미치게 된다고 분석했다.

그런 점에서 부모와 자식, 형제자매는 유전자 유사성이 훨씬 클 테니 서로를 친밀하게 대하고 보살피려는 마음이 상대적으로 강하게 나타나는 건 매우 자연스러운 일이다. 연인이나 친구와의 관계에서도 서로 다른 점에 매력을 느낄지언정, 친밀감과 보살핌으로 연결되도록 하는 끈은 유사성, 다른 말로 '동질감(twinship)'에 있다. 외국에 나가서 한국말을 하는 사람을 만나면 괜히 반가운 것도, 타지에서 동향 사람을 만나면 "우리가 남이가!"를 외치는 것도 결국에 동질감에서 비롯되는 감정 때문이다. 우리나라 모든 야구단은 특정 지역을 연고로 하는데, 대개는 자기 출신지역이나 고향을 연고로 하는 야구단을 응원한다. 이 역시 동질감을 바탕으로 연결되는 특성이 반영된 현상이라 할 수 있다.

이를 뒤집어 생각하면 심각한 사회문제인 왕따 사건이나 혐오사건의 이면에는 하나같이 동질감이 없다는 사실을 알 수 있다. 즉, 나와 다르다는 이유로 배척하는 심리가 강하게 깔려 있는 것이다. 사실 '인싸'니 '아싸'니 하는 편 가르기를 비롯해 우리 사회의 수많은 차별은 바로 동질감이 없는 사람들을 '우리 편'이 아니라고 배척하면서 발생하는 문제다. 사실 한 인류 전체로 보면 모두 같은 사람인데 다르면 얼마나 다르겠는가? 인류 역사에 벌어진 모든 비극은 다른 사람들을 나와 다르다고 하면서 일어났다.


공감은 상대의 감정과 상황을
이해하는 '인지적 과정'이다


자신과 비슷한 사람에게 동질감과 친밀감을 느끼는 것은 인지상정이라고 할 수 있지만, 진정한 연결을 위해서는 '다름'을 내세울 게 아니라 상대의 입장이 되어보고 그 사람의 마음속으로 들어가는 것, 즉 '공감'이 필요하다. 자신과 유사성이 있는 사람에게 더 끌리는 건 사실이지만 그것은 상대적인 비율일 뿐 절대적인 것은 아니다. 우리는 상대의 입장이 되어보는 공감을 통해 이해와 존경의 마음을 가질 수 있고, 이를 토대로 얼마든지 진정한 연결을 할 수 있다.

사람들은 자기와 비슷한 사람과는 공감을 잘한다. 정치적으로 좌파인 사람들은 그네들끼리 우파인 사람들은 또 그네들끼리, 남자는 남자끼리 여자는 여자끼리, 노인은 노인끼리 청년은 청년끼리만 서로 공감한다.

온전히 상대방의 입장이 되어보는 것, 즉 공감을 정말 잘했던 사람이 있다. 미국의 산업 디자이너 패트리샤 무어(Patricia Moore)다. 1979년 스물여섯 살이었던 패트리샤 무어는 어느날 사내 회의에서 노인을 위한 디자인을 주장하다 상사에게 호된 꾸지람을 들었다. 상사의 태도에 충격을 받은 그녀는 노인을 포함한 모든 사람에게 편안한 디자인을 구현하겠다고 마음먹고, 노인이 겪는 불편함을 체험하기 위해 직접 80대 할머니가 되어보기로 결심했다. 단순히 분장만 한 것이 아니라, 도수가 맞지 않는 안경을 쓰고 귀에는 솜을 넣었으며 철제 보조기를 착용해 걸음도 불편하게 만들었다. 직접 노인의 삶 속으로 들어가 산 것이 3년. 그 시간 동안 그녀는 젊은 사람은 쉽게 사용하는 도구가 노인에게는 무겁고 불편한 물건이 될 수 있다는 것을 몸으로 깨달았다. 그런 깨달음을 거쳐 탄생한 것이 소외되는 사람 하나 없이 모두를 위한다는 '유니버셜 디자인'이다. 양손잡이를 위한 가위, 바퀴 달린 여행용 가방, 물이 끓으면 소리가 나는 주전자가 모두 유니버셜 디자인 제품들이다.

후일 그녀는 설문조사 같은 방법을 취하지 않고 굳이 노인의 삶을 체험했던 이유에 대해 이렇게 말했다. "단순히 관찰하고 묻는 것만으로는 상대방의 입장을 온전히 이해할 수 없으며, 굉장히 잘못된 해결책이 나올 수 있다."

뇌과학자들은 공감을 일종의 '지능(intelligence)'으로 정의한다. 많은 사람이 상대를 생각하는 마음, 그 감정 자체를 공감이라고 생각하지만 사실 그렇지 않다는 것이다. 공감에는 상대의 감정과 상황을 이해하는 '인지적 과정'이 필요하다. 인지적 과정이란 상대의 입장이 되어 그 사람의 말이나 행동의 이유 등에 대해 의식적인 노력을 기울여 생각해보는 것이다. 이렇게 뇌를 사용하는 인지적 과정이 동반되었을 때 비로소 진정한 공감이 이루어진다.


언어적 소통을 넘어
정서적 소통으로


영화 〈아바타〉에서 나비족의 인사말로 나왔던 남아프리카공화국 줄루족의 인사말은 '사우보나(Sawu Bona)'와 '시크호나(Sik

Hona)'이다. 사우보나는 'I See You'이고 시크호나는 'I am here'이다. 그러니까 누군가에게 "나는 당신을 봅니다"라고 인사하면 상대는 "나는 여기에 있습니다"라고 응답하는 것이다. 이 짧은 인사말이 갖는 의미를 되새겨볼 필요가 있다. '당신이 나를 보아주었기 때문에 내가 여기에 있습니다. 당신이 나를 보아주기 전에는 내가 여기 있지 않았습니다.'

줄루족의 인사말에 담긴 의미를 헤아리다 보면 김춘수의 시 〈꽃〉이 생각난다. "내가 그의 이름을 불러주기 전에는 그는 다만 하나의 몸짓에 지나지 않는다. 내가 그의 이름을 불러주었을 때 그는 나에게로 와서 꽃이 되었다."

우리는 서로를 바라봄으로써 연결된다. 온 마음으로 서로를 바라보는 것에서 연결이 시작된다. 상대의 입장이 되어 마음속으로 들어가보는 것도 결국에는 온 마음을 기울여 바라보는 것이다.

온 마음으로 바라본다는 건 결국 온전히 그의 입장이 된다는 뜻이다. 그것은 바로 '경청'을 통해 이루어진다. 경청은 '마음을 기울여 듣는 것'이다. 타인과 연결될 때뿐 아니라 자기 자신과 연결되려고 할 때도 자신의 솔직한 이야기에 귀를 기울여야 한다. 그런 다음 "내가 당신의 이야기를 잘 듣고 이해하고 있습니다. 당신의 이야기에 공감합니다"라고 말로 표현해줘야 한다.

국제적 평화단체인 비폭력대화센터의 설립자인 마셜 로젠버

그(Marshall B. Rosenberg)는 마음을 기울여 경청하고 대화를 나눌 때 네 가지가 중요하다고 말했다.[19] 첫째는 '관찰'로 상대방의 말이나 행동을 판단하거나 평가하지 않으면서 관찰한 바를 명확하고 구체적으로 말하는 것이다. 둘째는 '느낌'으로 상대의 이야기를 듣고 자신이 어떤 느낌이 들었는지에 대해 말하는 것이다. 셋째는 '욕구'로 상대의 이야기를 듣고 그러한 느낌을 일으킨 자신의 욕구에 대해 말하는 것이다. 넷째는 '부탁'으로 나의 욕구에 비추어 상대에게 원하는 바를 말하는 것이다.

종합해보면 상대의 이야기를 경청하고, 판단이나 평가가 아닌 공감을 표현한 다음, 자신의 느낌과 욕구를 솔직하게 말하는 것이 중요하다는 것이다. 마셜 로젠버그는 이러한 비폭력대화의 목적이 서로 공감하면서 질적인 인간관계를 이루는 것이라고 설명하면서, 서로 이해하고 존중하며 마음과 마음으로 연결되는 데에 초점을 맞춰야 한다고 강조한다.

우리는 상대에게 공감하면서 동시에 자신의 감정과 욕구에도 솔직할 때 비로소 상대에게 친절하고 자비로운 마음을 가질 수 있으며, 그런 마음으로 대화할 때 언어적 소통을 넘어 정서적인 소통을 이룰 수 있다.

이렇듯 친절하고 자비로운 마음으로 상대의 이야기에 귀를 기울이고 공감하게 되면 정말 놀라운 일이 벌어진다. 한 연구에 따르면, 정신과 상담을 받는 환자가 치료자인 의사와 대화를 나누며 공감 받고 있다고 느낄 때 '생리 반응 동조화'가 일어난다.[20] 생리 반응이란 체온, 혈압, 심장 박동 등을 말한다. 그러니까 상대의 심장 박동이 빨라질 때 나의 심장 박동이 같이 빨라지는 것이 생리 반응 동조화다. 연구팀은 환자와 치료자가 긍정적인 상호작용을 나눌 때 두 사람의 활력 징후(vital signal)가 모두 높아지는 것을 피부전도반응(skin conductance response)을 통해 확인했다며, 환자와 치료자의 공감 수준이 높을 때 생리적인 동조화 현상이 더 뚜렷하게 나타난다고 설명했다.

동조화는 반대로도 일어난다. 함께 잠자고 함께 밥 먹으면서 서로의 생리 주기를 맞추면 공감이 훨씬 더 잘 일어난다. 함께 오래 생활한 가족과 친구 사이에서 공감이 더 잘되는 것에 대한 과학적 근거가 바로 생리 반응 동조화 현상이다. 식구(食口)는 말 그대로 한 집에 살며 끼니를 함께하는 사람을 말한다. 늘 함께 밥을 먹으면서 동조화되어 왔으니, 마치 한 몸처럼 서로의 생각과 감정에 공감한다. 혼밥을 하는 사람이 많아지면서 가족 사이가 벌어지는 이유도 이것으로 설명할 수 있다. 함께 생활하면서 귀기울여 듣는 긍정적인 상호작용을 통해서 높은 수준의 공감과 연결을 이룰 수 있다는 근거이기도 하다.

## ● 사랑과 공감이 만드는
   깊은 수준의 연결

수용에서 '온화함'이 중요하다고 설명했는데, 자기 자신과 연결되거나 타인과 연결될 때도 이 '온화함'이 중요하다. 온화함이 뒷받침되어야 친절한 의사소통이 되고 긍정적인 정서를 주고받으며 서로 공감하고 깊은 수준의 연결을 이룰 수 있다.

지금 우리가 살아가는 초연결 사회는 어떤 측면에서 연결이 '과잉'되었다고 할 수 있다. 각종 SNS 덕분에 수천 킬로미터 떨어진 곳에서 일어나는 일까지 실시간으로 알게 된다. 예전 같았으면 존재하는지조차 몰랐을 수많은 타인과 연결되고 있다. 하지만 이러한 연결에는 온화한 마음으로 지지하는 사랑과 공감이 없기 때문에 우리를 더 좋은 삶으로 데려가 주는 것이 아니라 더 큰 절망과 무력감에 빠지게 한다.

어떤 사람은 자신의 삶을 화려하게 전시하느라 많은 시간을 낭비하고, 또 어떤 사람은 그럴 필요가 전혀 없는데도 타인과 자신을 비교하며 무력감에 빠진다. 그러다가 스스로 감당할 수준을 넘어서면 되레 고립을 선택해버린다. 초연결 사회에서 우리는 서로 연결됨으로써 동질감을 발견하는 것이 아니라, 차별하고 혐오하고 배척해야 할 이유로서의 '차이점'을 더 많이 찾아낸다. 우리에게 필요한 연결은 이런 것이 아니다. 좋은 삶을 위해 필요한 연결은 사랑과 공감으로 맺어진 관계의 연결이다.


우리 내면에 잠재된
연결의 힘을 느끼려면


온화한 마음은 곧 연민하는 마음이다. 부처가 네 가지 거룩한 마음이라고 한 '사무량심' 가운데 한 가지가 바로 자비라고 흔히 일컫는 연민이다. 연민은 상대를 단순히 불쌍히 여기는 마음도, 함께 슬퍼하거나 괴로워하기만 하는 마음도 아니다. 고통의 원인을 알고 더 이상 고통스럽지 않기를 바라면서 고통에서 빠져나올 수 있도록 돕는 것이 자비이다. 뜨거운 불 속에 있는 사람을 안타까운 시선으로 바라보며 '힘들겠다, 고통스럽겠다' 하는 것은 공감이다. 그 사람을 불 속에서 데리고 나와야 자비가 된다. 즉, 실제로 돕는 행위가 있어야 자비라고 할 수 있다. 불교심리학 전문가들은 자비를 '타인의 괴로움에 대한 위축되지 않는 공감'

이라고 표현하기도 한다.[21] 타인의 괴로움에 공감하되 그러한 감정에 함께 빠져 있어서는 안 되며, 괴로운 감정을 알아차린 다음에는 괴로움에서 벗어나도록 도와주는 행위로 나아가는 것이 진정한 연민, 즉 자비라는 것이다.

연결에서 중요한 주제는 사랑, 친밀감, 돌봄, 공감이다. 이 네 가지를 뒷받침하는 것이 온화함이고, 온화함은 자비로운 마음에서 비롯된다. 자비의 마음은 알아차림과 마음챙김 훈련을 통해 강화될 수 있고, 신체나 감정을 이완하는 활동이나 자원봉사처럼 타인을 돕는 직접적인 행위를 통해서도 길러질 수 있다.

주변에 내 편이 있다는 것은 참 좋은 일이다. 하지만 내 편에 속하지 않았다는 이유로 다른 사람들을 차별하고 배척한다면 차라리 내 편을 만들지 않는 것이 나을지 모른다. 다른 사람과 친밀한 관계를 맺고 연결되고자 하는 것은 우리 인간의 본성이다. 부와 명성을 최고의 가치로 여기는 자본주의 이념, 남을 짓밟고 경쟁에서 이겨야만 살아남는다는 강박에서 벗어나 삶의 균형을 잡으면 우리 내면에 잠재된 연결의 힘을 느낄 수 있다. 자비로운 마음이 그러한 균형을 잡는 데에 좋은 길잡이가 되어줄 것이다.

연결을 강화하는 방법 :
용서, 시간 투자, 건설적 언어 쓰기


그렇다면 연결을 강화하는 구체적인 방법에는 또 어떤 것들이 있을까. 먼저 이면의 혐오를 줄여야 한다. 이때 필요한 것이 용서다. 물론 용서는 매우 어렵다. 그렇더라도 '용서를 해보겠다' 하고 마음먹는 것이 중요하다.

우선 용서하겠다고 선언해보자. 보이는 곳에 써 붙여도 좋다. '나는 ○○를 용서했다'라고 써 붙여두고 매일 다짐하는 것이다. 이런 선언은 실제로 힘이 있다. 내가 왜 그 원수 같은 사람을 용서해야 하나 싶겠지만, 사실 그것이 바로 나를 자유롭게 만드는 길이다. 즉, 그를 위해서가 아니라 나를 위해서 용서하는 것이다. 영어로 용서는 'forgive', 즉 누구를 위하여(for) 주는 것(give)이다. 결국 용서란 상대가 아닌 내게 주는 행위라 할 수 있다.

다음으로, 시간을 들이는 노력도 필요하다. 시간을 투자하는 만큼 연결은 오래 지속되고 깊어진다. 나는 이것을 '시간 선물하기'라고 부른다. 시간을 선물하는 건 그 자체로 긍정적인 행위이기 때문에, 주면 줄수록 뿌듯한 마음이 든다. 또한 상대방과의 관계에도 좋은 영향을 미치기 때문에 결과적으로 손해가 아니라 이득이 된다.

또 하나 중요한 것이 언어 습관이다. 연결을 잘 유지하게 만드는 언어는 따로 있다. 간단히 말해 '적건' 언어를 쓰고 '적파' 언어를 쓰지 말아야 한다. 언어는 건설적인 언어와 파괴적인 언어로 나뉜다. 적건, 다시 말해 적극적이고 건설적인 언어를 쓰는 사람은 예컨대 누가 승진했다고 할 때 "야, 멋지다. 너는 정말 승진할 자격이 있어. 앞으로는 더 잘될 거야"라고 말한다. 승진을 축하하면서 그 이후까지 건설적으로 확장시켜주는 어휘를 쓰는 것이다. 연결에는 이렇듯 '적극적'으로 상대를 인정하고, '건설적'으로 그 인정을 확장해주는 언어가 필요하다.

이와 반대로 '적파', 즉 적극적이고 파괴적인 언어를 쓰는 사람이 있다. 똑같이 누가 승진했다고 했을 때 "이제 주말에도 바빠지겠네. 승진해봤자 얼마나 더 받겠어. 너도 결국 소모품이야"라는 식으로 말한다. 상대의 말을 일축하고 나아가 수치심을 불러일으키는 것이 적파 언어의 특징이다.

일상생활에서 부지불식간에 적파 언어로 대화하는 사람이 많다. 스스로는 현실적이고 이성적이라고 생각할지 모르지만, 이런 사람과 오래 연결되고 싶은 사람은 없을 것이다. 내 대인관계가 원만하지 못하다는 생각이 든다면 언어 습관부터 돌이켜볼 필요가 있다.

주저앉은 몸과 마음을 다시 일으키는
다정한 위로가 지닌 엄청난 힘

인터넷에서 우연히 본 BTS 관련 영상에서 적절한 위로의 말
을 발견했다. BTS 멤버 중 유일하게 연기에 도전하던 뷔가 어떤
일에도 집중하지 못하고 힘들어하자 동료 멤버이자 친구인 지민
이 이렇게 말했다고 한다. "우리가 도와줄 수는 없지만 너에게 힘
을 줄 수는 있다."

맞는 말이다. 아무리 친한 친구라 해도 힘든 상황을 직접 해결
해주기는 어렵다. 마음으론 도와주고 싶어도 실질적인 도움을 주
기 어려운 경우가 더 많다. 하지만 누구라도 곁을 지키면서 다정
한 위로를 건넬 수는 있다. 그러한 다정한 위로에는 사람을 살리
는 커다란 힘이 있다. 분명 지민의 말은 뷔에게 큰 힘이 되었을
것이다.

대니얼 리지웨이 나이트(Daniel Ridgway Knight)는 농민 여성을
많이 그린 화가로 유명하다. 그의 그림에서 여성들은 대부분 화
사한 꽃들 속에서 온화한 미소를 짓고 있다. 평온한 삶에서 아름
다움을 발견하고 누리려는 여성들의 시선이 따뜻하게 느껴진다.
특히 그의 작품에는 여성들이 함께 강가에서 낚시나 빨래를 하
는 모습, 들판이나 꽃밭에 앉아서 도란도란 이야기를 나누는 모
습이 많이 등장한다. 그중 나의 눈길을 끄는 것은 〈두 친구(The

Two Friends)〉라는 작품이다. 이 그림을 보면 한 친구가 무언가 속 내를 털어놓고 있는 듯하고 다른 친구는 이야기를 들으며 손을 마주 잡고 있다.

이렇게 눈을 마주치거나 손을 잡아주고 이야기를 들어주는 것에서 우리는 높은 친밀감과 더불어 가슴 깊이 전해지는 위로를 받는다. 늘 긴장되고 불안한 마음으로 살아가는 우리에게 필요한 것이 바로 이런 것이다. 아무도 내 마음을 몰라주는 듯한 허전함과 주변에 아무도 없는 듯한 고립감, 내 삶의 의미와 가치를 잃어버린 듯한 상실감을 씻어주는 것도 바로 이렇게 옆에서 손 잡아주고 이야기를 들어주는 사람이다. 그런 사람이 단 한 명만 있어도 우리는 주저앉은 몸과 마음을 다시 일으켜 앞으로 나아 갈 수 있다.

# ● 행복해지려면 먼저 자기 자신과 연결하라

    연결은 기본적으로 어떤 '대상'이 있어야 한다. 그렇다면 혼자 있는 것을 좋아하고 사람 만나는 것을 별로 좋아하지 않는 내향적인 사람들은 어떻게 해야 할까?

  최근에 성격 유형 지표인 'MBTI'에 관심을 두는 사람이 많다. 젊은 세대들은 누군가를 처음 만났을 때 흔히 "당신은 I인가요, E인가요?"라고 묻는다. I는 내향성(introversion)을 말하고 E는 외향성(extraversion)을 가리킨다. 외부 세상에 집중하면서 에너지가 밖으로 향하는 외향성과 달리 내향성은 자기 자신한테 집중하기 때문에 에너지가 내면으로 향하는 경향이 강하다. MBTI의 과학성은 별도로 치더라도, 실제 성격적으로 내향적 기질을 지닌 사람이 많다. 만일 내가 내향적이라 사람과의 관계 형성이 어렵다면 자연, 사물, 반려동물과 연결되는 것을 시도해봐도 좋다. 자연, 사물, 반려동물과 함께하면서도 우리는 세상과 연결되고 따뜻한 존재와 연결되는 느낌을 얻을 수 있다. 나에게 온 마음을 기울여주는 단 한 명의 존재가 실연, 소외, 고립으로 인한 아픔을 치유해주듯 자연이나 반려동물과도 친밀감을 바탕으로 연결된다면 그와 같은 치유의 도움을 받을 수 있다.


## 혼자가 더 편하다면
## 연결의 대상은 생명체가 아니어도 좋다


사실 나 역시 내향적인 사람이다. 그래서 자연과 많이 연결되려고 하는 편인데, 내가 일하는 병원의 별관 입구에 우뚝 서 있는 소나무들도 내가 연결되었다고 느끼는 존재들이다. 병원 본관을 새로 지으면서 2009년에 심은 것들인데, 내가 그 나무들을 새롭게 발견한 것은 2021년이나 되어서다. 매일 출퇴근하며 걸어 다니는 길에 있는데도 12년이 지난 뒤에야 알아챈 것이다. 수용에서 이야기했던 '삶에서 좋은 것들 발견하기'를 직접 연습하면서 그제야 발견한 것이었다.

존재를 알아챈 뒤 소나무들에게 이름도 붙여주었다. 일송이, 이송이, 삼송이 이런 식으로 이름을 붙여 십송이까지 이름을 지었다. 그러던 어느 날 이송이라고 이름 붙여준 소나무가 병이 든 것을 알게 되었다. 스치듯 지나가며 봤다면 전혀 알아채지 못했을 미세한 변화였다. 가까이 다가가 오래 들여다보고 어루만지며 관심을 주다 보니 비로소 나무 표면의 일부가 거무죽죽하게 말라 비틀어졌고, 이파리도 갈변하기 시작했다는 것을 발견한 것이다.

이송이가 아프다는 것을 알게 되자 유독 마음이 쓰였다. '이송이가 좀 안 아팠으면 좋겠다, 나았으면 좋겠다' 하는 마음이 들고, 주말이라 병원에 출근하지 않는 날에는 이송이가 보고 싶어 월요일이 기다려질 정도였다. 몇 달 새 소나무들과 강력한 연결이 일어나면서 나도 모르게 소나무들을 인격화하고 있었던 모양이다. 다른 사람에겐 이상하게 보였을지 모르지만 나는 소나무들, 특히 이송이와 강한 연결감을 느꼈다. 더 이상하게 들릴 수도 있겠지만 내게서 따뜻한 위로를 받은 이송이가 '괜찮아요, 잘 견딜게요' 하며 고마워한다는 생각도 들었다. 그렇게 이송이와 교감하면서 어쩌면 우리에겐 이미 자연과의 연결고리가 있는데, 사는 동안 이를 잊어버리게 된 것이 아닐까 하는 생각도 하게 되었다.

요즘은 개나 고양이와 같은 반려동물과 연결감을 느끼는 사람이 많은데, 다른 자연과의 연결도 이와 다르지 않다. 물론 가족이나 친구들과 연결되면 가장 좋겠지만, 대인관계에 어려움을 겪는 사람이라면 자연과도 충분히 연결될 수 있다는 것을 알았으면 좋겠다. 우리 삶에는 어떻게든 따뜻한 연결감을 느끼며 살아가는 것이 매우 중요하기 때문이다.

연결

환자들에게도 나는 꼭 사람이 아니어도 좋으니 동물이나 식물과 연결을 맺어보라고 권하곤 하는데, 대부분 이런 답변을 내놓는다. "혼자 원룸에서 사는데 집주인이 동물을 못 들이게 해요." "밖에서 지내는 시간이 많아서 못 키우겠어요.", "연쇄살인범이 아니라 연쇄살식범(殺植犯) 소리를 들을 만큼 식물을 못 키워요."

그런 사람들에게 말해주고 싶다. 연결의 대상이 꼭 살아있는 생명체가 아니어도 좋다. 인간은 하다못해 길가의 돌멩이 하나와도 연결될 수 있는 능력을 지녔다. 반려견을 키우지 못한다면 '반려석'이라도 키우면서 세상의 무언가와 연결된다는 느낌을 가져야 한다.


## 가장 중요한 연결은
## 바로 자기와의 내적 연결이다


하지만 사람과 연결되든 자연과 연결되든 우선은 자기 자신과 먼저 연결되어야 한다. 내가 나 자신과 잘 연결되어 있는지 알고 싶다면 혼자 있을 때를 떠올려보자. 우리가 혼자 있을 때 상대하는 것은 오직 자기 자신이다. 만일 나 자신과 잘 연결되어 있지 않다면 혼자 있는 시간을 잘 보내지 못한다. 스스로가 낯설기만 하고 친근하게 여겨지지 않으니 나 자신과 함께하지 못하는 것이다. 그렇다고 타인과 잘 지내는 것도 아니다. 언제 어디서든 그 누구와도 연결될 수 있는 시대가 되었지만, 역설적으로 우리는 이전과 비교해 더 고립되어 외롭게 살아가고 있다. 관계 덕분에 행복한 사람은 찾아보기 어렵고, 오히려 관계 때문에 죽을 것처럼 힘들다는 사람이 너무나 많다.

실제로 진료실을 찾는 환자 가운데 절반 이상이 관계 문제로 고민한다. 이들의 진짜 문제는 타인과의 관계에 너무 많은 에너지를 빼앗긴 나머지 정작 자기 자신과의 관계를 놓치고 있다는 점이다. 이런 사람들이 가장 먼저 해야 할 일은 자기 자신과의 연결을 회복하는 것이다. 그래야 내면의 에너지를 바탕으로 독소적 관계를 끊어내고 영양적 관계를 키워나갈 수 있다.

홀로 있음(aloness)과 외로움(loneliness)은 다르다. 외로움은 옆에 누군가 있어주면 좋겠는데 그렇지 않아서 그리움, 결핍감, 상실감을 느끼는 상태다. 그리운 사람이 옆에 없으니 우울하고 고통스럽다. 반면에 홀로 있음은 자기 존재 자체로 홀로 있는 것, 즉 '현존'하는 것이다. 홀로 있는 사람은 스스로 오롯이 존재하기 때문에 타인의 부재로 인한 결핍을 느끼지 않는다. 오히려 삶의 생동감과 현존의 기쁨으로 충만하다. 자기 자신과의 내적 연결이 세상과의 단절이나 분리를 의미하지 않는다는 점을 분명히 알아두자. 내적 연결을 통해 자기 마음을 잘 가꿀 때 다른 사람을 잘 포용할 수 있으며, 이를 통해 세상과도 잘 연결될 수 있다.

세계적인 명상 지도자였던 틱낫한 스님은 《사랑 명상》이라는 책에서 "내 몸을 받아들일 수 있으면 내 몸을 내 집으로 볼 수 있게 됩니다. 그러면 내 몸 안에서 쉬고 차분히 정착하여 긴장을 풀고 기쁨과 편안함을 느낄 수 있습니다. 하지만 내 몸과 마음을 받아들이지 않는다면 나와 함께 내 집에 있을 수 없습니다"라고 말했다. 틱낫한 스님이 말한 '내면에 내 집을 짓기'가 바로 자기와의 내적 연결에 대한 또 다른 표현 아닐까.

자해를 반복하는 아이들에게 내가 자주 권하는 것이 '홀로 있음'이다. 휴대전화나 컴퓨터를 들여다보면서 다른 사람들을 어떻게 사는지 궁금해하지 말고, 자신과 비교하면서 우울해하지도 말고, 자신의 현존과 연결됨으로써 삶의 즐거움을 발견하고 느끼라고 말이다. 그러면 대부분 "자신과 어떻게 연결이 돼요? 저랑 어떻게 잘 지내요?"라고 묻는다. 방법은 다른 존재와 연결될 때처럼 자기 자신을 사랑하고 존중해줌으로써 친밀감을 쌓아가는 것이다. 우리가 행복해지기 위해 가장 잘해야 하는 일이 바로 자기 자신을 사랑하는 것이라는 사실을 늘 기억하자.

성격 강점을 찾아
자기답게 살아라

*Strength*

# ● 강점은 나다움을 찾아주는 삶의 지도

진정한 행복을 이루는 세 가지 기본 중심축인 수용, 변화, 연결에 이어 살펴볼 것은 강점이다. 강점은 나를 나답게 만들어주고, 세상의 변화에 당당히 맞설 내면의 힘을 기르는 데 없어서는 안 될 요소다. 사람은 누구나 자기만의 고유한 강점을 갖고 있고, 자기 삶에서 어떻게 활용하느냐에 따라 얼마든지 계발할 수 있다. 나다운 삶, 행복한 삶을 원한다면 내 강점을 분명히 알고 발현시키면서 살아가야 한다.

강점대로 산다는 건 내가 가진 가장 좋은 점에 집중해 산다는 뜻이다. 쉽게 말해 왼발잡이 축구선수가 왼발을 집중적으로 쓰는 것과 비슷하다. 태생적으로 왼발을 잘 쓴다면 왼발의 능력을 키우는 게 훨씬 유리하다. 굳이 처음부터 오른발을 훈련할 필요가 없다. 물론 양발을 다 잘 쓰면 좋겠지만, 그것은 기본적으로 타고난 왼발을 잘 쓰고 나서다.

나만의 강점을 찾아 그것을 충분히 발현할 때 우리는 삶의 가치를 찾아 나만의 기준으로 세상을 바라볼 수 있다. 또한 내가 이미 충분히 잘해오고 있었다는 자기 확신의 근거를 찾게 된다. 직장인이라면 지금 하고 있는 일에서 최상의 성과를 낼 수 있고, 삶의 중요한 전환기에 나다운 선택을 할 수 있게 된다. 따라서 내가 가진 핵심 강점을 먼저 키우고, 그다음에 내가 갖지 못한 것을 채워야 한다.

문제는 우리 대부분이 거꾸로 하려고 든다는 점이다. 내가 가진 강점을 충분히 키우지 않은 상태에서 내게 부족한 것을 채우려 들면 인생은 늘 허기질 수밖에 없다. 물론 강점을 발현하며 산다고 해서 갑자기 다른 삶을 살게 되지는 않지만, 강점대로 산다는 건 곧 자기답게 살아간다는 의미이기 때문에 삶의 만족도가 눈에 띄게 좋아진다.


강점은 훈련을 통해 계발하는 것이 아니라,
발견을 통해 자기화하는 것이다


우선 이 책에서 이야기하는 강점은 '성격 강점(character strength)'이라는 점을 분명히 알아두었으면 한다. 강점은 외견상 구체적으로 드러나는 성과물로 인정되는 능력(ability)이나 재능(talent)과는 구별된다.[22] 피아노를 잘 치는 건 재능이지만, 피아노를 잘 치기 위해 성실하게 연습하는 자세는 강점이다. 주식투자로 많은 돈을 벌었다면 재테크 능력이 있다고 말할 수 있지만, 끈질기게 자료를 분석하고 신중하게 매수 및 매도 시점을 결정하는 성격은 강점에 속한다. 피아노를 잘 치는 재능이나 재테크 능력은 누구나 갖고 태어나는 것이 아니다. 반면에 성실함, 끈기, 신중함과 같은 강점은 성격적 특성이기 때문에 더 많고 적고의 차이는 있을지언정 우리 모두가 이미 가지고 있다. 어떤 강점은 좀 더 가졌고 어떤 강점은 좀 덜 가졌을 뿐이다. 일례로 어떤 이는 맡은 일은 끝까지 해내는 끈기가 있지만 다정함이 부족하고, 또 어떤 이는 끈기는 좀 부족한 반면 누구와도 잘 지낼 만큼 다정한 성격을 지니고 있다.

무엇보다 강점은 능력이나 재능과 달리 다른 사람과의 비교로 결정되는 특성이 아니다. 앞에서 '변화'를 이야기할 때 남보다 앞서기 위해서가 아니라 자기 삶에서 오늘보다 더 나은 내일을 만들어 가는 것이 목표라고 이야기했다. 강점도 마찬가지다.

이렇듯 강점은 우리 내면에 이미 있는 것이고, 자기 의지에 따라 더 많이 발현할 수도 있다. 긍정심리학의 창시자로 불리는 마틴 셀리그먼(Martin Seligman)은 우리가 강점을 계발하는 것은 '선택의 문제'라고 전제하면서 학습과 훈련을 통해서 계발되기보다 '발견과 창조를 통해 자기화하는 것'이라고 설명했다.[23] 이는 남들과 비교해서 자신에게 없는 '끈기'를 기르기 위해 훈련하는 것보다는, 자신에게 이미 있는 '다정함'이라는 강점을 발견해 삶에 적용하는 것이 중요하다는 의미로 해석할 수 있다.

　적으면 적은 대로 많으면 많은 대로 강점은 행복을 향해 나아가는 '지도'의 역할을 해준다. 특히 강점은 수용을 통한 즐거운 삶, 변화를 통한 충실한 삶, 연결을 통한 가치 있는 삶 모두를 아우른다. 우선 강점은 기본적으로 사람에 대한 존중을 전제한다. 강점을 찾는다는 건 내 안의 결점이 아닌 누구라도 인정할 수 있는 좋은 점에 집중한다는 뜻이다. 따라서 자기 자신을 잘 받아들이지 못하던 사람도 강점을 통해 스스로를 더 잘 '수용'할 수 있다. 또한 강점대로 사는 과정에서 삶이 더 풍요로워지면서 '변화'도 더 훌륭하게 이룰 수 있다. 여기에 더해 자신의 강점은 물론 타인의 강점까지 발견하게 되면서 사람에 대한 불편함이 줄어들고 상대방이 그렇게 행동한 이유를 이해하게 되므로 사람들과 보다 손쉽게 '연결'될 수 있다.

　어떤 삶을 어떻게 살아야 하는지 고민된다면 자기 강점이 무엇인지를 찾아보고 그것을 지도 삼아 살아보자. 친절함과 다정함이 많고 긍정적 관계를 통해 에너지를 얻는 사람이라면 그러한 즐거운 삶의 방향으로 나아가면 된다. 예컨대 나처럼 친절함이나 다정함은 부족한 대신 끈기와 탐구심이 강한 사람은 성실하게 공부하고 연구에 전념함으로써 얼마든지 커다란 행복함을 느끼며 좋은 삶으로 나아갈 수 있다.


## 나이 들수록, 사회생활을 할수록
## 강점은 자연스럽게 연마된다

강점은 나이가 들수록, 사회생활을 하면 할수록 전반적으로 상승하는데 그 과정에서 순위가 바뀌기도 한다. 통찰이 좀 더 생기고 끈기가 덜해지거나, 초월이 높아지는 등의 변화가 생기는 것이다. 예컨대 아이들에게는 초월 강점이 잘 나타나지 않는다. 그런데 나이 쉰이 넘어가면 초월 강점이 높아진다.

내 경우만 해도 강점 검사를 처음 도입했을 10여 년 전에 비해 친교 점수가 높아졌다. 여전히 내향적이고 대인관계를 불편해하는 면이 있지만 사회생활을 지속하다 보니 친교 강점이 어느 정도 높아졌다. 이처럼 직업 생활을 지속하는 사람들은 30대 중반에서 40대에 이르렀을 때 친교 강점이 향상되기도 한다. 또한 똑같이 직업 생활을 하더라도 자영업자가 높은 강점이 있고 회사원이 높은 강점이 있는데, 대개 자영업자가 회사원보다 친교나 친절 강점이 높다.

우리는 각자의 일상에서 강점을 발휘하려는 노력을 기울임으로써 마찬가지로 성장과 변화의 결과를 얻을 수 있다. 가장 바람직한 것은 자신의 직업에서 계속해서 강점을 발휘하는 것이다. 강점은 발휘하면 할수록 자연스럽게 연마된다. 따라서 각자 자기 강점에 초점을 맞추고 그 강점을 활용해 가치 있는 삶을 사는 연습을 하면 된다. 흔히 생각하듯이 자신에게 부족한 점을 보완하는 것이 아니라, 자신이 이미 가지고 있는 강점을 충분히 잘 활용하는 것이 우리의 목표다.

# ● 한국인의 특성을 반영한 강점 척도의 개발

우리 연구팀과 강점 활용 전문기관인 스트렝스가든에서 '스트렝스5(strengths5)'라는 강점 검사를 개발했다. 긍정심리학자 크리스토퍼 피터슨(Christopher Peterson)과 마틴 셀리그먼이 구축한 강점 분류 체계 VIA(Value In Action)를 기준점으로 삼되, 단점이나 한계를 보완해 한국인에게 최적화된 척도를 재구성한 것이다.

긍정심리학의 VIA 체계도 매우 훌륭하지만, 한 가지 아쉬운 점은 서구 사회의 시각과 가치관이 중심인 탓에 몇몇 요소가 한국인에게 맞지 않는다는 것이다. 대표적인 것이 '시민의식(citizenship)'이다. 시민의식은 '사회를 구성하는 개인이 독립적 인간으로서 스스로를 책임지며 생활하는 태도 또는 마음의 자세'를 뜻한다. 서구인들에게는 시민의식이 그리스 시대부터 전해 내려와 뿌리 깊이 자리 잡은 반면, 한국인은 시민 국가를 경험해본 적이 없고 시민의식에 대해 체계적으로 교육 받지도 못했다. 때문에 시민의식이라고 하면 그저 길거리에 휴지를 버리지 않거나 공공장소에서 질서를 지키는 것 따위의 도덕관념 정도로 여긴다. '리더십'이라는 강점도 마찬가지다. 집단주의가 강한 한국 사회에서 리더십은 다른 사람을 통솔하거나 지휘하는 군주적 태도로 인식되지만, 개인주의가 강한 서구 사회에서의 리더십은 주어진 조건이나 상황에 얽매이지 않고 진취적으로 미래를 개척하는 태도로 정의된다. 이런 차이로 인해 VIA를 바탕으로 한국인의 강점을 측정하면 정확한 판단이 어려울 수 있다.

이러한 한계를 보완하는 한편, 각 강점에 대한 정의와 해설도 한국인이 이해하기 쉽도록 수년에 걸쳐 보완해 개발한 것이 한국형 강점 척도인 스트렝스5다. 이제는 청소년용까지 표준화해 누구나 쉽게 강점 검사를 하고 자신의 강점을 활용할 수 있게 되었다(https://www.strength5.co.kr).

스트렝스5에서는 기존의 강점 검사에서 나타나는 강점들, 즉 친절·열정·책임·통찰·촉진·포용 등의 25가지 강점을 기준으로 한다. 강점을 선택·분류한 기준은 총 7가지로, 피터슨과 셀리그먼이 VIA 분류체계의 준거로 삼은 기준들을 상당 부분 포함하고 있다.[24] 정리하자면 다음과 같다.

첫째, 강점은 행복하고 가치 있는 삶을 향한 자기충족과 자기실현에 기여한다. 둘째, 그 자체로 도덕적 가치가 있으며 나와 타인에게 선한 영향력을 미친다. 셋째, 개인의 독특성을 반영하는 성격적 특질로서 자신에 대한 이해와 발견을 돕는다. 넷째, 사고·감정·행동의 범위에서 측정 가능한 방식으로 나타난다. 다섯째, 개별 강점으로 분해되기보다 복합물의 성격을 띠면서 다른 강점과 구분된다. 여섯째, 합의된 본보기로 구체화된다. 일곱째, 훈련을 통해 계발할 수 있으며 사회적 차원에서 지지된다.

이 7가지 기준으로 강점을 선별했고, 이 항목들을 정리하는 과정에서 특히 한국인에게 맞는 단어 표현에 신경을 썼다. 즉, 한국인이라면 누구나 쉽게 이해할 수 있고, 사람들 간의 개념 차이가 거의 없는 단어들로 각 강점을 표현했다. 또한 한국 사회 고유의 특징을 반영하는 정서적 감정들, 즉 집단주의 문화권에서 드러나는 공동체적 협동의식과 관계를 중시하는 경향을 반영하는 정서적 감정들도 다수 포함해, 서양에서 개발한 강점 조사와 차이를 두었다. 이런 강점들이 나타나는 현상을 유쾌함·성실함·지혜·의로움·다정함·섬김·열중 등으로 정리했고, 이를 토대로 유쾌한 사람·성실한 사람·지혜로운 사람·의로운 사람·다정한 사람·섬기는 사람·열중하는 사람 등 총 7가지로 강점 발현 유형을 표현했다.

강점 검사를 시행하면 25가지 성격 강점 중에 자신의 대표 강점 5가지를 발견할 수 있다. 이것을 통해서 자신이 어떤 사람인지를 파악할 수 있는데, 이것이 바로 '자기발견'이다.

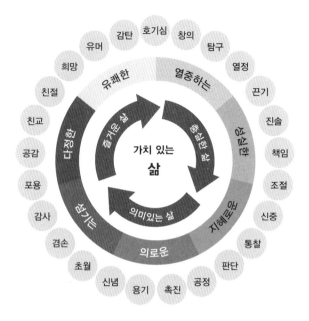

**【한국형 성격 강점 모델 스트렝스5】**

　이어 같은 강점도 개인의 특성에 따라 독특한 방식으로 다르게 발현되므로 자신의 강점 발현 유형을 중심으로 각각의 강점들을 살펴본다. 위의 그림은 7가지 강점 발현 유형과 각각의 유형에 드러나는 강점들이다.

　이렇게 자기 강점을 발견하고 나면, 이를 일과 생활에 활용하고 발휘할 수 있다. 자기 업무에서 강점을 발휘하면 일에 대한 흥미가 높아지고 자신감이 붙으며 성취에 대한 동기도 더 크게 부여된다.

| 친교 | 친밀하게 서로 사귀어 원만한 관계를 유지하는 것 |
|---|---|
| 친절 | 친근한 행동으로 도움을 베풀고 선을 실천하는 것 |
| 희망 | 다가올 미래에 대해 최선의 결과를 기대하는 것 |
| 유머 | 재미있는 말과 행동으로 밝은 분위기를 조성하는 것 |
| 감탄 | 다양한 영역에서 아름다움에 감동하여 탄복하는 것 |
| 호기심 | 다양한 현상에 관심을 가지고 흥미진진한 것을 발견하는 것 |
| 창의 | 참신한 시각으로 다르게 접근하여 건설적인 방법을 시도하는 것 |
| 탐구 | 새로운 지식이나 기술을 익히기 위해 관련 분야를 탐색하고 깊이 있게 연구하는 것 |
| 열정 | 열렬한 애정을 가지고 에너지를 집중하는 것 |
| 끈기 | 어떠한 어려움에도 불구하고 꾸준한 노력을 계속하는 것 |
| 진솔 | 거짓 없이 진실한 마음으로 자신과 타인을 대하는 것 |
| 책임 | 규칙을 준수하며 맡은 바 역할에 최선을 다하는 것 |
| 조절 | 목표나 기준에 도달하기 위하여 자신의 사고, 감정, 행동을 적절하게 다루는 것 |
| 신중 | 충분히 살피고 생각하여 후회할 말이나 행동을 하지 않는 것 |
| 통찰 | 전체적인 관점으로 문제의 핵심을 찾아내어 방향을 제시하는 것 |
| 판단 | 어떤 주제나 현상을 다양한 증거를 토대로 검토하고 결정하는 것 |
| 공정 | 어느 한쪽에 치우치지 않고 공평하게 대하는 것 |
| 촉진 | 공동체의 구성원들이 스스로 고무될 수 있도록 독려하는 것 |
| 용기 | 어떤 위협이나 두려움에도 당당히 맞서는 것 |
| 신념 | 자신의 가치나 믿음을 지켜내는 것 |
| 초월 | 일상생활을 넘어서 세상의 원리와 삶의 목적에 대해 성찰하는 것 |
| 겸손 | 자신의 업적과 성취를 타인의 공로로 돌리는 것 |
| 감사 | 일상생활에서 좋은 일을 찾아내어 감사함으로 표현하는 것 |
| 포용 | 타인의 잘못이나 실수를 너그럽게 받아들이는 것 |
| 공감 | 타인의 생각과 감정을 이해하여 적절하게 반응하는 것 |

**【 한국인에게 특화된 25가지 성격 강점 】**

| 강점 발현 유형 | 성격 강점 |
|---|---|
| 다정한 사람 | 포용, 공감, 친교, 친절, 희망 |
| 유쾌한 사람 | 친절, 희망, 유머, 감탄, 호기심 |
| 열중하는 사람 | 호기심, 창의, 탐구, 열정, 끈기 |
| 성실한 사람 | 끈기, 진솔, 책임, 조절, 신중 |
| 지혜로운 사람 | 조절, 신중, 통찰, 판단, 공정 |
| 의로운 사람 | 판단, 공정, 촉진, 용기, 신념 |
| 섬기는 사람 | 신념, 초월, 겸손, 감사, 포용 |

**【 7가지 강점 발현 유형과 그에 따른 성격 강점 】**

무엇보다 일과 생활에서 강점을 발현하면 자아존중감이 향상되고 이는 '행복 증진'으로 이어진다. 강점을 통해 자기 존재의 의미, 일의 가치 등을 발견하게 되고 이를 통해 즐거움과 행복감을 느끼게 되는 것이다.

행복이 증진되면 자연스럽게 회복탄력성도 높아진다. 주변 사람들과 환경에도 긍정적인 영향을 미치게 된다. 상호 존중하면서 감사하는 마음을 나누고 확장함으로써 '가치 실현'의 삶으로 나아가는 것이다.

# 사람은 잘하는 걸 잘할 때
# 행복한 법이다

      친교와 유머가 강점인 사람이 세계적인 운동선수로서 매일매일 혹독한 훈련을 혼자서 견뎌야 한다면 과연 행복할까? 그런 사람이라면 곁에 누군가가 있는 상태에서 훈련하도록 운동 매뉴얼을 세팅해야 한다. 탐구와 통찰이 강점인 사람에게 친교와 촉진이 필요한 조직관리 업무를 맡긴다면 과연 행복하게 일할 수 있을까? 그 사람은 친교와 촉진을 앞세우기보다 상대방이 어떤 사람인지 탐구하는 과정을 통해 서로를 알아가며 관리하는 전략을 세워야 한다.

  내 경우를 예로 들자면, 나는 정신과 의사의 기본 자질이라고 할 수 있는 공감의 강점을 갖지 못했다. 물론 오랜 경험으로 내담자에게 더 공감할 수 있도록 연습해왔지만, 타고난 강점으로 공감을 가진 사람에 비하면 부족한 편이다. 공감을 성격 강점으로 사진 사람이 부러울 수밖에 없다. 아내가 바로 그런 사람이다. 아내는 아이들 마음도 기가 막히게 잘 읽고, 그들이 무엇을 원하는지 어떤 상태인지를 굳이 말하지 않아도 바로 알아낸다. 그러다 보니 우리 아이들은 주로 아내에게 속내를 털어놓는다. 내가 아무리 속상해한들 타고나기를 공감형 인간인 아내보다 아이들과 더 잘 소통할 수는 없다. 물론 노력을 거듭하면 조금 늘긴 하겠지만, 그럴 바에는 나의 강점인 조절과 끈기 등을 바탕으로 있는 그대로 받아들이고 믿어주는 역할을 할 때 아이들과 더 좋은 관계를 맺을 수 있다. 실제로 우리 부부는 자신의 강점대로 아이들을 키워왔고, 그것이 상호보완이 되어 부족한 부분을 서로 채워주고 있다(아이들과 가깝게 지내는 아내가 여전히 부럽기는 하지만).

긍정적인 측면에 초점을 맞추고 강점을 활용하는 삶을 사는 것은 누구나 가능하다. 지적이고 근면한 사람인데 고집이 세고 질투심이 강하다고 하자. 일반적으로는 그 고집과 질투심을 해결해보려고 노력한다. 단점을 극복해보려는 시도다. 그러나 강점을 중심으로 산다면, 자신의 강점인 지적이고 부지런한 측면을 활용하는 데 집중해야 한다. '왜 나는 눈이 작고 피부도 하얗지 않을까'라고 고민하며 사람들이 자신을 어떻게 볼지 신경 쓰느라 스트레스를 받기보다 '나는 가지런한 치열을 가져서 웃는 모습이 예뻐. 그러니까 처음 만나는 사람에게 웃는 모습을 보여주면 좋은 첫인상을 줄 수 있을 거야'라고 생각하는 편이 훨씬 행복하다.

이쯤에서 강점과 앞서 설명한 수용이 어떻게 다른지 궁금할 수 있다. 간단히 설명하면, 자신이 잘하는 것(가진 것)을 잘 활용하는 것은 강점이고, 자신이 못 가진 것을 받아들이는 것은 수용이다. 수용은 있는 그대로를 받아들이는 것이기 때문이다.

어떤 일을 하든
강점을 활용할 수 있다

그렇다면 강점을 활용해서 사는 방법은 무엇일까? 예컨대 친절이나 친교가 강점인 사람은 아침에 친구나 동료에게 커피를 한잔 건네보자. 분명 기분이 좋아질 것이다. 그런데 공정이 강점인 사람이 친교를 위해 동료에게 커피를 산다고 해보자. 이 사람은 돈이 아깝다는 생각이 먼저 들 것이다. 자신의 강점인 공정을 발휘하지 못했기 때문이다. 이런 사람은 네가 한 번 샀으면 내가 한 번 사고, 내가 한 번 샀으면 네가 한 번 사는 방식을 택하는 게 오히려 좋은 관계를 유지하는 비결이다.

당신이 만약 관리자라면 각 구성원의 강점을 잘 파악해두는 것만으로 그들을 적재적소에 잘 활용할 수 있다. 공정이 강점인 사람을 조직 차원에서 활용한다면 당직표 같은 걸 짜게 해보자. 팀원들 사이 갈등이 생기는 것을 미연에 방지할 수 있다. 책임이 강점인 사람에게는 마감이 급한 프로젝트의 리더를 맡기면 좋고,

친교가 강점인 사람에게는 장기 프로젝트의 리더를 맡기면 좋다.

당신이 관리자인데, 체질적으로 이 업무가 맞지 않을 때도 강점을 활용해볼 수 있다. 직무관리를 판단이나 촉진으로 하는 것이 아니라 친교나 친절로 해보는 것이다. 창의가 강점인 사람은 아예 새로운 방식의 직무관리 방법을 만들어낼 수도 있다.

가장 바람직하고 이상적인 상태는 자기 강점을 바탕으로 직업을 선택하는 것이다. 즉, '잘하는 일과 좋아하는 일이 같으면' 그렇지 않은 때에 비해 훨씬 더 만족스러운 삶을 살게 될 가능성이 크다. 다만 어떤 강점이 있다고 해서 그 강점에 상응하는 직업이 따로 있는 건 아니다. 어떤 직업이든 자신의 강점을 가지고 그에 맞춰 운영할 수 있다.

예컨대 의사인 내 직업만 해도 그렇다. 정신과 의사 중에서도 유머를 강점으로 치료하는 사람이 있고, 포용을 강점으로 치료하는 사람이 있다. 똑같은 직업이라도 강점을 어떻게 살리느냐에 따라 성취도, 보람도 크게 달라지는 것이다.


강점대로 살면
삶 자체를 즐길 수 있다


지인 중에 의류회사의 중간 관리자가 있다. 이 사람의 강점은 탐구, 호기심 등이었는데 하는 일은 단순 관리여서 회사 생활을 무척 힘들어했다. 한동안 갈피를 잡지 못하던 그는 어느 순간부터 자기 위치에서 강점을 발현할 수 있는 일을 찾기 시작했다. 조직을 관리하는 틈틈이 자사 제품들의 공정을 두고 일종의 탐구를 시작한 것이다. '이 옷은 왜 이렇게 디자인했지?', '이 장식은 뭘까?' 호기심을 갖고 답을 찾다가 어느 순간부터는 하나하나 분류하고 라벨까지 붙이며 정리하는 수준에 이르렀다. 누가 시켜서 한 일도 아니었는데, 이렇게 탐구를 거듭하다 보니 어느새 전체 공정 시스템이 자연스럽게 머릿속에 정리가 되었다. 그렇게 즐겁게 호기심과 지적인 만족감을 채우다 보니 회사 생활 역시 이전보다 훨씬 즐거워졌다. 이후 그는 본격적으로 공부를 병행해 산업공학 분야의 겸임교수까지 되었다. 만일 그가 자신의 강점을 잘 활용하지 못했다면 지루한 회사 생활을 계속하며 삶을 체념했을 것이다.

오랜 시간 동료들과 즐겁게 회사 생활을 이어오다 정년퇴직을 5년 정도 남긴 한 사람이 있다. 그는 산업안전기사 자격증을 따기 위해 좋아하는 회식도 마다하고 매일 퇴근 후 도서관에 가서 밤늦게까지 공부했다. 주말도 반납하고 몇 년 동안 열심히 공부했지만 안타깝게도 낙방을 거듭했다. 사정이 이러하니 늘 피곤했고, 회사 생활도 즐겁지 않았다. 그러던 어느 날 오랜만에 회식에 갔다가 식당 주인이 색소폰 연주를 하는 모습을 보게 되었다. 그리고 깨달았다. '아, 꼭 은퇴 준비를 위해 자격증을 딸 필요는 없구나. 장사를 하면서 악기 연주를 할 수도 있구나.'

사실 이 사람의 강점은 친교에 있다. 그동안 회사 생활을 즐겁게 했던 것도 동료들과의 친교 활동 덕이었다. 그런데 은퇴 준비를 한답시고 지루한 공부에 매달리다 보니 삶이 괴로웠던 것이다. 그간 자신의 강점을 무시한 채 스스로를 괴롭혀왔다는 사실을 깨달은 그는 그 즉시 자격증 공부를 그만두었다. 이후 정년까지 즐겁게 회사를 다녔고 퇴직 후에는 작은 카페를 차렸다. 이제 그는 손님들과 재미있게 이야기하고 뒤늦게 배운 악기로 멋진 연주도 보여주면서 잘 살아가고 있다.

한번 생각해보자. 진솔이 강점인 사람이 있다. 설렁탕집 사장인데, 오늘 끓인 탕이 맛이 제대로 안 나왔다고 해보자. 이 사람이 강점대로 살아 행복하려면 오늘 가게 문을 닫는 게 맞다. 가게 문 앞에 이렇게 써 붙이고 말이다. '오늘 국물을 내는 뼈에서 이상한 냄새가 나고 좋은 고기가 들어가지 않은 것 같아 부득이하게 영업을 하지 않습니다.'

만일 이 사람이 그냥 영업을 강행했다면 어땠을까. 하루 장사로 수입은 생겼을지 몰라도 내내 마음이 힘들고 불편했을 것이다. 자기 강점대로 손님들에게 솔직히 알리고 가게 문을 닫았다면 비록 수입은 좀 손해가 나더라도, 이 사람의 진솔함을 알아본 손님들이 가게를 더 신뢰하게 될 수도 있다.

똑같은 상황에서 이번에는 사장의 강점이 친교라고 가정해보자. 강점에 맞춰 행복한 하루를 보내려면 어떻게 해야 할까? 가게 문을 닫는 대신 사람 좋은 웃음으로 손님을 맞으며 이렇게 말하면 좋을 것이다. "아유, 오늘 국물이 좀 별로네. 미안해서 어떡하지. 근데 우리 집은 깍두기가 맛있잖아요. 깍두기 국물 넣어서 말아 먹으면 괜찮을 거예요. 대신 내가 다른 음식 하나 해줄 테니까 그거랑 같이 먹어요."

친교가 강점인 사람은 오늘 팔 물건이 좀 안 좋다고 해서 장사를 안 한다면, 이보다 힘든 일이 없다. 손님 만나는 게 사는 낙이기 때문이다. 이런 사람은 사람을 만나려고 장사를 한다고 해도 과언이 아니다. 만일 가게 문을 닫고 놀아버리면 그 하루가 너무 심심하고 괴로워서 견딜 수가 없을 것이다.

물론 강점대로 산다고 삶의 모든 문제가 드라마틱하게 풀리지는 않는다. 하지만 문제가 좀 있더라도 살 만해진다. 삶 자체를 즐기게 되는 것이다. 불행히도 우리나라 교육 시스템은 잘 못하는 것을 잘하게 만드는 데 초점이 맞춰져 있다. 이래선 행복해질 수 없다. 사람은 자신이 잘하는 것을 제일 잘할 때 행복하다.

# ● 방해꾼들을 조용히 시키고
## 계속 나아가는 법

　　　　자기 강점을 활용하는 삶을 사는 것이 왜 중요할
까? 이에 대한 설명 중 하나가 긍정심리학자 바버라 프레드릭슨
(Barbara Fredrickson)의 '긍정 정서의 확장 및 구축 이론'이다.[25] 간
단히 말하자면 긍정적 감정이 단지 신호에 머물지 않고 긍정적인
결과를 불러일으키는 적극적인 매개체가 된다는 이론이다.

　우리는 자기 자신과 다른 사람을 바라볼 때 긍정적인 면에 초
점을 맞출 수도 있고 부정적인 면에 초점을 맞출 수도 있다. 그런
데 어디에 초점을 두느냐에 따라 판단 결과는 완전히 달라진다.

　사회심리학자 솔로몬 애쉬(Solomon Asch)가 실행한 실험은 이런
우리의 심리적 속성을 잘 보여준다.[26] 이 실험에서 애쉬는 피험
자들을 A, B 두 그룹으로 나눠서 어떤 사람에 대한 특징들을 보
여준 뒤, 그 사람이 어떤 사람인지 예측해보도록 했다. 각각의 그
룹에 제시된 정보는 다음과 같다.

| A 그룹 | B 그룹 |
|---|---|
| 지적이다 | 질투심이 강하다 |
| 부지런하다 | 고집이 세다 |
| 충동적이다 | 비판적이다 |
| 비판적이다 | 충동적이다 |
| 고집이 세다 | 부지런하다 |
| 질투심이 강하다 | 지적이다 |

　사실 이 항목들은 어느 한 사람의 성격적 특징을 순서만 바꿔서 나열한 것이다. 왼쪽은 긍정적인 측면을 우선으로, 오른쪽은 부정적인 측면을 우선으로 나열되어 있다. 하지만 실험 결과, A 그룹에서 형성된 인상이 B 그룹에서 형성된 인상보다 훨씬 호의적이었다. 한 사람에 대한 설명이지만 지적이고 부지런하다는 표현을 먼저 보느냐, 고집이 세고 질투심이 강하다는 표현을 먼저 보느냐에 따라 인상이 완전히 달라진다는 것을 알 수 있다.

강점을 발견하고 활용하는 사람이
더 많아지는 선순환 구조

　프레드릭슨의 설명에 따르면 우리가 부정적이거나 긍정적인 측면에 초점을 맞출 때 나타나는 효과는 '비선형적'이다. 선형적

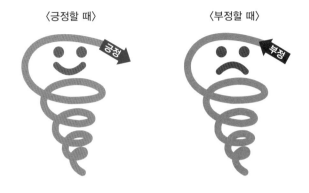

〈긍정할 때〉　　　　〈부정할 때〉

**【긍정 정서의 비선형 법칙】**

법칙이 적용될 때는 입력된 값이 변화하면 그에 비례해서 결과치가 변화한다. 하지만 비선형적 법칙이 적용되면 시작점에 어떤 값을 입력하느냐에 따라 결과치는 예측이 어려울 만큼 매우 큰 차이를 보인다. 이것을 두고 프레드릭슨은 "원인에서 결과로 날아가는 화살이 하나가 아니라 수없이 많다. 그뿐 아니라 화살들의 진행 방향이 구부러지거나 뱅글뱅글 도는가 하면 화살의 원인과 결과 양측에서 동시에 쏘아지기도 한다"라고 설명했다.[27]

이러한 나선형의 상승효과를 그림으로 표현하면 다음과 같은 회오리 모양이 된다. 즉, 긍정적인 측면에 초점을 맞추면 더 개방적이고 창의적으로 생각하게 되며, 도전적이고 진취적인 활동을 하게 된다. 그 결과 더욱더 많은 능력을 터득해 무슨 일을 하든 더 큰 성과를 내게 되고 삶의 모든 영역이 더 좋게 확장된다.

반대로 부정적인 측면에 초점을 맞추면 괴롭고 힘들었던 기억들만 떠오르고, 이런 기억들이 기분을 우울하게 만들며, 우울한 기분은 다시 안 좋은 기억을 떠올리게 한다. 그렇게 부정적 기억들로 인한 우울한 기분이 되풀이되어 모든 일에 부정적이 되면서 의욕을 잃게 되고 삶이 무기력해진다.

자기 강점을 바탕으로 한 삶에서 출발할 때와 그렇지 않을 때의 결과에도 '비선형적' 법칙이 적용된다. 이는 강점의 문을 열고 들어가는 사람과 그렇지 않은 사람의 삶이 우리가 상상하는 것보다 훨씬 더 큰 차이가 날 수 있다는 의미다.

자기 강점을 모른 채 다른 사람들이 이야기하는 성공 원칙에 자신을 끼워 맞추며 살거나 약점을 보완하고 채우는 데만 집중하며 살게 되면 더 자주 불행감을 느끼게 될 뿐만 아니라 종래에는 자신이 원하던 자기 모습과 삶의 방향조차 잃어버릴 수 있다.

반면 강점의 문을 열고 들어가는 사람은 훨씬 더 자주 행복감을 느끼며 좋은 삶을 향해 갈 수 있다. 삶의 우여곡절이 있겠지만 결국에는 자신이 원하는 가치 있는 삶에 도달할 수도 있을 것이다. 또한 함께 살아가는 우리 사회에도 유익하고 긍정적인 가치를 더해준다. 이로써 사회에 자기 내면의 긍정 자원인 강점을 발견하고 활용하는 사람이 더 많아지는 선순환 구조가 만들어진다.

웃음과 친절의 전염 효과도 그런 예다. 친절과 친교라는 강점에 초점을 맞추고 살아가는 사람은 다른 사람에게 행복감을 선사한다. 다른 사람의 친절을 받은 사람은 자기 자신에게 친절해질 뿐 아니라 다른 사람에게 친절을 되돌려주기도 한다. 그렇게 사회에 친절하고 행복한 사람이 더 많아지는 것이다. 우리 각자가 자기 삶에서 강점으로 문을 열면 사회 전체에 이익이 돌아가고 그 이익은 다시 순환되어 내게로 돌아온다.


당신의 약점, 단점만 보이는가?
방해꾼들에 신경을 쓰지 마라


우리의 목표는 행복하고 더 좋은 삶이다. 강점은 이 목표를 위한 강력한 도구다. 당신의 강점은 언제나 발견되고 발휘되기를 기다리고 있을 뿐 결코 어디론가 사라지거나 줄어들지 않는다. 당신이 강점을 활용하고 발휘해주면 강점은 더 신이 나서 쑥쑥 성장할 것이다. 이렇게 든든한 아군을 옆에 두고도 우리는 다른 사람의 강점을 갖고 싶어 한다.

나는 학교나 병원에서 "저는 왜 이렇게 끈기가 없는지 모르겠습니다"라며 하소연하는 젊은 후배들을 많이 만난다. 그럴 때 나는 "잘하는 건 보지 못하고 부족한 걸 채우려고 드니 괴로운 것이다. 당신의 강점은 끈기가 아니다. 당신이 가진 강점을 찾고, 그 강점을 키우며 살면 된다"라고 이야기해준다. 생각해보면 너무 당연한 이치인데도 많은 사람이 자신의 강점을 어떻게 활용할지 고민하기보단 자신에게 없는 것 때문에 괴로워하고 의기소침해진다.

우리는 왜 자기 안의 빛을 보지 못하고 다른 사람의 빛을 좇으며 사는 걸까. 이유는 다른 데 있지 않다. 대다수의 사람이 유독 자기 자신에 대해서만큼은 긍정적인 강점보다 부정적인 약점을 훨씬 더 크게 보기 때문이다. 이러한 경향을 잘 설명해주는 실험이 있다. 유니레버의 미용 및 바디용품 브랜드인 도브는 2013년에 진행한 흥미로운 실험 결과를 '리얼 뷰티 스케치'라는 영상에 담아 화제가 되었다.

실험을 맡은 이는 전직 법의학 몽타쥬 전문가이자 미연방수사국(FBI)에서 근무했던 길 자모라(Gil Zamora)였다. 먼저 실험에 참여한 여성들은 칸막이 너머에 있는 길 자모라에게 자신의 외모를 아주 상세하게 설명했다. 피험자들의 설명을 들은 길 자모라는 목격자들의 진술을 토대로 몽타주를 그리듯, 어떠한 편견 없이 오직 여성들의 묘사에 따라 초상화를 그렸다.

이후 그는 피험자 여성들의 얼굴을 직접 본 또 다른 실험 참가자들로부터 그녀들의 생김새를 말로만 전달받아 초상화를 그렸다. 이러한 방식으로 피험자 여성 일곱 명의 초상화가 각각 두 장씩 그려졌다. 말하자면, '피험자 여성 스스로가 평가한 자신의 외모'와 '제3자가 평가한 피험자 여성의 외모'가 그려진 것이다. 두 그림에는 어떤 차이가 있었을까?

실험 결과 본인이 묘사한 대로 그려진 초상화가 제3자가 묘사한 대로 그려진 초상화에 비해 훨씬 못난 얼굴이었다. 다시 말해 피험자들은 자신의 모습을 실제보다 훨씬 부정적으로 인식하고 있었으며, 이를 타인에게 강하게 어필했던 것이다. 오히려 제3자들은 그런 부정적인 면들에 대해 당사자보다 민감하게 반응하지 않았다. 한편 이러한 실험 결과를 얻은 도브는 "여성은 자신에 대해 최악의 평론가"라면서 "세계적으로 오직 4퍼센트의 여성만이 자신을 아름답다고 생각한다"라고 발표했다.

그런데 이는 그다지 놀라운 결과는 아니다. 사실 우리는 외모뿐만 아니라 성격이나 자질 등 여러 측면에서 자신의 약점을 더 크게 보고 부정적으로 판단하는 경향이 있다.

우리는 늘 즐겁게 웃으며 감사하는 마음으로 평화롭게 지내는 삶을 원할 수도 있고, 신념과 용기를 가지고 공정한 사회를 만드는 데 앞장서는 촉진자로 살아가는 삶을 추구할 수도 있다. 어떤 삶이 더 좋은 삶일까. 굳이 답을 말하자면 각자 자신의 강점을 활용하며 살아갈 때 좋은 삶을 살 수 있다.

인생에는 생각보다 방해꾼이 많다. 당신이 생각하는 자신의 약점과 단점, 당신의 부정적인 면을 더 크게 보는 가족이나 친구들, 일방적이고 획일화된 행복과 성공 원칙들 모두가 방해꾼이다. 방해꾼들은 더 좋은 삶을 향해 버스를 운전해 가는 당신을 갖가지 방식으로 훼방하고 괴롭힌다. 이 방해꾼들을 어떻게 해야 할까? 그냥 두어야 한다.

방해꾼들을 조용히 시키거나 버스에서 내리게 하는 데에 시간을 쓰고 에너지를 낭비하면 안 된다는 것이다. 그 방해꾼들은 사실상 당신의 위축된 마음이 만들어냈을 가능성이 크기 때문이다. 그러므로 당신이 신경을 쓰지 않으면 방해꾼들로부터 방해받을 일도 없다. 우리가 해야 할 일은 그저 자신이 가장 잘할 수 있는 방식으로 인생이란 버스를 운전해서 더 좋은 삶을 향해 멈추지 말고 계속 나아가는 것이다.

# ● 강점을 지렛대 삼아
## 행복해지는 법

웰빙, 다시 말해 진정한 행복을 위해서는 무엇을 하든 강점을 바탕으로 출발해야 한다. 앞에서 설명한 변화의 초석을 다질 때도 강점을 먼저 활용하면 좋다. 의미 있는 존재와 연결되고자 할 때도 강점을 매개체로 삼으면 관계를 맺기가 수월해진다. 이렇듯 강점을 활용해 산다는 건 좋은 삶으로 연결된 문을 여는 것이기도 하다.

인생은 마치 시소와 같다. 늘 나쁜 것은 아니지만 늘 좋을 수만도 없다. 살다 보면 누구나 불가피하게 여러 역경에 부딪히게 된다. 인생이라는 시소가 아래로 내려갈 때가 있는 것이다. 그럴 때 다시 바닥을 박차고 시소를 위로 끌어올리는 힘이 바로 내 안의 강점이다.

힘든 일이 있을 때 어떻게 그것을 극복했는지 한번 돌이켜보자. 친교에 강점을 가진 사람은 주변의 누군가에게 전화를 걸어

속 깊은 대화를 나누며 공감과 위로를 받았을 것이다. 친구들을 만나 시끌벅적하게 한바탕 놀면서 스트레스를 날려버렸을 수도 있다. 책임과 끈기를 강점으로 가진 성실한 사람이라면 현재 자신이 수행하는 과제에 더 깊이 몰두하면서 효능감과 자신감을 회복하려고 했을지도 모른다.

이렇듯 삶의 역경이 왔을 때 잘 견디고 극복할 수 있는 마음의 근력, 즉 회복탄력성을 강화해주는 것도 바로 강점이다. 강점을 바탕으로 사는 사람은 힘들고 고통스러운 일이 있어도 잘 넘기고 다시 위로 올라오지만 그렇지 않은 사람은 쉽게 무릎이 꺾이고 주저앉게 된다.

강점을 잘 활용했을 때 행복이 증진되고 스트레스는 감소한다는 것을 보여주는 연구 사례도 있다. 마틴 셀리그먼은 577명의 피험자를 대상으로 행복 증진 및 스트레스 감소와 직접적인 인과관계가 있는 활동이 무엇인지 알아보기 위한 실험을 진행했다.[28]

피험자들은 그룹별로 '감사 편지 쓰기', '인생에서 좋은 것 세 가지 발견하기', '자기 삶에서 최고의 순간에 관해 쓰기' 그리고 '대표 강점 발휘하기'라는 네 가지 활동을 했다. 그리고 총 여섯 번에 걸쳐서 그룹별로 행복감과 만족감이 얼마나 더 커졌는지, 우울감과 스트레스는 얼마나 줄었는지 측정했다. 그 결과 '인생에서 좋은 것 세 가지 발견하기'와 '대표 강점 발휘하기' 활동을 한 그룹에서 행복 증진과 우울감 감소 효과가 뚜렷하게 나타난 것을 확인할 수 있었다.

'감사 편지 쓰기'와 '자기 삶에서 최고의 순간에 관해 쓰기' 활동의 효과 역시 긍정적이었지만 일시적인 영향에 그쳤다. 다만 대표 강점을 발휘하는 활동을 한다고 해서 행복감이 단기간에 상승하지는 않았다. 주목할 점은 대표 강점을 발휘했을 때 약 한 달 후 행복감이 눈에 띄게 상승해 6개월 동안 유지되었다는 점이다. 우울감은 두 번째 검사 때부터 눈에 띄게 감소했는데, 그 효과가 역시 6개월 동안 유지되었다.

강점을 활용했을 때 역경을 이겨내는 마음 근력이 강화되고 행복이 증진되는 근본적인 이유는 강점에 초점을 맞춤으로써 문제를 바라보는 시각이 바뀐다는 데 있다. 강점을 잘 활용하면 문제를 사라지게 할 순 없어도 문제를 덜 심각하게 보이도록 할 수는 있다.

얼굴의 주근깨 때문에 거울을 볼 때마다 신경이 쓰이는가. 그렇다면 주근깨를 없애려고 하지 말고 자기 얼굴에서 어디가 가장 예쁜지 찾아보자. 눈썹이 길고 풍성하다면 눈을 돋보이게 해주는 화장을 해보면 어떨까? 외모의 좋은 면을 우선시하면 자신감이 생긴다. 마찬가지로 강점을 지렛대로 활용하면 인생이 더 행복해질 수 있다.

# ● 나만의 빛을 찾아
## 강점 스위치를 켜라

　　우리는 저마다의 강점을 지니고 태어났지만, 그 강점을 발견하고 활용하는 법은 배우고 연마해야 한다. 배우고 연마할수록 강점은 더 강력한 삶의 무기가 되어주기 때문이다. 또한 다른 사람과의 긍정적인 상호작용을 통해서 자기 강점을 확인받고 지지 받는 것도 그에 못지않게 중요하다. 타인의 인정과 지지가 뒤따를 때 비로소 내 안의 강점 스위치가 켜지고 환하게 빛을 밝힐 수 있기 때문이다.

## 가정에서도, 학교에서도, 직장에서도
## 강점 촉진자가 반드시 필요하다

가정에서든 학교에서든 사회에서든 모든 교육은 강점을 바탕으로 이뤄져야 한다. 부모나 교사가 "넌 인내심이 너무 부족해"라며 문제를 보기 시작하면 그 아이는 심리적으로 위축되고 자존감이 낮아질 수밖에 없다. 부족한 면이 있더라도 "넌 정말 부지런하구나" 하며 긍정적인 측면을 먼저 보고, 이것을 강점으로 활용하도록 도와주면 미처 알지 못했던 엄청난 잠재력을 스스로 끌어낼 수 있다.

대학에 진학할 때도 아이가 자신의 강점을 잘 고려해서 스스로 학과를 선택하도록 옆에서 도와야 한다. 학교에서는 토목공학을 전공했는데 나중에 사진작가가 된 사람, 의학을 전공하다 적성에 맞지 않아 그만두고 유명 게이머가 된 사람 등의 사례를 우리는 부지기수로 본다. 아이의 행복한 성공을 위해 우리가 지향해야 할 교육의 방향은 강점에 초점을 두는 것이다. 부모와 교육자는 모두 아이들의 '강점 촉진자'가 되어 내면의 빛을 환하게 밝히도록 스위치를 켜줘야 한다.

색의 삼원색은 파랑, 빨강, 노랑이다. 세 가지 색의 물감을 섞으면 검은색이 된다. 빛의 삼원색은 빨강, 초록, 파랑이다. 세 가지 빛의 색깔은 서로 섞이면 흰색, 즉 백색광이 된다. 그래서 우리에게 빛이 흰색으로 보인다. 강점은 서로 섞일 때 물감처럼 검은색이 되는 것이 아니라 빛과 같이 더 밝고 환하게 된다. 따라서 다른 사람과 관계를 맺을 때 서로에게 강점 촉진자가 되어주면 훨씬 깊은 우정과 사랑을 주고받을 수 있다. 마틴 셀리그먼은 "결혼이 자신의 대표 강점을 발휘하는 일상 수단이 될 때 부부는 더 행복해진다"라고 말하기도 했다. 가족 간에도 서로에게 강점 촉진자가 되어주면 그 가정의 행복은 훨씬 커지고 단단해진다.

사실 우리는 오랫동안 함께 지낸 친구나 동료라 해도, 심지어 가족이라 해도 강점보다는 단점에 주목하는 경우가 많다. 대부분의 반목과 갈등이 여기에서 비롯된다. 서로에게 강점 촉진자가 되어주려면 우선 강점이라는 프레임으로 상대를 바라볼 수 있어야 한다. 똑같은 모습을 보면서도 강점 프레임으로 봤을 때와 그렇지 않았을 때의 판단은 정반대가 되기도 한다.


나다움을 발견해
나답게 살아가는 법


〈유 퀴즈 온 더 블록〉이라는 방송에서 정부기관 최초 동시통역사인 임종령 씨의 이야기를 접했다. 특히 두 자녀에 대한 교육 방식이 인상적이었는데, 임종령 씨는 미국의 명문대에 유학 중인 두 자녀에게 한 번도 공부를 강요한 적이 없고, 그저 자신이 늘 책 읽고 공부하는 모습을 보여줬다고 말했다. 엄마가 거실의 책상에서 공부하면 아이들도 텔레비전을 끄고 각자 방으로 돌아가 공부를 했고, 또 엄마가 공부하기 위해 이른 새벽에 일어나

커피를 내리면 그 소리를 듣고 아이들도 일어나 공부를 했다고 한다. 이때 유재석 씨가 다음과 같은 반응을 보였다.

"다른 집 아이들 같으면 '엄마는 우리 텔레비전 보는데 왜 거기서 공부를 해, 우리 아침에 잠자야 하는데 왜 커피를 내려서 시끄럽게 해'라고 할 텐데 그렇지 않았다는 거네요."

짐작컨대 임종령 씨의 두 자녀는 공부하는 엄마의 모습에서 성실함과 끈기와 같은 긍정적인 측면을 먼저 발견했기에 그런 자세를 본받으려 했을 것이다. 또한 두 자녀가 그런 자세를 갖출 수 있었던 건 엄마인 임종령 씨가 무조건 일등이 되라고 몰아붙이는 대신 아이들 스스로 잘하는 일을 찾아내도록 지지하고 기다려줬기 때문일 것이다.

진료실을 찾는 환자들을 보면 "제가 좀 더 공부도 잘하고 똑똑했더라면 아빠가 저를 좋아해주지 않았을까요?", "제가 예쁘고 날씬했다면 그 사람이 떠나지 않았을 거예요"라며 자기 단점이 관계에서 느끼는 결핍감의 원인이라고 생각하는 경우가 많다. 하지만 누구에게나 단점은 있다. 우리가 아무리 바라고 상상해도 완전무결한 인간은 지구상에 존재하지 않는다. 그러니 단점 때문에 사랑받을 자격이 없다는 말은 성립되지 않는다.

이럴 때는 관계의 문제를 바라보는 시각을 바꿔야 한다. 단점 때문에 사랑받지 못한다고 생각하는 대신 강점을 발견함으로써 자존감을 먼저 회복해야 한다. 그렇게 되면 관계에서 느꼈던 결핍감은 전혀 문제가 되지 않거나 아주 사소해 보일 것이다. 강점을 바탕으로 연결되고자 할 때는 자기 강점을 자꾸 드러내어 상대가 그것을 알아채고 인정하고 피드백까지 할 수 있도록 유도하는 자세도 필요하다. 스스로 단점에만 시선을 두고 있으면 다른 사람도 당신의 단점에만 시선을 둘 수밖에 없기 때문이다.

만일 주변에 강점 촉진자가 없다면 어떻게 해야 할까? 간단하다. 나와 같은 강점을 가진 사람을 찾아 벤치마킹하면 된다. 유쾌함이 강점인 사람이라면 유쾌함을 잘 활용하는 사람을 찾아 벤치마킹하는 것이다. 유쾌한 사람의 덕목, 예컨대 유머, 감탄, 긍정적 생각 등을 하나하나 떼어놓고 발전시키려면 어려울 수 있지만, 덩어리로 뭉쳐서 특정 사람을 벤치마킹하려 들면 좀 더 접근하기가 쉬워진다.

우리는 '나다운 삶'이 어떤 건지 고민할 때가 있다. 뭔가 자신에게 잘 맞지 않는 삶을 사는 것 같은 불편하고 불만족스러운 느낌 때문에 그런 고민을 하게 된다. 여러 번 강조하지만, 강점은 우리로 하여금 각자 '나다움'을 발견하고 '나다운 삶'을 살 수 있도록 도와준다. 우리는 자신의 강점들을 발견하고 활용함으로써 자기만의 삶의 지도를 완성할 수 있다.

5장

**지혜**

―

삶의 문제에 대처할
능력을 길러라

*Wisdom*

# ● 삶의 모든 선택의 순간, 지혜가 필요하다

　　노력하고 계획한 대로 이루어지면 좋겠지만 인생은 결코 만만하지 않다. 우리는 살면서 뜻하지 않은 실패와 고난은 물론 고독과 상실, 죽음을 맛볼 수밖에 없다. 이처럼 인생을 살면서 크고 작은 위기에 직면했을 때, 좌절하지 않고 다시 일어설 수 있게 해주는 것이 지혜다.

　　그런데 지혜란 과연 무엇일까? 책을 많이 읽으면 쌓이는 게 지혜일까? 경험과 연륜이 쌓이면 저절로 생기는 게 지혜일까? 아니다. 지혜는 지식과 다르다. 삶에서 맞닥뜨리는 어려운 문제들은 지식이 아니라 지혜로 풀어야 한다.

　　엄밀히 말하자면 지혜는 어려운 문제를 '푸는' 능력이 아니라 어려운 문제에 '대처하는' 능력이다. 그런데 흔히 사람들은 이 지혜에 대해 오해하고 있다. 수년 전 미국 대학생을 중심으로 '세계에서 가장 지혜로운 사람'을 묻는 조사가 있었다. 예수, 부처, 간디, 공자, 소크라테스, 솔로몬, 교황, 마틴 루터, 오프라 윈프리, 윈스턴 처칠, 달라이 라마, 넬슨 만델라, 퀸 엘리자베스 2세 여왕 등 우리도 익히 아는 다양한 사람이 거론되었는데, 가만히 살펴보면 종교인이나 철학자가 대다수라는 사실을 알 수 있다. 지혜를 종교나 철학과 연결 지어 생각하는 것이다. 다시 말해 우리는 지혜를 고차원적이고 개념적인, 즉 실생활과는 동떨어진 담론으로 여긴다. 더욱이 요즘은 지혜에 대해 관심을 갖는 사람조차 찾아보기 어렵다. 어쩌면 그것은 지혜로운 사람으로서 본보기가 될 만한 인물을 찾아보기 어렵기 때문일지 모른다. 하지만 웰빙의 삶을 살려면 지혜가 반드시 필요하다. 이 장에서 얘기할 내용은 이전에 내가 쓴 《이런 세상에서 지혜롭게 산다는 것》[29]에서 추출 정리한 것으로, 지혜를 좀 더 깊게 알고 싶다면 이 책을 참조하면 좋겠다.


## 현대 심리학은 지혜를
## 어떻게 정의하는가

지혜를 현실로 가져오려면 그에 걸맞은 새로운 정의가 필요하다. 먼저 심리학에서는 지혜를 어떻게 다루는지 살펴보자. 심리학자들이 지혜를 과학적이고 객관적으로 정의하고 찾아보려는 노력을 시작한 것은 20세기 들어서다. 오랫동안 심리학에서는 지혜를 중요한 연구대상으로 삼지 않았다. 지혜로운 사람에 대한 객관적이고 구체적인 기준이 마련되지 않은 탓에 지혜 역시 정량적으로 측정하기가 어려웠기 때문이다. 사실 지금도 지능을 측정하는 객관적인 검사법은 여러 가지가 개발된 데 반해 지혜를 측정하는 검사법은 찾아보기 어렵다.

발달심리학자이자 정신분석학자로 '인간발달에 관한 8단계 이론'으로 유명한 에릭 에릭슨(Erik H. Erikson)은 "특정 방향으로 가야 한다는 요구로부터 평온하게 분리되어 삶을 사는 이가 지혜로운 사람"이라고 했다. '외부 환경이나 타인이 요구하는 바에 자신을 끼워 맞추는 것이 아니라 내면의 자아가 이끄는 대로 잘 맞추어 사는 것이 지혜'라는 의미다. 또한 그는 지혜를 갖고 있으면 삶의 각 발달단계에서 당면하는 과제들을 잘 풀 수 있을 뿐 아니라 아름다운 노년을 맞이할 수 있다고 말했다.

그런가 하면 독일 생애발달심리연구센터의 책임자인 파울 발테스(Paul B. Baltes)는 지혜를 지식과 덕성의 통합으로서 '삶의 기본적인 실천 방식을 제시하는 전문적 지식이 축적된 결과물'로 보았다. 발테스는 지혜를 구성하는 5가지 요소로 삶에 대한 사실적 지식과 절차적 지식, 삶의 맥락에 대한 지식, 삶의 가치와 우선순위에 관한 지식, 삶의 불확실성에 대한 인식을 꼽았다. 발테스는 '연령에 따른 지혜를 구성하는 능력치'를 측정하는 '베를린 위즈덤 패러다임(Berlin Wisdom Paradigm)'을 고안해 심리학자들이 지혜를 하나의 과학으로서 연구하고 실증할 수 있는 토대를 제공했다.

미국 심리학자 모니카 아델트(Monika Ardelt)는 베를린 위즈덤 패러다임에서 '감정'에 대한 측면이 결여되었다고 지적하면서 지혜를 인지적·반성적·정서적 차원으로 나눠서 측정할 것을 제안했다. 인지적 차원은 세상사를 다양한 측면에서 바라보고 진실을 가려내는 판단력을 뜻한다. 반성적 차원은 자기반성과 자각 능력을 뜻하며, 정서적 차원은 타인을 향한 공감과 연민과 같은 감정을 말한다. 아델트는 지혜를 추상적인 지식이 아니라 '인간 내부에서 실제로 발달한 총체적 특성'으로 보았다.

현대 심리학에서 연구된 내용을 토대로 정리해보면 지혜는 '삶과 처세에 관련한 문제에서 올바르게 판단하는 능력, 수단과 목적의 선택에서 나타나는 건전한 판단, 실제적인 문제에서 나타나는 건전한 분별력'으로 정의할 수 있다. 이를 좀 더 간단하고 명확하게 정리하면 지혜는 '자기 삶을 잘 운용하는 능력이자 풀기 어려운 문제를 만났을 때 대처하는 능력'이다. 다시 한번 강조하면 지혜는 어려운 문제를 푸는 능력이 아니다. 이미 정의 자체가 풀기 어려운 문제를 만났을 때다. 어차피 문제는 풀리지 않는다. 하지만 거기에 어떻게 대처하느냐가 차이를 만들어낸다.

풀리지 않는 문제에 맞닥뜨렸을 때
어떻게 대처할 것인가

살면서 우리는 매 순간 선택을 내린다. 피곤한데 더 잘까 말까, 저기 오는 버스를 뛰어가서 탈까 말까를 선택하고 여름 휴가를 바다로 갈지 산으로 갈지 선택한다. 매일 점심 메뉴도 골라야 하고 오랜 연인과 이별할지 말지도 고민해야 한다. 온라인에서 오렌지 주스 한 병을 사더라도 같은 용량일 때의 가격을 비교하고 구매자들의 평도 일일이 읽어본 후에 구매 버튼을 누른다. 아토피가 심한 아이에게 먹일 주스라면 성분까지 꼼꼼하게 살핀 후에 가격이 비싸더라도 유기농 주스를 선택할 것이고, 불특정 다수를 대상으로 하는 행사에 구색 갖추기로 가져다 놓을 용도라면 그냥 저렴한 것을 선택할 것이다.

대학에서 무엇을 전공할지, 어떤 직업을 가질지, 누구를 배우자로 맞이할지와 같은 비교적 중대한 삶의 문제들도 역시 각자의 선택으로 결정된다. 에릭슨이나 발테스가 이야기한 것처럼 나이를 먹어감에 따라 삶의 매 단계에서 해야 할 선택들은 조금씩 달라지겠지만, 아무튼 우리는 끊임없이 선택하며 살아간다. 그리고 그 모든 선택의 순간에 지혜가 필요하다.

만일 지혜가 없다면 외부 상황에 떠밀려 자기다운 삶에 역행하는 판단을 하게 될 수도 있다. 근시안적인 관점에서 문제를 바라보다가 오히려 상황을 악화시키는 결과를 맞게 될지도 모른다.

그런 의미에서 지혜는 우리가 현명한 선택을 함으로써 더 좋은 삶으로 나아가는 데 없어서는 안 될 요소다. 그러므로 지혜는 위대한 사상가나 현자들에게만 주어지는 특권이 아니라 인생을 살아가는 우리 모두에게 필요한 것이다.

정신건강의학과 전문의로서 내가 지혜에 관심을 갖게 된 것은 어쩌면 당연할지 모른다. 수많은 사람이 홧김에, 감정적으로 지혜로운 선택을 하지 못한다. 나 역시 특별히 지혜로운 사람은 아니다. 다만 분명하게 말할 수 있는 것은, 지혜를 공부하기 시작하면서 확실히 전보다 더 지혜로워졌다는 사실이다. 지혜를 알아가면 알아갈수록 전보다 더 지혜로워져간다는 걸 느낀다. 지혜는 인간만이 취할 수 있는 최적의 행동 형태다.

우리 삶에는 오렌지 주스를 사는 것처럼 사소한 문제들도 있지만, 배우자의 외도나 사고로 인한 장애와 같이 회복할 수 없는 문제도 있다. 또 인간의 삶이 유한하기에 사랑하는 사람과의 이별은 우리가 결코 피해갈 수 없는 역경 중 하나다. 사고로 질병으로 노환으로 가족과 헤어지는 일은 누구에게나 일어난다.

그뿐만이 아니다. 학창 시절에는 아무리 노력해도 성적이 오르지 않아서, 결혼해서는 성격 차이 등으로 인한 온갖 갈등 때문에, 아이를 낳아 키울 때는 부모로서 의무와 책임이 버거워서, 직장에서는 남에게 뒤처지는 것이 두려워서, 나이 들어서는 도태

되지 않는 삶을 살고 싶어서 등등 삶의 매 단계에서 부딪히는 온 갖 고난과 고민은 결코 우리가 풀기 쉽지 않은 문제들이다. 지혜 는 삶의 모든 영역에서 매 순간 필요한 것이지만 결정적으로는 피할 수 없는 삶의 역경이나 풀기 어려운 곤란한 문제들에 맞닥 뜨렸을 때 삶이 멈추지 않고 계속 나아가게 만드는 힘이다.


삶의 현장에선 문제를 푸는 능력이 아니라
문제에 대처하는 능력이 필요하다

독일 정신과 의사이자 '지혜 치료'의 창시자인 미하엘 린덴 (Michael Linden)이 진행한 '삶에서 어려운 일' 연구 결과와 내가 한국에서 다른 연구팀과 진행한 연구 결과를 비교해본 적이 있 다. 가족의 죽음은 물론이고 부부 갈등, 자녀와의 갈등, 심각한 질환은 전 세계 모든 사람이 겪는 피할 수 없는 문제다. 그다음 으로 이혼과 실직, 사고, 범죄 피해 역시 많은 사람이 겪는 불행 이다.

대부분 항목에서 비슷한 빈도를 보였는데 '직업 스트레스' 항 목이 독일과 비교해 한국에서 상당히 높은 빈도를 나타냈다. 한 국 사회는 워낙 경쟁이 치열하고 노동 강도가 높다 보니 직업에 서 오는 스트레스가 높을 수밖에 없다.

정신과 의사로서 나는 '삶에서 풀 수 없는 문제에 대처하는 능력'으로서의 지혜가 무엇보다 중요하다고 생각한다. 문제 대처 능력이 부족해서 진료실을 찾는 환자들이 정말 많기 때문이다. 힘든 문제에 부딪혔을 때 필요한 지혜는 상황과 맥락에 따라 답이 달라진다는 점을 아는 것이고, 문제와 심리적 거리를 확보하는 것이며, 생각의 틀이나 관점을 바꾸는 것이다.

삶의 문제들에 대처하는 능력으로서 지혜는 우리가 발 디디고 살아가는 삶의 현장에서 실질적으로 작동(working)된다. 지혜는 예술도 도덕도 종교도 과학도 아니다. 사실 지혜가 정말 간절한 순간들은 부지기수다.

이런 상황을 가정해보자. 오늘은 당신이 지난 수개월간 온갖 공을 들여 겨우 성사시킨 해외 바이어와의 회의가 있는 날이다. 그런데 아침에 아이가 끙끙대서 열을 재보니 38도가 넘는다. 병원에 데려가야 하는데 남편은 출장 중이고 다른 가족은 연락이 안 된다. 어떻게 해야 할까? 아이를 병원에 데려가는 대신 일단 어린이집에 맡기고 출근을 해야 할까? 회의를 포기하고 아이를 병원에 데려가야 할까? 물론 40도가 넘는 고열에 아이가 의식이 없을 정도라면 다 작파하고 응급실로 가는 것이 맞을 것이다. 그러나 애매한 경우라면?

정답은 없다. 엄마니까 무조건 아이를 병원에 데려가는 것도, 직장인이니까 반드시 바이어를 만나러 가는 것도 정답이 아니다. 이때 필요한 것이 지혜다. 내 안에 지혜가 있으면 주어진 선택지와 여러 변수를 종합적으로 고려해 더 나은 선택을 할 수 있다. 앞서 말했듯이 정답 없는 난제에 부딪혔을 때 필요한 것은 문제를 '푸는' 능력이 아니라 문제에 '대처하는' 능력이다. 즉, 근본적으로 풀기 어려운 문제라면 어떻게든 문제를 풀려고 하기보다 문제에 어떻게 대처할지를 배우는 것이 현명하다.

우리가 살면서 부딪히는 모든 문제는 결국 돈, 사람, 건강, 이 세 가지 범주에 속할 것이다. 지혜는 이 모든 범주에서 골고루 잘 작동되어야 한다. 또한 지금까지 살펴본 수용, 변화, 연결의 심리적 궤도를 잘 돌아가게 하고 강점을 잘 발휘하기 위해서도 지혜가 필요하다.

즉, 부정적 편향에서 벗어나 있는 그대로의 자기 모습을 받아들이는 데도, 매일 작은 습관들을 쌓고 몰입하며 더 나은 삶으로 나아가는 데도, 자기 자신을 포함해 다른 사람들과도 친밀감과 연민하는 마음으로 연결되는 데도 지혜가 필요하다. 내면에 감춰진 강점을 발견하고 잘 활용해 나다운 삶을 사는 데도 늘 지혜가 운영체제처럼 작동되어야 어느 순간 삶이 멈춰버리고 고장 나버리는 것을 막을 수 있다.

# ● 한국인의 특성을 반영한 지혜 훈련법

놀랍게도 미하엘 린덴의 연구에 따르면, '지혜로운 사람'은 전체 인구 가운데 5퍼센트 정도밖에 되지 않는다. 인간의 삶에서 지혜가 이렇게나 중요한 것인데, 그렇다면 나머지 95퍼센트의 사람들은 어떻게 해야 할까? 각자의 노력으로 더 지혜로운 사람이 될 수 있을까? 결론부터 말하자면 '그렇다'.

많은 사람이 오해하는 것 중 하나가 지혜를 선천적으로 타고나는 능력으로 보는 것이다. 물론 사람마다 강점이 다르듯이 지혜를 배우고 터득하는 데에 좀 더 소질이 있는 사람이 있는 것은 사실이다. 하지만 누구든 문제에 대한 관점을 바꾸거나 심리적 거리를 두는 인지훈련, 공감과 겸손과 평온함을 익히는 마음챙김 명상 등의 적절한 훈련과 노력을 통해서 지혜를 계발할 수 있다. 또 삶의 다양한 경험을 통해 터득하고 배우기도 한다. 반드시 그런 것은 아니지만 나이 들수록 더 지혜로워질 가능성이 커진다.

미하엘 린덴이 제시한
12가지 지혜의 구성 요소


'지혜 치료'의 창시자인 미하엘 린덴은 지혜의 구성 요소로 다음의 12가지를 제시했다. 사실 및 절차적 지식, 맥락주의, 가치 상대성, 자기 상대성, 겸손, 자기 자신과 거리 두기, 관점의 변화, 타인과의 공감, 감정 지각과 수용, 정서적 평온, 불확실성의 감내, 장기적 시각이 그것이다. 이 12가지를 각각 측정하면 지혜로운 정도를 알 수 있다. 측정은 요소별로 핵심 질문을 던지고 답을 적도록 한 다음에 이를 전문가들이 평가하는 방식으로 이루어진다.

미하엘 린덴은 외상후울분장애(PTED) 환자들을 대상으로 한 '지혜 치료'에서 실질적으로 지혜가 증진되고 이것이 치료에 도움이 되었다는 것을 확인했다.[30] 지혜 개입 훈련을 한 환자들은 단 여섯 시간 만에 지혜의 구성 요소 중 9가지 항목, 즉 관점의 변화, 타인과의 공감, 감정 지각과 수용, 정서적 평온, 사실과 절차적 지식, 맥락주의, 가치 상대성, 불확실성의 감내, 장기적 시각에서 측정치가 상승한 결과를 보여주었다.

지혜 치료는 어려운 상황이나 인생에서 풀 수 없는 문제를 만났을 때 문제에 대처하는 기본적인 태도와 기술을 증진하는 데 초점을 둔다. 새로운 시각을 가지기 위해 시도하는 인지행동치료와 일면 비슷하지만 독특하게 다른 면도 있다. 미하엘 린덴은 힘든 문제를 겪은 사람에게는 어떤 위로보다 문제로부터 심리적 거리를 두는 법을 배우게 하는 것이 실질적인 도움이 된다고 주장한다. 또 힘든 문제를 잊으려고 노력하는 것보다는 새로운 기억을 통해 벗어나는 것이 더 효과적인 방법이라고 강조한다.


## 나이 들수록 더 지혜로워지고 싶다면
## 꼭 해야 할 7가지 훈련법

지혜는 이처럼 측정되고 계발되는 것이며, 외상후울분장애 등 정신적 고통을 받고 있는 환자들의 심리치료에도 실질적인 효과를 보여준다. 다만 지혜 측정 검사가 그리 쉽게 결과를 얻을 수 있는 것은 아니다. 가령 다음의 항목들은 지혜 측정 검사에서 제시되는 문항들인데, 각각의 문항에 대해 우리는 과연 정확하게 답할 수 있을까? 또 나 자신은 나름의 답을 내렸더라도 과연 나를 잘 아는 배우자나 친구 역시 나를 그렇게 판단해줄까? 내가 바라보는 나 자신과 다른 사람이 바라보는 나 자신은 큰 차이가 있을 수 있다.

하지만 그렇더라도 지혜를 이루는 요소들이 무엇이 있는지, 그 요소들을 과연 나는 얼마나 갖추고 있는지 스스로 고민해보는 자세는 필요하다. 아래 문항에 대해 스스로 답해보고, 주변 사람들이 '지혜'를 기준으로 두었을 때 과연 나를 어떻게 생각하는지도 한번쯤 들어보면 좋을 것이다.

- 여러 사람들을 만나도 각자를 잘 이해할 수 있다.
- 자기 자신을 잘 안다.
- 생각이 깊다.
- 많이 생각한다.
- 공정하다.
- 남의 말을 잘 듣는다.
- 실수를 인정하기를 두려워하지 않는다.
- 문제의 모든 면에 귀를 기울인다.
- 모든 관점을 이해하고 고려한다.
- 많은 정보를 가지고 있다.
- 박식하다.
- 관찰력이 있다.
- 상식을 잘 사용한다.
- 통찰력이 있다.
- 분별력이 있다.
- 행동하거나 결정을 내리기 전에 생각한다.
- 행위의 결과를 미리 잘 저울질한다.

- 선견지명이 있다.

- 멀리 볼 줄 안다.

- 큰 맥락에서 사물을 본다.

- 말하기 전에 생각한다.

- 자세한 정보를 찾는다.

- 노련하다.

- 오랜 경험이 있다.

- 성숙하다.

- 직관력이 있다.

- 정의와 진리의 편에서 해결책을 내놓을 수 있다.

- 환경을 이해하고 해석하는 능력이 있다.

- 도덕적이다.

- 상황의 본질을 이해한다.


지혜를 측정하는 것이 이렇게 복잡하고 까다롭다 보니 지혜를 계발하는 방법 역시 어렵게 느껴질 수 있다. 그래서 지혜의 구성 요소를 한국적 상황과 가치관에 맞추어 너무 복잡하지 않게 7가지로 정리하고, 각각의 요소별로 지혜를 배우고 키우기 위한 핵심 훈련법을 제시했다. 하나씩 살펴보자.

### 지혜 훈련법 1
# 풍부한 지식 쌓기

지혜의 기반은 지식이다. 앞서 말했듯이 지식과 지혜는 분명 다르지만 지식이 바탕이 되어야 지혜로워질 수 있다.

우리나라 속담에 "알아야 면장(免牆)을 한다"라는 말이 있다. 여기서 면장은 이장, 면장 할 때 그 면장이 아니다. 사실 이 말의 출처는 공자로, 면면장(免面牆)이 줄어든 말이다. 여기서 면장(面牆)은 '담장을 마주 보고 서 있는 것 같은 답답한 상황'을 뜻하는데, 이런 상황을 면(免)하려면 공부를 해야 한다고 강조했다.

자신이 잘 알지 못하는 문제에 당면하면 마치 벽에 부딪힌 것처럼 당황하거나 잘못된 판단을 내리기 쉽다. 갑상선암에 대한 지식을 예로 들어보자. 갑상선암은 적시에 치료만 하면 문제없이 완치될 만큼 예후가 좋다. 다만 갑상선암 중 1퍼센트 정도는 매우 빨리 자라는 악성이어서 6개월 이내에 사망에 이를 수 있을 만큼 치명적이다.

만일 갑상선암이 예후가 좋은 암이라는 사실을 모른다면 지나치게 걱정하고 불안을 느껴서 일상을 제대로 살기 어려울 것이다. 그런데 갑상선암이 예후가 좋은 암이라는 사실까지만 안다면 어떻게 될까. 별일 아니겠거니 하면서 검사도 받지 않고 방치했는데 알고 보니 1퍼센트에 속하는 악성이어서 생명이 위험할 수도 있다. 이때 갑상선암이 예후가 좋지만 1퍼센트 정도는 위험하므로 너무 걱정은 하지 말되 정확한 검사를 받아보자는 지혜로운 판단을 하려면 갑상선암에 대한 기본적인 지식이 있어야 한다.

## 당신의 지식은
## 업데이트되고 있습니까

우리는 일상의 모든 경험을 통해 자신의 지식을 업데이트할 수 있다. 교통 혼잡 시간대에 택시를 탔다가 지각한 경험이 있는데 다음에 또 택시를 탄다면 지식이 업데이트되지 않은 것이다. 지식이 업데이트되지 않으면 지혜로운 선택을 할 수 없다. 책을 읽고 영화를 보고 유튜브를 시청하는 것 모두가 지식을 업데이트하는 방법이다. 특히 독서는 여러 가지 지식이 총체적으로 집약되어 있어 지식을 쌓는 데 매우 효과적이다. 직장에서 일하면서 경험하는 것들도 모두 지식이 된다. 한 분야에서 수십 년 종사하면 "그 정도 일은 눈 감고도 할 수 있지"라고 말하는 경지에 이르기도 하는데, 이 역시 지식이 업데이트된 결과다.

내비게이션을 예로 들어보자. 계속해서 새로운 길과 건물이 생기기 때문에 내비게이션도 업데이트가 되어야 한다. 업데이트가 안 된 내비게이션은 자칫 엉뚱하고 위험한 길로 우리를 안내할 수도 있다. 업데이트되지 않은 구태의연한 지식 역시 마찬가지다. 과거의 경험에만 얽매여 새로운 경험을 통해 지식을 업데이트하지 못하면 아무리 나이가 들어 축적된 경험이 많다 해도 지혜로운 사람이 될 수 없다. 요즘처럼 변화가 빠른 시대에는 더욱 그렇다.

한편 '자신이 무엇을 모르는지 아는 것'도 중요하다. 아무리 노력한다 해도 한 개인의 경험은 제한적일 수밖에 없다. 자신이 모르는 것이 있을 수 있다는 점을 알아야 섣부른 판단을 하지 않을 수 있다. "이거 내가 해봐서 잘 알아"라고 하면서 자기 경험과 지식만 믿고 그 프레임 안에서 판단하면 어리석은 행동을 저지를 가능성이 크다. 주변에 갑상선암을 잘 치료해서 나은 사람이 있고 스스로 갑상선암이 예후가 좋은 암이라는 것을 알아도 '내가 모르는 것이 있을지 몰라' 하는 자세로 의사의 진단을 받아보는 것이 지혜로운 판단이고 행동이다.

지혜로운 판단을 하기 위해
풍부한 지식을 쌓는 법


　지식을 쌓기 위해 평소 다음 5가지를 실천해보자. 첫째 '독서'
다. 그저 눈으로 글자만 읽는 것은 독서가 아니다. 책을 읽고 곱
씹어 생각하고 분별하고 실제로 생활에 적용하는 데까지 나아가
야 진정한 독서다. 신뢰할 만한 사람의 추천도서 목록을 참조하
는 것도 좋지만, 그보다 '자신이 모르는 것이 무엇인지' 파악해서
이를 채울 수 있는 독서 목록을 스스로 만들어보기를 권한다.
　둘째는 '물어보기'다. 나 개인의 경험과 지식에는 한계가 있다
는 점을 인정하고, 다른 지혜로운 사람과 교류하면서 모르는 것
은 물어가며 배울 필요가 있다. 만일 주변에 지혜롭다고 할 만한
사람이 없다면 반면교사 삼는 것도 방법이다. 즉, 주변에 어리석
은 사람만 있다면 그 사람이 하는 것만 안 해도 된다. 적어도 어
리석다는 소리는 듣지 않을 것이다. 지혜롭지 못한 부모를 만났
을 때 나는 그런 부모가 되지 않는 것만으로도 훌륭하다.
　셋째는 '공부'다. 공부는 책으로도 할 수 있고 유튜브나 다른
영상 자료를 보면서도 할 수 있다. 주제를 정해 함께 공부하는 모
임이나 프로그램에 참여해도 된다. 중요한 것은 매일 조금씩이라
도 꾸준히 하는 것이다.
　넷째는 '생각'이다. 요즘은 무슨 정보든 인터넷에서 쉽게 찾을

수 있어 스스로 답을 구해보려 하지 않는 경우가 많다. 하지만 '왜'라는 질문을 던져 답을 구해보는 비판적 사고 과정을 거치지 않으면 아무리 많은 정보가 있어도 내 것이 될 수 없고, 내 것이 되지 않으면 실제 삶의 현장에서 적용할 수 있는 지혜로 계발되지 않는다.

다섯째는 '리허설'이다. 삶 자체는 두 번 살 수 없지만 리허설을 통해 연습을 해볼 수는 있다. 리허설은 상상으로도 충분히 가능하다. 머릿속으로 시뮬레이션해보면 된다. 중요한 약속을 위해 식당에 미리 가서 메뉴를 살펴볼 수도 있지만, 인터넷의 리뷰를 통해 맛을 상상하며 메뉴를 고민할 수도 있다. 낯선 곳에 가야 할 일이 있을 때 사전답사를 하는 것도 방법이지만 지도를 통해 이동 경로와 이동 수단을 머릿속에 떠올려보는 것도 좋은 방법이다.

### 지혜 훈련법 2
# 맥락을 파악하는 능력 높이기

지혜는 맥락적이다. 맥락적이란 건 무슨 뜻일까. 주어진 조건과 상황에 따라서 다르게 해석된다는 뜻이다. 가령 병원 진료를 위해 전화를 걸었는데 "지금은 예약하실 수 없습니다"라는 안내 음성이 들린다고 하자. 어떤 의미일까? 예약 시간이 따로 정해져 있는데 지금은 해당 시간이 아니라는 의미일 수도 있고, 이미 예약이 꽉 차서 더 이상 예약을 받을 수 없다는 의미일 수도 있다. 혹은 예약 담당자가 자리를 비워서 지금은 안내해줄 수 없다는 의미일 수도 있다. 만일 "잠시 후에 다시 걸어주시기 바랍니다"라는 안내가 뒤이어 나온다면 첫 번째에 해당할 가능성이 크다.

물론 이런 경우는 지혜가 필요하다고까지 할 수 없는 간단한 상황이지만, 일상에서 맥락을 잘 파악해야만 더 정확하고 현명한 판단을 내릴 수 있는 상황은 생각보다 많이 벌어진다. 특히 한국 같은 고맥락 문화의 사회에서는 맥락을 파악하는 능력이 더욱 중요하다. 고맥락 문화란 다른 사람과의 의사소통이나 인간관계에 있어서 상대방이 제시한 내용 자체보다는 맥락이나 배경에 더 큰 비중을 두는 문화를 뜻한다.

가령 퇴근 시간이 다 되었을 무렵 상사가 "비가 오네. 저녁에 뭐하나?"라고 묻는다. 이는 '비가 오니 따끈한 국물에 술 한잔하자'라는 제의일 가능성이 큰데, 사회생활 경험이 부족해 맥락을 파악하지 못하는 신입사원은 "저는 집에 갑니다" 하고는 서둘러 퇴근을 해버릴 공산이 크다. 물론 상사의 술자리 제안 정도는 거절해도 큰 상관은 없지만, 묻는 말에 곧이곧대로 대답을 해버리면 맥락도 모르고 눈치도 없는 사람이 되어버린다.

이런 고맥락 문화의 사회에서는 '눈치'가 매우 중요한 역할을 한다. 눈치는 말에는 담기지 않은 상대의 감정이나 의도를 미루어 짐작으로 알아내는 것인데, 눈치가 빠르고 정확한 사람은 맥락도 잘 파악하는 법이다. '눈칫밥'이라는 표현 때문인지 눈치를 부정적인 것으로 폄훼하는 사람도 있지만, 사실 눈치는 상황적 맥락을 잘 파악하는 힘이다.

고맥락 사회에서는 눈치도 경쟁력,
때와 상황에 맞춰 행동하라

미국의 언론인이자 작가인 유니 홍은《눈치: 한국인의 비밀 무기》에서 눈치를 "다른 사람의 신뢰를 얻고 서로 화합하며 관계를 맺기 위해 타인의 생각과 느낌을 살피는 섬세한 기술"이라고 말한다. 그의 설명에 따르면 눈치가 빠르다는 것은 새로운 단어, 몸짓, 표정 등으로 예측한 내용을 계속 재조정하면서 상황을 파악하고 적절히 대처한다는 의미다.

똑같은 행동과 사건인데도 상황에 따라 반대의 결과를 낳기도 한다. 가령 모처럼 비가 내리면 농부들한테는 반가운 일이지만 동물원에 가족 나들이 가려는 사람한테는 하루를 망치는 일이 된다. 숙제를 미루거나 잠을 자지 않으면서 게임하는 것은 어떨까? 이튿날 종합검진을 받아야 하는데 친구들과 만나 술을 마시는 것이나 심야에 길거리에서 큰소리로 노래를 부르는 것은?

게임도 음주도 노래도 그 자체는 그릇된 행동이 아니지만 시간과 장소 등 주어진 조건과 상황에 따라서는 하지 말아야 할 행동이 된다. 이처럼 같은 행동과 사건이라도 맥락에 따라 다르게 해석된다는 점을 알고, 이를 잘 파악해 판단하는 것이 지혜다.

동시에 여러 과제를 처리해야 할 때는 상대적 중요도와 우선순위를 잘 파악해야 한다. 앞에서 예로 든, 아이를 병원에 데려

갈지 바이어를 만나러 갈지 결정해야 하는 상황이 바로 그런 경우다. 예컨대 다이어트나 운동을 할 때도 자기 건강 상태와 재정 상태를 비롯해 여러 조건을 고려해서 최선책을 택해야 한다.

회사에서 부장님은 내일 발표할 프레젠테이션 자료를 일단 빨리 달라고 하고, 과장님은 보고가 늦어지더라도 자료에 들어가는 수치들을 정확히 해야 한다고 신신당부한다면? 이럴 때도 속도와 정확성 중 무엇이 더 중요한 상황인지 잘 파악해야 한다. 어느 한쪽도 등한시할 수 없는 상황이라면 우선 부장님에게 자료를 드리면서 확인이 안 된 수치 부분들은 표시를 해두는 것도 방법이다.

인생의 매 순간 우리는 서로 다른 역할을 해야 한다. '내 안에 내가 너무나 많은' 것은 너무 당연하다. 때와 상황에 맞춰 어떤 '나'로 행동할지 올바로 아는 것도 맥락적 지혜다. 살다 보면 완전히 상반되는 맥락에 부딪히기도 한다. 시위에 나서는 대학생일 때와 시위를 진압하는 경찰일 때 역할과 임무가 전혀 다른 것처럼 말이다. 상황이 달라지고 역할이 달라졌는데 이전의 '나'를 떠올리며 갈등하는 것은 비맥락적인 판단이다. 조직에서도 실무 책임자로서 현장을 지휘할 때와 임원으로 승진해 조직관리 임무를 맡았을 때의 맥락은 매우 달라진다. 맥락에 따라 역할에 충실하기 위해 필요한 것이 지혜라고 할 수 있다.

또한 앞으로 벌어질 상황을 계획하거나 예측해서 현재의 행동을 결정하고 준비하는 것도 맥락적 지혜에 포함된다. 나이 들면서 근력이 부족해질 테니 미리미리 근력 운동을 꾸준히 해두는 것, 은퇴 후의 취미 생활을 위해 틈틈이 목공을 배워두는 것, 편찮으신 부모님이 돌아가시기 전에 함께하는 즐거운 시간을 많이 갖는 것, 이 모두가 맥락에 따른 지혜라고 할 수 있다.


상황에 따라 어떻게 행동할지
맥락을 파악하는 능력 키우는 법


맥락을 파악하는 능력을 키우기 위한 훈련법은 다음과 같다. 첫째, '배역 주기'이다. 이는 실제로 나도 자주 하는 훈련법이다. 카페 같은 곳에 가서 사람들을 관찰하며 저 사람은 어떤 사람이고 무슨 일을 할 것 같다, 저 두 사람은 사귄 지 오래되었나 보다, 창가에 앉은 저 사람은 기다리는 사람이 안 와서 화가 난 것 같으니 곧 자리를 박차고 일어나겠구나 하는 상상을 해보는 것이다. 사람들의 몸짓이나 말투, 눈빛과 분위기 등을 종합한 데이터에 경험적 지식을 얹어서 드라마 한 편을 써보자. 물론 내 추정이 맞는지 확인할 도리는 없지만, 그렇게 추정을 해보는 과정 자체가 맥락적 판단력을 키워주는 훈련이 된다.

둘째, '맥락 추정하기'이다. 드라마나 영화를 중간부터 보면서 앞부분 내용을 추정해보고, 끝까지 다 본 후에 맨 앞부터 다시 보면서 자기가 추정한 맥락이 맞았는지 확인하는 것이다. 소설을 중간부터 읽는 것도 방법이다. 주인공들이 앞에서 어떤 일을 겪었고 무슨 사건이 발생했는지 등을 상상하고 추정해보자.

셋째, '가상 맥락 체험하기'이다. 이는 일종의 '입장 바꿔서 보기'로 생각하면 될 것 같다. 가령 식당을 운영하는 사람이라면 다른 식당에 손님으로 가보는 것이다. 손님 입장에서 음식의 맛이나 서비스를 경험하고 평가해보면 손님들이 무엇을 원하는지 알 수 있다. 식당 주인 입장에서는 주문 후 15분 만에 음식이 나오면 정말 빠른 것이지만, 마음이 급한 손님 입장에서는 15분이 길게 느껴질 수도 있다. 입장을 바꿔서 가상 맥락을 체험해보면 같은 상황과 사건이라 하더라도 다른 맥락에서 해석하게 된다는 점을 깨닫게 된다.

넷째, '맥락의 대가가 되기'이다. 하나의 사건을 복잡한 추리과정을 거쳐 해결하는 탐정이야말로 맥락의 대가다. 탐정은 여러 사람이 하는 서로 다른 이야기를 듣기만 해도 사건의 사실관계나 맥락을 귀신같이 파악해낸다. 실제로 탐정이 되어볼 순 없으니 탐정이 등장하는 영화를 보거나 추리소설을 읽으며 사건을 분석해보고, 여러 상황을 맥락에 맞게 이어서 퍼즐을 완성해가는 연습을 해보자.

다섯째, '눈치 잘 보기'이다. 유니 홍의 말처럼 한국인에게 눈치

는 초능력에 가깝다. 눈빛만 보고도 즐거워서 웃는지 억지로 웃
는지 상대의 기분을 제법 정확하게 알아채니 말이다. 대화할 때
는 상대의 말에 숨은 속뜻을 파악해보고, 몸짓과 같은 비언어
적 신호에 대해서도 어떤 의도가 있는 건지 주의를 기울여보자.
남 눈치 본다고 해서 소심하게 행동하라는 의미가 아니다. 눈치
를 보며 공감하고 배려해야 더 적절하고 좋은 판단을 내릴 수
있다.

# 지혜 훈련법 3
# 상대성 높이기

지혜는 상대적이다. 나에게 옳은 것이 다른 누군가에게는 틀릴 수 있고, 나는 그다지 중요하지 않게 생각하는 것을 다른 사람은 너무나 소중하게 여기기도 한다. 내게는 한없이 존경스러운 사람이 다른 사람에겐 끔찍하게 싫은 사람일 수 있고, 어떤 사회에서는 예의 바른 행동이 다른 사회에서는 무례한 행동이 되기도 한다. 이처럼 모든 것이 상대적이란 점을 이해하고, 서로 다른 가치가 부딪칠 때는 균형 잡힌 시각으로 가장 적절한 선택을 해내는 것이 지혜다.

어떤 사람은 상대주의적 관점이 옳고 그름에 관한 기준이 없어 자기 오류에 빠질 수 있다고 주장하기도 한다. 이것도 옳고 저것도 옳다면 과연 어떻게 선택할 수 있겠냐는 것이다. 하지만 이것은 오해다. 양쪽을 다 살펴보고 자신이 더 옳다고 생각하는 쪽을 선택하면 된다. 다만 자신의 선택이 어떤 사람에게나 상황에서는 맞지 않을 수 있다는 점을 기억해야 한다. 이런 상대성을 기억할 때 매순간 지혜로운 선택을 할 수 있다.


## 문화적 상대성을 이해하지 못하면
## 서로를 야만인으로 보게 된다

상대주의는 한마디로 누구에게나 어떤 상황에서도 옳은 절대적 진리나 가치는 없다는 점을 받아들이는 것이다. 물론 생명의 존엄성처럼 어떤 상황에서도 부정할 수 없는 절대적 진리도 있지만, 이는 극히 드물다. 우리의 일반적인 상식과 경험에 비춰 보더라도 그렇지 않은가. 혼자 사는 사람에겐 25평 아파트가 충분히 넓게 느껴지지만, 3대가 함께 사는 가족에게 25평 아파트는 매우 비좁을 수 있다. 이처럼 누구나 동의할 만한 절대적 기준을 마련하기란 쉽지 않다. 학교나 기업에서 평가를 할 때도 상대주의를 택하는 이유다.

몇 년 전 나는 성지순례차 이스라엘에 간 적이 있다. 그때 묵었던 호텔에 일반 엘리베이터 외에 '사바스(sabbath)' 엘리베이터라는 게 따로 마련되어 있었다. 사바스는 현지어로 '안식일'이라는 뜻이다. 유대인들은 안식일, 즉 금요일 해질녘부터 토요일 해질녘까지 엘리베이터 버튼조차 누르지 않는다. 이런 유대인들을 위해 사바스 엘리베이터는 버튼을 누르지 않아도 매 층마다 20초간 자동으로 멈춰서며 문을 여닫는다.

이런 사실을 모른 채 사바스 엘리베이터에 탔던 나는 공항행 버스를 놓칠까봐 속이 타들어 갈 지경이었다. 차마 입 밖으로 내뱉지는 못했지만 속으로는 온갖 욕이 튀어나왔다. 나중에야 이 사실을 알고 신성한 안식일에 신경질적으로 버튼을 눌러대는 이방인의 모습이 유대인들에게는 참 한심하게 보였겠구나 하는 생각이 들었다. 문화적 상대성을 이해하지 못해 생긴 웃지 못할 해프닝이었다.

주변을 돌아보면 자신과 생각이 다른 사람을 인정하지 못하는 경우를 많이 본다. 오직 자기 프레임으로 세상을 보면서 자기 프레임 안에 들어오지 않는 생각에 대해선 배척하는 것이다. 태어나서 한 번도 노란색 장미를 보지 못한 사람은 노란색은 장미가 아니라는 프레임을 갖기 쉽다. 그래서 눈앞에 노란색 장미가 있어도 그것은 절대 장미가 아니라고 주장한다. 하지만 상대성을 이해하는 지혜로운 사람이라면 노란색 장미를 보며 어딘가에는 붉은색이 아닌 노란색, 파란색, 흰색 등 다양한 색의 장미꽃이 필 수도 있다는 열린 사고로 새로운 지식을 반길 것이다.

관계에서 비롯되는 갈등이나 고통도 상대성에 대한 이해 부족으로 생기는 경우가 많다. 부모와 자녀, 교사와 학생, 상사와 후배 직원 혹은 친구나 연인 사이에서 "내가 너한테 어떻게 했는데. 나한테 이럴 수가 있니!"라는 말이 종종 흘러나온다. 자신이 상대에게 쏟은 관심과 애정은 태산만큼 큰데 그만큼 돌려받지 못했다는 서운함에서 비롯된 말이다. 하지만 상대는 자신이 그렇게 많은 관심과 애정을 받지 못했다고 생각할 수 있다. 상대에 대한 애정으로 한 말과 행동 가운데 상당수가 그저 간섭이나 잔소리로 받아들여졌을 수도 있기 때문이다.

가령 상사가 후배 직원의 생일선물로 영어학원 수강권을 선물했다고 치자. 상사는 후배가 외국어 공부를 열심히 해서 자기 꿈을 이루도록 도와주고 싶은 마음이었겠지만, 그 선물을 받은 후배는 '내가 영어를 못한다고 이런 식으로 까는 건가?'라며 고깝게 생각할 수도 있다.

우리는 자라온 성장 배경이나 추구하는 가치, 삶의 목표가 다 다르다. 성격 강점도 달라서 잘하는 일이나 좋아하는 일이 다르고 일을 하는 방식도 다르다. 당연히 경험도 다르고 삶의 궤적도 다르다. 따라서 친밀감으로 연결되는 좋은 관계를 유지하고 싶다면 나와 상대의 생각이나 가치관이 다를 수 있다는 점을 받아들이는 지혜가 필요하다. 설령 부모와 자식이라 해도 별개의 인격체인 이상 나와 다른 타인이라는 관점으로 접근해야 한다.

지혜로운 선택을 하기 위해
상대성을 높이는 법


상대성을 잘 이해하고 지혜로운 선택을 하기 위한 훈련법은 다음과 같다. 첫째, '리더 되어보기'이다. 국가든 기업이든 가정이든 모든 리더는 열린 관점을 갖고 다양한 사람의 의견을 들으며 올바른 결정을 내려야 한다. 이러한 리더가 되어 여러 의견들을 비교하면서 최선의 결정을 내려보는 연습을 하는 것이다. 가령 당신이 한 나라의 리더라면, 모든 원자력 발전소의 가동과 건설을 멈추겠는가? 그렇게 하면 원자력의 위험성을 줄일 수 있지만 전기료가 급격히 인상되어 서민들의 삶이 타격을 받을 것이다. 환경인가, 경제인가? 이것도 늘 우리가 선택해야 하는 딜레마다.

당신이 한 가정의 리더라고 가정했을 때 반려묘를 키우고 싶다는 막내딸의 부탁을 들어줄지, 고양이 털 알레르기가 있는 큰아들을 배려할지 선택해보자. 또 한 기업의 리더라면 저가 정책을 써서 박리다매로 갈지, 고가 정책을 써서 틈새시장을 노릴지 선택해보자. 기업 생사가 달린 수천억이 오가는 투자와 인수합병 등의 문제도 결정해야 한다.

모든 리더는 거의 매일 크고 작은 진퇴양난의 딜레마를 지혜롭게 해결해야 한다. 어떤 판단을 내릴 때 '내가 만일 최종 책임을 지는 리더라면'이라는 관점에서 문제를 바라보는 훈련을 하면 상대성을 높이는 데 큰 도움이 된다.

둘째는 '다양성 관찰하기'이다. 이는 사람들이 얼마나 다양한지 좀 더 주의를 기울여 관찰하고 몸소 체험하는 훈련이다. 지하철이든 식당이든 병원이든 사람들이 모이는 어디에서나 할 수 있다. 비슷한 상황에 놓인 사람들이 각기 어떤 행동을 하는지 관찰해보면 인간이 겪는 희로애락이 다 비슷해 보여도 구체적으로는 매우 다양하다는 걸 실감하게 된다.

셋째는 '상대성 언어 사용하기'이다. 상대성 언어란 상대의 생각이 맞을 수도 있으니 먼저 '잘 들어보겠다'고 말하는 것이다. 상대의 감정에 함부로 판단을 내리는 대신 '그럴 수 있다'라고 수용하고 이해해주는 것이다. 말이 바뀌면 생각도 바뀐다. 상대성 언어를 사용하면 상대성을 더 잘 이해하게 된다. 상대성 언어의 예시는 다음과 같다.

**관심 갖기** : "안색이 어둡네요. 무슨 일 있어요?"

**들어주기** : "그래서 그랬군요. 얘기를 더 해줄 수 있어요?"

**존중하기** : "듣고 보니 그 말도 일리가 있는 것 같아요."

**지지하기** : "아, 그 방법도 아주 좋네요."

**격려하기** : "당신은 분명 잘할 수 있을 거예요."

**덮어주기** : "너무 실망하지 말고 잘해봅시다."

# 불확실성 견디기

지혜는 불확실성을 견디는 것이다. "한 치 앞을 알 수 없는 게 사람 일이고 우리 인생이다." 너무 흔해 입버릇처럼 의미 없이 쓰는 말이지만, 인생의 특징을 가장 잘 설명해주는 말이다. 우리는 불확실성을 두려워하고 잘 견디지 못한다. 불확실성을 열린 가능성으로 받아들이지 못하고 실패할 가능성이 큰 위험 요인으로 간주하기 때문이다.

사실 불확실성을 견디지 못하는 것은 신경증, 즉 노이로제의 중요한 증상이면서 원인이기도 하다. 특히 완벽주의 성향이 강한 사람은 애매하거나 모호한 것을 싫어하고 잘 견디지 못한다. 이들은 매사에 "돌다리도 두들겨보고 건너라"라는 선조의 가르침을 충실히 따른다.

하지만 '인간은 누구나 언젠가는 죽음에 이른다'는 것을 제외하면 세상 모든 것이 불확실하다. 불확실성은 모든 세상사의 기본 원리다. 어떤 사람도 자기 삶에서 일어날 모든 일을 알 수는 없다. 불확실성을 자연스러운 삶의 조건으로 인지하고 그런 조건에서 어떻게 해야 조금이라도 나은 선택을 할지 고민하고 관리하는 것이 지혜다.

프랑스 문화인류학자였던 클로드 레비스트로스(Claude Levi-Strauss)는 아마존 원주민들의 '야생의 사고'를 브리콜라주(bricolage)에 비유해 설명한다. 그는 브리콜라주를 '부러진 나뭇가지처럼 뭐에 쓰일지 정해지지 않은 물건들을 혹시나 하는 마음에 챙겨뒀다가 우연한 기회에 새로운 조합을 통해 요긴하게 사용하는 능력'으로 소개했다. 이 '혹시나 하는 마음으로'를 좀 더 풀어서 설명하면 '미리 계획하거나 예정하지 않은 불확실한 상태를 염두에 두면서'라고 할 수 있다.

1980년대에 큰 인기를 끌었던 〈맥가이버〉라는 미국 드라마를 기억하는가. 시계, 만년필, 전선 등 주변의 폐품들을 주워 모아 무기를 만들곤 했던 맥가이버가 바로 브리콜라주를 하는 사람, 즉 '브리콜뢰르'의 전형이라 할 수 있다.

레비스트로스는 자원이 부족한 아마존의 원주민들이 그랬던 것처럼, 인류는 브리콜라주라고 하는 야생적 지적 활동을 통해서 문명을 이룩해왔다고 설명한다. 말하자면 인간은 불확실성을 창의적으로 견디는 능력 덕분에 성공적으로 진화할 수 있었다는 것이다. 그런데 언제부턴가 세상에는 불확실성을 창의적으로 견디는 대신 '엔지니어'가 되는 길을 선택하는 사람이 많아졌다.

엔지니어는 정확한 개념과 철저한 설계를 가지고 논리적 결론에 도달하는 사람이다. 어떤 일이든 미리 계획을 세워서 필요한 재료와 도구를 확보한 다음에 시작한다. 정해진 설계도에 따라 정해진 결과물을 만들어내는 것이다.

조금의 실수도 용납할 수 없다는 비장함으로 모든 일을 철저하게 계획하고 준비해야만 한다는 강박에 시달리는 사람도 늘고 있다. 20대의 청년들이 확실한 미래가 보장되는 직장을 꿈꾸며 행정고시, 임용고시, 사법고시 등 온갖 시험과 자격증에 매달리는 것도 그런 이유일 것이다.


## 스티브 잡스나 일론 머스크 같은
## 창조적 괴짜는 어떻게 만들어지는가


오늘날 우리에게 필요한 것은 불확실성을 피해 가는 지혜가 아니라, 불확실성을 미래를 위한 도전과 용기의 자원으로 활용하는 지혜다. 창의적인 사람의 전형으로 여겨지는 스티브 잡스는 처음 매킨토시 컴퓨터를 만들었을 때 과연 '애플'이 세계적인 기업이 될 것이란 걸 알았을까.

또 다른 창조적 괴짜, 세계적인 전기자동차 제조회사인 테슬

라의 일론 머스크는 또 어떠한가. 오래전에 그는 '하루를 1달러로 살아가기'라는 욕구 실험을 했다. 창업했다가 망하면 어쩌나 하는 걱정을 하다가 실험까지 강행한 그는 한 달에 30달러만 벌어도 충분히 살 수 있다는 사실을 깨닫고 사업에 도전해보겠다는 결론에 이르렀다고 한다. 망하면 어쩌나 하는 걱정만 하다가 포기하는 것이 아니라 스스로 실험을 통해서 도전해볼 용기를 만들어냈다는 점에서 일론 머스크는 일면 지혜로운 사람이다. 물론 다른 측면에서 기행적 행위로 비난을 듣는 것을 보면 지혜에 여러 측면이 있고 이것을 고르게 쌓아가야 한다는 것을 보여주기도 한다.

불확실한 조건과 상황에서 현명한 의사결정을 내리는 방법은 무엇일까. 지금까지 많은 연구자가 이야기한 내용을 종합해보면 크게 세 가지로 압축된다. 우선 가능한 모든 변수를 고려하고 비교하는 것이다. 그다음엔 여러 변수를 종합해 이익과 손실을 최적화하는 동시에 가장 큰 혜택을 얻을 방법을 선택한다. 완벽한 해결책이 아니라 최선의 해결책을 찾는 것이 목표다. 마지막으로는 선택지를 다양화하는 것이다. 플랜 A만 짜는 것이 아니라 플랜 B와 플랜 C도 미리 만들어두는 것이다. 이렇게 하면 훨씬 수월하게 행동에 나설 수 있다.

모든 것이 완벽하고 확실한 상태에서만 제대로 된 삶을 살아갈 수 있다고 생각하는 사람에게는 이 세상이 너무나 위험하고 고통스럽게 느껴질 수밖에 없다. 마찬가지로 자기 자신뿐 아니라 다른 사람들에게도 확실함만을 기대한다면 끊임없이 상처를 받게 될 것이다. 누구에게도 그 어떤 삶에도 확실한 것만 주어지진 않을 테니 말이다. 불확실한 상황을 마주하더라도 당황하거나 도망치지 말자. 지혜는 불확실한 미래를 확실한 현재로 만드는 능력이 아니라 불확실해도 괜찮다고 수용하면서 최선의 결정을 하겠다는 용기를 내는 능력이다.


불확실한 조건과 상황을
창의적으로 견디는 법


불확실성을 감내하는 훈련법에는 다음과 같은 것이 있다. 첫째는 '예정에 없던 일 하기'이다. 아무런 계획도 없이 여행을 떠나보거나 눈에 띄는 아무 식당에 들어가 한 번도 먹어보지 않은 음식을 먹어보는 식으로 일상에서 예정에 없던 일을 하며 불확실성을 즐겨보자. 매일 지나는 길이 아닌 다른 길로도 가보고, 자동차로 출퇴근했다면 버스나 지하철도 타보는 것도 좋다. 확실한 계획이나 준비가 없는 상황에 놓여도 엄청나게 큰일이 일어나지 않는다는 걸 반복해서 경험하다 보면 불확실성을 감내하는 힘이 길러질 수 있다. 한 번도 경험한 적 없는 낯선 환경에 놓여

보면 덤으로 자신도 몰랐던 취향이나 능력에 대해 깨닫게 될 수도 있다.

둘째는 '가상 창업하기'이다. 만일 창업을 한다면 어떤 사업을 할지 상상해보고 머릿속으로 시뮬레이션을 해보자. 실제로 돈을 투자하는 것이 아니니 마음껏 상상의 나래를 펼치면 된다. 아이디어가 아무리 탁월하더라도 창업은 어떤 확실성도 보장되지 않는 큰 도전이다. 가상으로나마 창업에 도전해봄으로써 불확실한 상황들을 어떻게 대처할지 생각해보자. 그러면서 확실성이 보장되지 않은 채 중대한 결정을 내려야 하는 상황에서 용기를 내어 더 나은 선택을 할 수 있는 지혜를 연마할 수 있다.

셋째는 '끝내지 않기'이다. 어떤 상황을 종결하지 않은 채 견디는 훈련이다. 우리 마음은 어떤 일을 깔끔하게 마무리하길 좋아한다. 이럴 수도 저럴 수도 없는 애매하고 모호한 상황을 괴롭게 받아들인다. 아무것도 결정되지 않은 상태에서 멈추지 않고 한 발 한 발 앞으로 나아가기란 사실 쉽지 않은 일이다. 하지만 불확실성을 감내하는 힘을 키우려면 미종결 상태를 열린 결말로 받아들일 줄 알아야 한다. 물론 나중에는 일을 마무리하고 의사결정도 내려야 하겠지만, 불확실성을 제거하고 현실을 단순화하고 싶은 욕구 때문에 어떻게든 답을 빨리 내려버리려는 충동을 억제하고 견뎌보자.

지혜

## 지혜 훈련법 5
# 장기적 안목 기르기

지혜는 장기적인 안목을 갖추는 것이다. 삶은 시소를 타는 것과 같다. 좋을 때가 있으면 나쁠 때도 반드시 있게 마련이다. 하지만 매일매일 바쁘게 살다 보면 눈앞의 일들을 처리하기에 급급해 미래의 열린 가능성을 생각할 여유가 없다. 눈앞의 현실에 매몰되어 살다 보니 작은 실수나 사고에도 인생 전체가 무너진 것처럼 절망하는 것이다.

회사에서 가장 신경 쓰고 잘나가는 해외 지사에 파견되어 승승장구할 줄 알았지만, 갑자기 해외 시장이 어려워지면서 오히려 정리해고 대상이 될 수도 있다. 대기업 입사시험에 모두 떨어져 중소기업에 취업한 사람이 꾸준히 자기계발에 힘쓴 덕분에 오히려 더 좋은 자신만의 일을 하게 될 수도 있다. 학교 다닐 때 공부 못한다고 무시당했던 사람이 사업에 성공해 큰돈을 벌기도 하고, 전교 일등만 하다 대기업에 취직해 잘나가던 사람이 병을 얻어 일찍 세상을 떠나기도 한다.

　이런 것이 삶이다. 아무리 운이 좋아 보여도 힘든 일 하나 겪지 않고 사는 사람은 없다. 반대로 하는 일마다 꼬이고 망가지는 사람도 언젠가는 원하던 바를 이루는 날이 온다. 현재의 기쁨과 두려움이 영원하지 않다는 점을 알고 일희일비하지 않는 것이 지혜다. 인생은 생각보다 길다. 평균 수명도 길어졌거니와 나이 들어서도 활기찬 삶을 살아가는 사람이 많아졌다. 인생을 더욱 길게 보고 장기적 관점에서 지혜를 발휘해야 할 이유다.


지혜란 앞의 현실에 매몰되어
일희일비하지 않는 것이다


　한 기업의 회장은 나이 일흔에 마라톤을 시작해 10년이 되기도 전에 마라톤 풀코스 1,000회(4만 2,195킬로미터)를 달성했다. 한국에서 이러한 기록을 가진 사람은 10여 명밖에 되지 않는다. 미국 로스앤젤레스에서 열린 마라톤 대회에서 80대의 한국인 부부가 남녀 각 부문에서 우승을 차지해 화제가 된 적도 있다.

　잘 알려진 이야기지만, 120만 명이 넘는 구독자를 확보한 유튜버 박막례 할머니는 1947년생이다. 할머니가 치매 위험 진단을 받자 손녀가 회사를 그만두고 호주 여행을 함께했는데, 두고두고 보시라고 촬영해 올렸던 영상들이 유튜브의 시작이었다고 한다.

1952년생 장명숙 할머니는 유튜브 채널 이름인 '밀라논나'로 유명하다. 밀라논나는 밀라노와 이탈리아어로 할머니를 뜻하는 논나가 합쳐진 말이다. 할머니는 밀라노에서 유학한 최초의 한국인이라고 한다.

이렇게 긴 인생을 놓고 보면 현재는 아주 짧은 순간에 지나지 않는다. 헤아릴 수 없는 많은 순간이 모여 삶이 된다. 과거의 좌절과 실수는 현재의 변화로 나타난다. 현재의 끈기와 인내가 미래를 위한 투자가 되기도 한다. 우리 삶에 반드시 정해진 공식이나 인과율은 없다. 공식이 있긴 하나 상황마다 다르게 적용되고, 인과성보다는 연관성이 훨씬 더 많다고 봐야 한다. 하나를 넣으면 하나가 나오고 빨간색과 파란색을 넣으면 보라색이 되어 나오는 그런 인과를 삶에서 기대하면 안 된다.

삶은 너무나 다양한 변수들이 상호작용하며 만들어진다. 이러한 시간과 삶의 전체성을 이해하지 못하면 과거에 집착해 오늘을 망치거나 오늘에만 몰두해 미래를 등한시하거나 미래의 꿈을 위해 오늘을 저당 잡힌 채 살아가게 된다. 지혜로운 사람은 과거의 순간이 모여 현재가 되고 현재의 순간이 모여 미래가 된다는 점을 이해하고 미래를 준비하면서도 현재의 삶을 온전히 향유한다. 과거의 성공이든 실패든 현재로 가져와 긍정 자원으로 활용한다.

장기적인 관점을 갖는다는 것은 '때를 기다린다'는 것이기도 하다. 물론 쉽지 않은 일이지만, 살다 보면 기다리는 것이 최선일 때가 있다. 아무리 애를 써도 풀리지 않는 일이 있고, 어떤 방법으로도 나아지지 않는 시련도 있다. 교통사고로 다리를 다쳐 입원했다면 때를 기다리는 마음으로 재활에 힘써야 한다. 자기 불운을 탓하고 사고 낸 가해자를 탓하며 울분에 젖는 것은 자기 삶에 아무런 도움이 되지 않는다.

때를 기다리는 것은 자포자기도 아니고 패배도 아니다. 기다려야 할 때와 나아가야 할 때를 가려서 삶의 자원을 효율적으로 배분하는 지혜다. 어떤 점에서 보면 때를 기다린다는 자체가 엄청난 희망이다. 죽은 자들은 때를 기다릴 수 없다. 살아있어야 때를 기다릴 수 있다. 길게 바라보며 기다려야 하는 때가 있음을 아는 것, 그 기다림을 고통이나 실패로 받아들이지 않는 것이 지혜다.


인생을 길게 보고
장기적인 안목을 기르는 법


장기적인 안목을 갖추기 위한 훈련법은 다음과 같다. 첫째, '인생 그래프 그리기'이다. 각자 지나온 삶의 여정을 돌아보고 앞으로의 여정을 상상하며 다음 인생 그래프를 채워보자. 세로축에

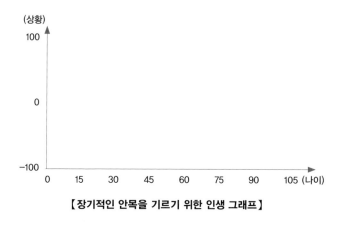

**【 장기적인 안목을 기르기 위한 인생 그래프 】**

서 −100은 가장 안 좋았을 때이고, 100은 가장 행복했던 때이다. 가로축은 나이이다.

예컨대 중학교 때 단짝 친구와 싸우고 1년 동안 말을 안 했을 때는 −30 정도, 대학 입학시험에 합격했을 때는 80 정도 되지 않을까. 각자 생각하는 대로 느껴지는 대로 그려보자. 다 그려놓고 보면 삶이 시소처럼 올라갈 때도 있고 내려갈 때도 있다는 점을 깨닫게 될 것이다. 지금 당신은 삶에서 가장 힘든 시간을 보내고 있을지도 모른다. 하지만 언젠가는 다시 그래프가 위로 올라가는 날이 오리란 점을 잊지 말자.

둘째, '경험에서 배우기'이다. 지나간 경험 가운데 힘들고 괴로웠던 일을 떠올려보자. 그때의 상황과 감정을 떠올리며 어떤 점이 가장 괴로웠는지 생각해보자. 그리고 그 경험을 통해 새로 배

웠거나 나아진 점이 있다면 글로 써보사. 지금 그런 상황에 다시 부딪힌다면 어떻게 할지도 써보자. 아무리 힘들고 괴로워도 시간이 흐르면 괜찮아진다는 점, 그런 경험을 통해 더 크게 성장한다는 점을 깨닫게 될 것이다.

셋째, '충분히 미루기'이다. 당장 어떤 결정을 내리지 않고 판단을 보류한 채 상황을 더 지켜보는 것이다. 특히 대학 진학, 직업 선택, 결혼 등 인생의 중대사를 결정할 때는 충분히 신중할 필요가 있다. 이런 결정은 시간을 갖고 여러 변수를 고려해보는 것이 좋다. 옆에서 보기엔 결정을 미루는 것처럼 보여도 사실은 의사결정에 필요한 시간을 넉넉하게 확보하는 것이다. 성공법을 알려주는 자기계발서에서는 흔히 '미루기'를 나쁜 습관으로 간주하지만, 장기적 안목에서 볼 때 '미루기'가 필요한 순간이 꼭 찾아온다. 이럴 때를 위해 미리 연습해두는 것이다.

어떤 일이 있을 때 즉각적으로 반응하는 대신 조금 천천히 반응하는 연습도 도움이 된다. 특히 화가 날 때는 이성적인 대응이 어려울 수 있으므로 분노를 드러내기 전에 잠시 숨을 고르고 기다려보자. 무언가 잘못 듣거나 봤을 수도 있고, 상황이 금세 변할 수도 있다. 화를 내서 해결되는 일은 그리 많지 않다. 속도를 늦춰 천천히 반응하면 더 많은 것이 눈에 들어온다. 더 많은 정보를 얻게 되므로 훨씬 지혜롭게 대처할 수 있다.

넷째, '시간 거꾸로 벌기'이다. 시간이 오래 걸리는 활동을 통해 오히려 여유가 생기는 역설을 경험해보자. 우리는 효율적으로 신속하게 일을 처리하는 법을 배우느라 평생을 보낸다. 늘 시간이 없고 바쁘다. 그런데 항상 서두르며 살아도 시간은 언제나 모자란다. 그렇다면 거꾸로 해보는 것은 어떨까. 자판기 커피를 마시기보다 번거롭더라도 다기를 준비해 찻잎을 우리고 그윽한 향을 음미해보자. 컴퓨터 앞을 떠나서 단 5분이라도 눈을 감고 호흡에 집중하며 명상하는 것은 어떨까. '빨리빨리'를 외치며 마구 달릴 때는 느끼지 못했던 삶의 여유를 느낄 수 있을 것이다. 삶의 여유만 얻는 것이 아니다. 서두르다 실수하는 것보다 좀 늦어지더라도 차근차근 제대로 하는 것이 더 좋은 결과를 얻을 수 있다. 급할수록 돌아가라는 옛 속담도 있지 않은가.

# 큰 것을 인정하는 겸손함 갖추기

지혜는 겸손함과 고요함과 마음챙김의 태도를 갖추며, 나 자신보다 더 큰 것을 인정하는 것이다. 우리는 세상을 자기 관점에서 바라본다. 자기 관점으로 바라보는 세상이 전부인 줄 알고 자기 결정이 옳다는 생각에 맹목적으로 빠져드는 사람들이 많다. 하지만 우리의 인식 능력이 미치지 못하는 객관의 세상이 엄연히 존재한다. 그 세상은 주관적 인식 너머의 다른 차원에서 우리 삶에 영향을 미친다.

가령 깊은 숲속에 있는 사람은 시야가 좁아져 눈앞의 것밖에 보지 못하지만, 산 정상에 올라가면 산의 전체적인 지형을 제대로 파악할 수 있다. 자신과 다른 사람들이 각기 어떤 위치에 있는지도 알게 된다. 이렇게 산의 정상이라는 더 높은 차원의 세상이 있기에 내가 바라보는 세상이 전부가 아니라는 점을 아는 것이 지혜다.

세상에는 나보다 더 많이 아는 사람이 얼마든지 있고 내가 모르는 세상도 훨씬 많다는 점을 인정하는 사람은 겸손할 수밖에 없다. 아무리 모든 맥락을 고려하고 장기적 관점에서 신중하게 내린 결정이라 하더라도 절대적으로 옳으리란 법은 없다는 걸 알기 때문에 자기주장만 내세우지 않는다. 오히려 상대의 의견에 귀 기울이며 자신이 무엇을 잘못 알고 무엇을 몰랐는지 깨닫는 계기로 삼는다.

문제는 현대 사회에서 겸손이 지혜로운 사람의 덕목이 아니라 존재감 없는 루저의 특성 정도로 여겨진다는 점이다. "목소리 큰 사람이 이긴다"라는 말이 괜히 나온 게 아니다. 하지만 정말 겸손한 사람은 다른 사람이 자신을 존중하지 않는다고 해서 크게 상처받지 않는다. 관점의 차이, 생각의 차이를 당연한 것으로 받아들이기 때문이다. 우리는 서로 '다른' 존재일 뿐 인간으로서의 존귀함에는 차이가 없다. 이 세상에 단 한 명밖에 없는 유일한 존재로서 자신의 존귀함은 변함이 없다는 것도 잘 알고 있다. 세상의 모든 것을 알지 못하기에 겸손할 수밖에 없지만 그러함에도 불구하고 자기 존재의 소중함을 잊지 않는 것도 지혜다.

삶에 대해 겸손한 사람은
감정적 흔들림 없이 고요하며 평화롭다

겸손의 궁극은 사실 '삶에 대한 겸손'이다. 우리 삶에는 혼자 힘으론 어찌할 수 없는 불가항력의 일이 드물지 않게 일어난다. 죽음과 질병과 사고를 비롯한 온갖 역경이 그렇다. 이러한 불가항력의 삶을 순순히 받아들이는 것만큼 큰 겸손은 없다. '안 되는 것'을 무조건 되게 하는 것이 능사가 아니다. '불가능을 가능으로'라는 구호는 지나치게 오만할 뿐 아니라 오히려 무능을 자책하고 무기력감에 빠지도록 만든다. 불가항력의 문제는 자신도 알지 못하는 다른 차원의 일이란 점을 이해하고 그 자체로 수용하는 사람이 지혜로운 사람이다.

또한 겸손한 사람은 눈앞의 상황에 곧바로 반응하거나 즉각적인 만족을 얻으려 하지 않는다. 큰 그림을 보는 넓은 시야로 눈앞의 상황이 어떻게 전개될지 생각하며 좀 더 신중하게 대응한다. 상대의 말이나 몸짓의 의미에 대해서도 단번에 결론 내리지 않고 내가 미처 발견하지 못한 다른 측면은 없는지 한 번 더 살핀다. 힘들고 괴로운 상황에 부딪혔을 때도 부정적 생각이나 감정에 휘말리지 않도록 자기와의 심리적 거리 두기를 한다.

겸손한 사람은 대개 신중하고 감정 표현이 크지 않으므로 옆에서 보기엔 너무 느리고 답답할지 모른다. 하지만 정작 본인은 감정적 흔들림 없이 고요하며 평화롭다. 고요함은 겸손한 사람에게 나타나는 특성 중 하나다. 여기서 말하는 고요함은 말이 적고 행동이 절제된 그런 조용한 특성과는 다르다. 다른 말로 '정서적 평온함'이라 할 수 있다. 좋은 일이든 나쁜 일이든 눈앞의 일들이 전부가 아니라는 점을 알기에 쉽게 감정이 요동치지 않는 것이다.

## 쉽게 감정이 요동치지 않는
## 겸손함을 키우는 법

겸손을 키우는 훈련법은 다음과 같다. 첫째는 '마음챙김 명상'이다. 명상은 눈앞의 상태와는 다른 차원이 있다는 것을 경험할 수 있는 좋은 방법이다. 명상 수행법에는 여러 가지가 있지만 마음에 집중하고 자신을 성찰하고 사물의 본질을 본다는 점에서는 대개 일맥상통한다. 마음챙김 명상은 마음에 집중해서 자신과 세상을 보는 의식을 맑고 밝게 깨우는 훈련으로, 주의집중하는 명상을 통해 깊은 인식에 이르면 평상시에 의식으로 자각하지 못하던 차원을 경험할 수 있다. 그러면서 여태껏 자신이 알던 생각과 감정이 전부가 아니라는 점을 체득하게 된다.

둘째는 '다른 사람의 장점 찾기'이다. 자신과 비슷하거나 조금 부족하다고 여겨온 사람에게서 나보다 나은 점을 찾아보는 훈련이다. 생각이 바르다, 달리기를 잘한다, 노래를 잘한다, 목소리가 부드럽고 듣기 좋다 등 아주 사소한 것들까지 꼼꼼히 찾아보자. 세상 누구에게라도 배울 점은 반드시 있게 마련이다. 내가 유일한 존재인 것처럼 상대도 유일한 존재라는 것, 세상에는 나보다 훌륭한 점을 가진 사람이 많다는 점을 깨달으면 자기중심성에서 벗어나 겸손한 마음을 갖게 된다.

셋째는 '더 큰 힘 인정하기'이다. 겸손을 키우는 가장 좋은 방법은 세상이 내 마음대로 굴러가지 않는다는 사실을 확인하는 것이다. 그러려면 우선 컴퓨터와 텔레비전 앞을 떠나서 밖으로 나가봐야 한다. 매일매일 비슷하게 반복되는 일상이 삶의 전부가 아니라는 것부터 깨닫기 위해서다. 그다음으로 나와 사람들이 서로 영향을 주고받으며 연결되어 있음을 깨닫기 위해서이고, 이름을 알지 못하는 꽃들이 피어 있는 모습을 보며 나 자신도 자연의 아주 작은 일부로서 연결되어 있음을 체감하기 위해서다. 세상에 내가 알지 못하는 더 큰 힘이 있음을 인정하면 내 마음대로 되지 않는 것이 삶의 속성임을 편안하게 받아들일 수 있다.

## 지혜 훈련법 7
# 공감하고 수용하기

지혜는 공감하고 수용하는 것이다. 타인에 대한 공감과 수용 능력이 높은 사람이 지혜롭다. 이때 공감은 크게 세 가지 능력으로 설명할 수 있다. 타인의 감정을 '알아채는' 능력, 타인의 감정을 '이해하는' 능력, 타인에게 감성적으로 '반응하는' 능력이다. 슬프게 우는 사람을 보며 '저 사람은 슬픈 일이 있었나 보네'라고 알아채기만 해서는 공감했다고 할 수 없다. 어떤 일로 슬퍼하는지, 그렇게까지 슬퍼하는 이유는 무엇인지 이해하려 애쓰고, 또 그것을 감성적으로 표현해야 한다.

'아, 잘못한 것도 없는데 혼이 나서 억울하겠구나. 억울한 마음을 털어놓을 데도 없으니 세상에 혼자 버려진 것 같아서 슬플 수 있겠다'라고 상대의 감정을 '판단 없이 있는 그대로' 이해해야 공감했다고 할 수 있다. 미국의 심리학자 칼 로저스(Carl Ransom Rogers)의 말대로 공감이란 '타인의 내면세계를 체험하는 능력'이다.

세상에 나쁜 감정은 없다. 감정 자체는 나쁘거나 이상한 것이 아니다. 어떤 감정이든 자연스러운 것이며, 대개 자기 의지와 상관없이 일어나기 때문에 없애거나 회피할 수 없다. 따라서 무엇을 느끼든 숨기거나 참지 말고 있는 그대로 표현해야 한다. 고통스러운 감정도 명확하게 밝힘으로써 치유가 시작된다. 공감은 상대의 감정이 어떻든 그 자체로 자연스러운 것이라고 인정해주고 어떤 감정인지 명확하게 이해하려는 마음이다.

심리학에서 말하는 '미러링(mirroring)'은 대표적인 공감의 행위로, 타인의 가벼운 행동이나 표정과 말투 등을 모방하는 것을 말한다. 예를 들어 엄마는 아기가 옹알이할 때 무슨 뜻인지 모르면서도 그대로 따라 하면서 "그랬구나, 우리 아기가 그랬구나"라며 맞장구를 쳐준다. 아기의 언어로 대화를 나누는 것이다. 눈을 맞추며, 아기가 찡그리면 같이 찡그리고 웃으면 같이 활짝 웃는다. 이것이 대표적인 미러링이다. 아기는 엄마의 미러링을 보며 자신을 마음을 가진 독립적인 주체로 인식한다. 마찬가지로 우리는 타인에게 공감받을 때 자기 자신을 긍정적으로 인식하게 된다. 지혜로운 사람은 공감을 통해 상대가 스스로를 있는 그대로 수용할 수 있도록 돕는다.

지혜

## 나이 들어 '꼰대' 소리 듣는 것은
## 공감과 수용 능력이 떨어진다는 의미

타인에 대한 공감과 수용은 거의 동시에 일어나지만, 만일 공감이 어렵다면 수용만 해도 된다. 정리정돈을 잘하고 무슨 일이든 체계적으로 하는 것을 좋아하는 사람은 매사에 즉흥적이고 어지르기 좋아하는 사람을 이해하기 어렵다. 맛집 순방이 취미이고 먹는 걸 좋아하는 사람은 식욕이 없어서 밥을 먹지 못하는 사람을 외계인처럼 바라본다. 밤새워 게임하길 즐기는 이십 대의 젊은 손녀는 할머니가 저녁 식사만 마치면 잠자리에 드는 것이 신기할 것이다. 나와 다른 성격적 특성, 내가 경험해보지 못한 습관도 이해할 수 있으면 좋겠지만, 그럴 수 없다면 그저 있는 그대로 수용하고 인정하는 것도 방법이다. 여러 번 강조하지만 수용에서 가장 중요한 것은 먼저 판단하지 않는 것이다. 상대의 생각과 감정을 먼저 받아들이고 있는 그대로 존중하는 것이다.

나이가 들면서 경험이 많아지면 타인에 대해서도 더 잘 공감하고 수용할 것 같지만 의외로 그렇지 않은 사람이 많다. 사오십 대에 들어 자신도 모르게 '꼰대'가 되는 이유는 경험을 기반으로 한 선입견과 고정관념이 많아졌기 때문이다. 자기 경험에 비춰 보면 젊은 후배들이 어설프고 부족해 보일 수 있겠지만, 그건 내 기준이 옳다고 믿는 어리석음에서 비롯되는 착각일 가능성이 크다. 언젠가 '중국집에서 짜장면 안 먹는 건 바보 같은 짓'이라는 자기만의 기준을 갖고 사람들 의견을 묻지도 않은 채 인원수대로 짜장면을 주문하는 사람을 본 적이 있다. 다른 사람들이 내심 못마땅해하면서도 상대 체면을 생각해 잠자코 있다는 게 제삼자인 내 눈에는 길 보였지만, 당사자는 전혀 눈치채지 못했다.

수용은 존중과도 유사하다. 지혜로운 사람은 사람마다 성격도 다르고 삶의 방식도 모두 다르다는 점을 이해하기에 자기의 프레임으로 상대의 능력이나 가치를 함부로 재단하지 않는다. '존중'을 의미하는 영어 'respect'에서 'spect'는 '보다'라는 뜻이다. 여기에 '다시'를 의미하는 're'가 앞에 붙었으니 '다시 보다'라는 뜻이 된다. 그러니까 존중한다는 것은 상대의 성격적 특징이든 능력이든 취향이든 시시비비를 따지지 않고 그동안 내가 보던 방식에서 벗어나 다시 한번 새롭게 바라봐준다는 것이다. 타인의 생각과 감정을 이해하는 것이 어려워서 공감을 표현하지 못하겠다면 무엇이 되었든 먼저 있는 그대로 인정하고 존중해주자. '존중'도 훌륭한 수용의 방식이 될 수 있다.

## 타인의 생각과 감정을 이해하는
## 공감과 수용 능력을 높이는 법

공감과 수용 능력을 높이는 방법을 소개해본다. 마음챙김 명상, 자신이 좋아하는 것 찾기, 연민하는 마음 갖기 등도 도움이 되는 훈련법인데, 앞에서 수용을 설명할 때 살펴봤으므로 여기에서는 생략하고 다음에 소개하는 방법들을 따라 해보자.

첫째, '타인의 감정 인식하기'이다. 다른 사람의 마음이 어떨지 맞히는 확률을 높여보는 것이다. 특히 표정은 마음을 드러내는 창과 같으므로 주의 깊게 살필 필요가 있다. 영화를 보면서 등장인물이 어떤 마음으로 저런 말을 하고 행동을 하는지 알아보는 것도 좋다. '내가 저 사람이면 뭐라고 말했을까', '무슨 기분이었길래 저렇게 행동할까' 추측해보자. 소설을 읽으면서도 비슷한 훈련을 할 수 있다. 조금 익숙해지면 일상에서 만나는 가족, 친구, 동료를 대상으로도 해볼 수 있다. 상대의 감정을 추측해보고 어떤 감정이냐고 물어보는 것이다. 그 사람이 평소 무엇을 좋아하고 즐기는지, 어떤 상황에서 특히 화를 내는지 등을 관찰하는 것도 도움이 된다.

둘째, '공감 언어 사용하기'이다. 언어는 공감을 주고받는 가장 중요한 수단이다. 언어에는 대부분 감정이 담기기 때문이다. 상대의 감정을 제대로 이해하지 못한 채 무조건 "잘될 거야, 힘내!"라고 말하는 건 공감의 언어가 아니다. 말로는 "네 마음 이해해"라고 하면서 자기 생각만 줄줄이 늘어놓는 것도 마찬가지다. 공감의 언어는 상대가 표현한 감정을 이해하고 확인하는 말이고, 그 감정이 어떤 것이든 "그럼에도 불구하고 너는 소중해"라고 인정해주는 말이다. 충고, 비난, 회피, 무시는 공감을 방해하는 언어다. 이런 언어를 사용하지 않는 것도 중요하다.

셋째, '협조하기'이다. 마음은 눈에 보이지 않을뿐더러 자신을 속이기도 하며, 말로써 드러내려는 시도는 곧잘 왜곡되고 오염된다. 그런 만큼 공감은 절대 쉽지 않은 일이다. 이럴 때는 우선 협조하겠다는 마음을 갖는 것이 도움이 된다. '잘은 모르겠지만 아무튼 도와주고 싶다'라는 의도를 갖고 접근하다 보면 상대의 마음이 조금씩 보이기 시작할 것이다.

넷째, '사랑하기'이다. 연애를 해본 사람이라면 알 것이다. 처음 사랑을 시작할 땐 상대의 모든 모습이 예뻐 보인다. 덜렁대다 실수해도 귀여워 보이고, 늦잠 잤다며 약속에 늦으면 "그렇게 피곤해서 어떡해"라며 걱정해준다. 그러다 사랑이 식으면 사소한 실수도 못마땅해하고 조금만 약속에 늦어도 불같이 화를 낸다. 사랑하지 않으면 아무것도 받아들일 수 없다. 공감과 수용을 위한 가장 기본적이고 효과적인 방법은 사랑하는 것이다. 어떤 것이든지 사랑할 수 있다면 그것도 지혜가 될 수 있다.

6장

**몸**

—

마음에서 빠져나와
몸으로 살아가라

*Body*

# ● 잘 산다는 것은
## 잘 움직인다는 것이다

살아 있다는 것은 무엇일까? 모든 생명은 움직인다. 죽은 것, 생명이 없는 것은 움직이지 못한다. 다시 말해 움직이면 사는 것이고, 멈추면 죽는 것이다. 오직 살아 있는 것만이 움직일 수 있다. 움직임이 생명의 본질이라면, 움직임의 본체인 몸에 주의를 두고 집중한다는 건 본질적으로 생명에 다가서는 행위이다. 따라서 내 몸을 잘 알고 바르게 움직이는 건 내 안의 생명력을 키우는 것과 같다. 결국 잘 산다는 것은 잘 움직인다는 것이다.

하지만 우리 대부분은 내 몸에 관심을 두지 않는다. 더 정확히 말하면 남에게 보여지는 몸(근육이나 몸매라는 말로 치환되는)을 가꾸는 데만 노력할 뿐 실제 우리 삶에 관여하는 진짜 몸, 더 나은 삶에 일조하는 몸에 대해서는 전혀 모른다고 해도 과언이 아니다. 하지만 내 몸의 본질을 알고, 잘 움직이는 것은 웰빙, 즉 행복에 이르기 위해 없어서는 안 될 조건이다.

일원론 vs. 이원론 :
몸과 마음은 하나인가, 별개인가

"정신만 똑바로 차리면 된다", "마음을 굳게 먹어라", "모든 건 마음먹기 나름이다".

우리가 늘상 하는 이런 말들에는 전제가 있다. 삶을 이끌고 만들어가는 건 정신(감정)이며, 정신 세계를 지배하는 것이 곧 삶을 지배하는 것이라는 생각이다. 여기에 몸이 들어설 틈은 없다. 옳고 그름을 따지기에 앞서 본질적인 질문을 던져볼 필요가 있다. 과연 몸과 마음은 별개일까.

몸과 마음이 어떻게 인과 작용을 주고받는지에 대한 '심신(mind-body)' 문제는 오랫동안 논쟁이 되어왔다. 심신 이론은 크게 이원론(dualism)과 일원론(monism)으로 나뉜다. 정신(마음)에는 물질(몸)의 특성이 없고, 물질에는 정신의 특성이 없으므로 하나가 다른 하나로 환원될 수 없다는 것이 이원론의 핵심이다. 반면 일원론은 몸과 마음을 연결된 하나로 본다.

서양에서는 당대 최고의 천재 데카르트(Rene Descartes)가 심신 이원론을 앞세워 정신과 육체는 완전히 서로 다른 것이며, 정신의 근본적 속성은 생각이고 몸의 근본적 속성은 도구라고 했다. 즉, 길이·넓이·깊이 등의 도구 속성이 몸의 본성이고 생각은 정신의 본성이며, 움직임은 몸의 부차적 속성이고 의지와 감각 등은 정신의 부차적 속성이라고 정리했다. 데카르트를 기점으로 몸은 도구 속성만으로 이해될 수 있고, 정신은 생각 속성만으로 이해될 수 있다는 사상이 주류로 자리 잡았다.

이에 반해 동양 사상은 대부분 일원론, 즉 '몸과 마음이 하나다'라고 하는 심신일여(心身一如)의 개념을 기반으로 발전해왔다. 유교에서는 도덕군자라면 지행합일(知行合一)에 이르기 위해 몸과 마음을 함께 수련함으로써 호연지기(浩然之氣)를 길러야 한다고 말했다. 유교 경전인《대학》에서도 인간이 스스로 수양하여 갖춰야 할 여덟 가지 덕목(八條目) 가운데 정심(正心)과 수신(修身)을 제시했다. 이는 '뜻을 바로 세워 마음을 바르게 가지고, 마음을 바르게 한 다음 몸을 닦아라'라는 의미다.

불교에서는 깨달음을 얻으려는 자가 반드시 닦아야 할 세 가지 덕목으로 계(戒)·정(定)·혜(慧)로 불리는 삼학(三學)을 제시했는데, 이 가운데 계학은 몸(身)과 말(口)과 생각(意)으로 짓는 나쁜 행위를 방지하기 위한 덕목이다. 또 도교에서도 성명쌍수(性命雙修)라 하여 성(性)과 명(命)을 동시에 수련해야 한다고 말했다. 성은 인간의 정신의식을 의미하며, 명은 물질적 요소인 정기(精氣)를 의미한다.

## 몸과 마음의 상호작용,
## 걸음걸이만으로 기분을 알 수 있다

20세기 들어서 프랑스 철학자 모리스 메를로퐁티(Maurice Merleau-Ponty)가 "나는 나의 몸이다"라는 명제를 제시하며 몸을 철학의 한가운데로 불러들이면서 서양에서도 심신일원론이 힘을 얻기 시작했다. 생물학자이자 심리학자인 켄 윌버(Ken Wilber)는 몸과 마음을 통합해서 봐야 한다는 통합 이론을 내놓았다. 그는《모든 것의 역사》라는 책에서 물질 중심의 과학주의가 인간의 정신세계를 소외시키는 중대한 실수를 범했으며, 물질과 세계와 주체를 분리된 것으로 규정함으로써 인류의 잠재력과 가능성을 축소했다고 비판했다. 현재 정신의학과 심리상담 분야에서는 신체적 고통이든 심리적 고통이든 몸과 마음을 함께 치유해야 한다고 보는 통합심신치유학이나 자아초월심리학 등이 활발하게 연구되고 있다.

통합적 관점은 몸과 마음의 상호작용에 대한 수많은 비밀을 하나씩 밝혀내고 있다. 우리가 일상에서도 가장 많이 경험하는 현상은 표정과 몸짓 등으로 드러나는 감정에 대한 것이다. 아무런 말을 하지 않아도 몸의 동작과 자세만으로 기분과 감정을 알아챌 수 있다는 것은 몸과 마음이 긴밀하게 상호작용한다는 점을 잘 알려준다. 커뮤니케이션 전문가들도 표정과 말투를 상대의 심리를 알려주는 중요한 신호로 간주한다. 가령 팔짱을 끼는 자세에 대해 긴장과 불안감이 있거나 다른 사람들에게 불편함을 느끼는 것으로 해석하기도 한다.

최근에는 인공지능 기술의 발전을 통해서 사람의 걸음걸이만 보고도 어떤 기분인지 알아맞힐 수 있게 되었다. 걸음걸이와 감정에 관한 수많은 데이터에서 패턴을 발견하고 분석하는 딥러닝 알고리즘을 토대로 사장실에서 나와 복도 맞은편에서 걸어오는 사람의 기분을 알아맞히는 것이다. 기획안이 반려되어 실망했는지, 실적이 좋아 성과급을 받게 되었다는 이야기를 듣고 좋아죽겠는데 억지로 감추고 있는지 등을 예측한다. 이 알고리즘을 개발한 미국 메릴랜드대학 연구팀의 설명에 따르면, 인공지능을 통해 걸음걸이로 사람의 감정을 읽는 기술의 정확도는 현재 대략 83퍼센트인데, 앞으로 데이터가 쌓이면 그 어떤 방법보다도 정확해질 것이라고 한다. 그렇게 된다면 몸의 움직임만으로도 감정 상태를 모두 파악할 수 있을 것이다. 말로써 마음을 파악하는 정신건강의학과 의사나 심리학자들이 설 자리를 잃는 세상이 도래할지 모른다.

긴 시간 의학계에서는 정신적 스트레스가 신체 건강에 악영향을 끼칠 수 있다는 것, 즉 정신이 생리에 영향을 끼칠 수 있음을 연구하는 정신생리학이 발전해왔다. 하지만 그 반대의 방향, 즉 몸이 마음에 영향을 끼칠 수 있다는 생리정신학은 그리 발전하지 못했다. 그런데 최근 들어 이에 대한 관심이 크게 늘었다. 그 중 특히 주목할 만한 것이 소위 몸과 마음을 하나로 보고 연구 하는 심신의학이다.


사랑, 분노, 행복, 두려움…
감정에 따른 신체감각의 변화를 시각화하다

감정이 신체적 변화를 가져오기도 한다는 연구 결과도 있다. 과학자들이 밝혀낸 바에 따르면 슬픔, 기쁨, 분노 등 각각의 감정 은 저마다 우리 몸에서 독특한 반응을 일으킨다.

우리는 화가 나거나 기분이 좋을 때 몸의 반응에 비유해서 표 현하곤 한다. 화가 날 때는 "피가 거꾸로 솟구치는 것 같아"라고, 기분이 좋을 때는 "너무 좋아서 몸이 날아갈 것 같아"라고, 깜짝 놀랐을 때는 "심장이 벌렁거리는 것 같아"라고, 또 슬플 때는 "가 슴이 찢어지는 것 같아"라고 표현한다. 하지만 이런 변화를 눈으 로 확인할 수는 없었는데, 최근 감정에 따른 신체감각의 변화를 시각화해 감정을 볼 수 있는 지도가 만들어졌다. 이른바 '신체감 각지도(map of subjective feelings)'로, 어떤 감정을 느낄 때 동반되 는 특정 신체 부위의 감각을 색으로 표시한 것이다. 일례로 화 나 두려움 등의 감정이 들 때는 가슴 윗부분의 감각이 증가했는데, 이는 이들 감정이 심장박동이나 호흡의 증가와 밀접한 관련이 있다는 것을 말해준다. 우리가 느끼는 각각의 감정이 실제로 우리 몸에서 저만의 독특한 변화를 불러온다는 사실이 입증된 것이다.

의식하지 못할 뿐, 사실 감정으로 인한 신체 변화는 누구나 겪는 현상이다. 사랑하는 사람에게 청혼을 받으면 가슴이 벅차오르며 심장 박동이 빨라지는 것 같고 얼굴이 발그스레해진다. 드라마에서 주인공이 시한부 판정받는 모습을 보면 참 안됐다 싶은 마음이 들고 자신도 모르게 눈시울이 붉어진다. 기쁘거나 슬플 때 몸에는 왜 이런 현상이 나타나는 걸까.

한편 달리기를 할 때도 가슴이 쿵쾅거리고 얼굴이 상기된다. 양파를 썰 때도 저절로 눈이 맵고 눈물이 흐른다. 기쁘거나 슬플 때 나타나는 반응과 신체 활동을 할 때 나타나는 반응이 같은 것은 어떻게 해석해야 할까.

정신과 의사는 의료인 중에서도 가장 몸에 관심을 두지 않는 부류일 것이다. 나 역시 오랫동안 오직 마음만 염두에 두고 살아왔다. 그러다 수많은 환자를 대하면서 몸과 마음이 완전히 하나라는 생각을 점차 하게 되었다. 우울증에 걸린 사람은 정말 손가락 하나 까딱할 힘이 없다. 아무것도 하지 못하는 심한 무력감에 하루 종일 침대에서 일어나지도 못한다. 그러다 병이 나으면 언제 그랬나 싶게 씽씽 날아다닌다.

보통 사람도 이런 모습은 흔히 보인다. 오랫동안 사랑하던 연인에게 차였다고 하자. 온 몸에 힘이 빠지고 씻고 싶지도 않을 만큼 축 처져서 집 안에 처박혀 있다. 밥도 먹기 싫고 아무것도 할 수가 없다. 그러다가 시간이 좀 지나서 연인이 잘못했다고, 다시는 그러지 않을 테니 만나달라고 한다. 그때까지 침대 밖도 나오지 못했던 사람이 벌떡 일어나 샤워를 하고는 룰루랄라 콧노래를 부르며 집 밖으로 뛰쳐나간다.

주목할 점은 이렇게 상황이나 마음이 달라지지 않더라도 몸과 마음이 하나처럼 움직인다는 사실이다. 실제로 우울증이 심한 환자들은 손가락 하나 꼼짝하기 싫어하지만, 억지로 몸을 움직이게 하면 우울 증상이 조금씩 좋아진다. 약물을 제외한 여러 치료 중에 변함없이 효과가 입증된 항우울 치료는 운동이다. 이렇게 몸의 변화를 통해 마음의 변화를 이끌어내는 접근이 환자들에게 매우 긍정적인 치유 경험을 안겨준다는 점을 알게 된 이후로 불안장애나 우울증 환자들에게도 몸의 움직임을 통한 치료법을 적용하려는 여러 노력을 하게 되었다.

신체감각지도를 그릴 수 있다는 아이디어가 우리에게 시사하는 것은 몸의 느낌과 경험이 마음작용에도 중요한 역할을 한다는 점이다. 몸을 통해 느끼고 경험한 감각이 욕구, 감정, 판단 등의 인지 작용에 영향을 미치는 것을 심리철학에서는 '체화된 인지(embodied cognition)'라는 용어로 설명한다. 실제로 우리는 몸으로 느끼는 온도나 무게감을 사용해 다른 사람에 대한 느낌이나 판단을 표현한다. 어떤 사람을 묘사할 때 사용하는 뜨겁다, 차갑다, 진중하다, 가볍다, 딱딱하다, 부드럽다 등의 표현이 모두 그런 예다. 이는 사람에 대한 마음작용에도 몸의 감각이 상당한 영향을 미친다는 방증으로 볼 수 있다.

따라서 부정적 신체 경험이 반복되면 심리에도 부정적인 영향을 미친다. 부모에게 반복적인 학대를 당한 사람은 자신도 모르게 몸에 긴장도가 높아지고 자세가 움츠러든다. 어릴 때 개울을 건너다가 물에 빠졌거나 개에 심하게 물렸다면 어른이 되어서 별일이 아니라고 머리로는 생각할 수 있을지는 몰라도, 몸에 새겨진 기억으로 인해 개울을 건너려 하거나 개가 짖는 소리를 들으면 자신도 모르게 몸이 반응을 한다. 이런 부정적 영향이 극복하기 어려울 만큼 강력할 때 '트라우마'가 된다.

집 안에 갇힌 채 혼자 우두커니 앉아 있는 시간이 많은 사람, 늘 혼자 밥을 먹고 어딜 가나 사람들 눈에 띄지 않는 구석 자리를 찾아다니는 사람은 어떨까. 이렇게 자신을 고립시키는 행동을 계속하는 것은 우울증을 악화시킬 수 있다.

# ● 몸을 건강하게 잘 쓰면
마음이 치유된다

생리정신학에서는 부정적 행동 습관을 바꿈으로써 부정적 정서로부터 해방될 수 있다고 본다. 부정적 행동 습관을 바꾸려면 우선 몸이 어떻게 움직이는지 알아야 하고, 그러려면 일상생활에서 자신의 몸을 주의 깊게 관찰해야 한다. 그런데 우리는 외모와 몸매에만 집착할 뿐 내가 내 몸을 어떻게 쓰는지에 관해서는 거의 관심을 기울이지 않는다. 몸에 대한 인식은 크게 두 가지 차원에서 이루어지는데, 외모나 몸매에 대한 인식은 '신체 이미지(body image)'와 관련이 깊다.

신체 이미지는 자기 신체의 객관적 표상에 대한 의식적인 자각 또는 정서적 신념을 가리킨다. 그런데 신체 이미지에 대한 인식은 자기 심신의 건강을 기준으로 하지 않고 사회적 통념이나 유행을 따라가기 때문에 부정적으로 변질되기 쉽다. 스스로 뚱뚱하고 배가 나왔고 다리가 짧고 팔다리가 균형이 맞지 않는다고 생각하는 식이다. 이렇듯 신체 이미지가 부정적이면 움직임 자체를 싫어하게 되어 신체 활동이 부족해지고 이에 따라 일상생활에서의 태도 역시 소극적으로 변한다.


## 내 몸을 어떻게 쓰고
## 어떻게 움직이는지 알고 있는가


이럴 때 우리가 관심을 두어야 하는 것은 '신체도식(body scheme)'이다. 신체도식은 쉽게 말해 '내가 내 몸을 어떻게 쓰고 있는지, 어떻게 움직이고 있는지 아는 것'이다. 몸의 움직임 방향에 대한 분별도 신체도식의 일부다. 신체도식이 잘 안 되면 일상생활도 불편해질 수 있다. 일상의 모든 움직임이 신체도식을 전제로 이루어지기 때문이다. 옷을 입으려면 팔과 다리를 위아래로 움직여야 하고, 식탁 위의 불고기를 먹으려면 팔을 앞으로 뻗어서 젓가락 쥔 손을 움직여야 한다. 문을 밀어서 열 때도 팔에만 힘이 들어가는 것 같지만 사실 다리에도 힘이 들어간다. 이렇듯 언뜻 간단해 보이는 움직임에도 신체도식이 필요하다.

운동처럼 복잡한 활동을 할 때는 더더욱 신체도식이 중요하다. 가령 공을 찰 때 동원되는 근육, 관절, 피부, 신경조직은 셀 수 없을 정도로 많다. 정확하게 공을 차려면 이러한 신체 요소늘이 유기적으로 연결되어 움직여야 한다. 움직임에 동원되는 신체 부분에 대한 체계적 관련성을 이해하고 이를 잘 통제할 수 있어야 건강한 신체 활동을 할 수 있다.

그런데 많은 이가 우리 신체의 각 요소를 마치 자동차 부품처럼 서로 분리되어 있다고 여기는 듯싶다. 뼈라는 섀시 위에 혈관이나 신경으로 배선을 한 다음 마지막으로 철판을 덮듯 피부로 덮은 것이 몸이라고 생각하는 것이다. 인체는 그런 식으로 서로 다른 구조물을 모아 조립한 것이 아니다. 정자와 난자가 만나서 수정이 되고 하나의 세포가 분열되어 만들어졌기 때문에 몸 전체가 유기적으로 연결되어 있다. 계속해서 세포 분열을 일으키며 접히고 연결되면서, 어디에서는 뼈를 만들고 또 다른 곳에서는 혈관을 만들고 근육을 만든다. 신체도식은 이렇듯 복잡하게 연결된 몸의 구조와 감정이 그 구조에 미치는 영향을 이해함으로써 자기 몸을 건강하게 잘 쓰는 법을 익히게 해준다. 이렇게 몸을 편하게 쓰게 되면 마음에도 안정이 찾아온다.

우리가 어떤 경험을 해서 변화와 학습을 꾀하려면 크게 다섯 가지 과정이 필요하다. 우선은 시각과 청각을 비롯한 '오감'이 필요하다. 그리고 이 감각이 무엇을 의미하고 어떤 가치가 있는지 생각하는 '인지' 작용이 이루어진다. 우리가 감각기관을 통해 오감을 느끼고 인지적 판단을 할 때 과거 기억을 토대로 한 '감정'의 개입이 이루어진다. 가령 '빨간 사과를 보면 먹고 싶어진다'라는 이 단순한 경험에도 눈으로 사과를 보는 오감 작용, 빨갛고 동그란 것은 사과라고 판단하는 인지 작용, 사과를 맛있게 먹었던 기억과 함께 먹고 싶다는 욕망을 불러일으키는 감정적 개입까지 모두 들어 있다.


## 몸과 마음은 하나이므로
## 우울감이 들면 몸을 움직여보라

여기까지는 많은 사람이 알고 있는 내용이다. 하지만 이것은 인간의 생각만 설명해줄 뿐 행동은 설명하지 못한다. 먹고 싶은 마음이 들면 자신도 모르게 입에 침이 고이고 자꾸 고개를 돌려서 쳐다보게 된다. 그런데 이러한 자연스러운 몸의 움직임은 위의 과정만으로는 설명되지 않는다.

우리는 매 순간 움직이고 있으며, '고유수용감각'이라고 하는 내부 신체 감각을 인지하는 능력이 있다. 자신의 신체적 움직임을 내적으로 알아차리는 것은 인간만이 지닌 능력이다. 우울감이 들면 어김없이 자세가 구부정해진다. 자세를 바르게 하려는 노력을 기울이면 몸에 활기가 돌고 에너지가 생긴다. 누구나 알고 있는 사실이지만 실제로 이를 실천하는 사람은 많지 않다. 삶에서 빛을 잃은 사람들이 가장 많이 놓치고 있는 부분이기도 하다.

자세만 바로잡아도 우울이나 불안감이 상당 부분 좋아지는데, 감정 자체와만 싸울 뿐 몸을 움직여볼 생각을 못하는 것이다.

그래서 나는 내담자를 만날 때 자세를 유심히 본다. 몇 년 전 유방암으로 딸을 잃고 찾아온 한 할머니가 있었다. 하나뿐인 딸을, 그것도 어린 손녀를 남겨둔 채 떠나보낸 슬픔은 그분께 생을 포기하고 싶을 만큼 참담한 것이었다. 계속 우울하고 위축되어 아무것도 할 수가 없었다. 몇 번의 진료 끝에 나는 아무것도 하지 말고 일단 몸만 좀 움직여보자고 제안했다. 구부정한 허리와 움츠러든 어깨가 계속 눈에 걸렸기 때문이다. 가슴을 연다는 느낌으로 쭉 올려서 펴는 동작을 계속 주문했고, 얼마 뒤 그분에게서 "이제 좀 숨이 쉬어져요"라는 말을 들을 수 있었다.

치유와 회복까지 여러 가지 요인이 뒤따랐겠지만, 어깨를 펴는 그 작은 행동이 나락으로 빠져들던 일상을 멈춰 세우는 작은 전환이 되었던 것만은 분명하다. 진료 중에 알게 된 사실이지만, 사실 이 할머니는 딸을 잃은 후 가슴을 펴본 적이 단 한 번도 없었다.

여러 번 강조하지만 정서적으로 위축되면 자세도 위축되고 마음도 위축된다. 몸과 마음은 하나이기 때문이다. 가슴을 펴고 여는 작은 동작이 우울이나 불안 등 우리를 괴롭히는 감정에서 벗어나는 작은 돌파구가 되어준다는 것을 잊어선 안 된다.

몸

# ● 바른 자세가
## 바른 마음을 만든다


'몸의 움직임을 통해서 마음에 영향을 미쳐 치유 효과를 얻는다.'

이런 생각은 미국 철학자 토마스 한나(Thomas Hanna)에 의해 '소마틱스(Somatics)'라는 개념으로 정리되었다. '소마(Soma)'는 고대 그리스어로 '총체적인 생명체'라는 뜻으로 기능적으로 충만하게 살아 있는 몸을 의미한다. 이는 외적으로 보이는 몸이 아니다. 고유수용감각이라고 하는 신체 내부의 감각을 통해서 자기 자신만이 인식할 수 있는 몸이다. '아 내가 내 신체를 이렇게 쓰고 있구나. 이렇게 움직이고 있구나' 하고 스스로 자각할 때 비로소 내 몸을 '소마'라 할 수 있다. 이렇게 마음과 긴밀하게 연결되고 소통하면서 긍정적인 상호작용을 하는 몸을 갖기 위한 운동법이자 치유법이 소마틱스다.

소마틱스는 일상에서 바른 자세를 갖고 몸을 건강하게 잘 쓰는 습관을 통해 이뤄진다. 특히 앉아서 생활하는 시간이 긴 현대인에게는 바른 자세로 앉는 습관이 매우 중요하다. 하지만 안타깝게도 의자에 앉을 때 신체 각 부분이 어떻게 연결되는지 의식하면서 올바른 자세를 유지하는 사람은 거의 찾아볼 수가 없다.


의자에 앉을 때, 스마트폰을 볼 때
당신의 자세는 어떻습니까?


앉을 때의 올바른 자세는 엉덩이 살 깊은 곳에서 만져지는 양쪽의 좌골(말 그대로 '앉는 뼈'로, 영어로도 sitting bone이라고 한다), 즉 골반을 이루는 좌우 한 쌍의 뼈가 균형을 이루며 바닥에 잘 닿는 것이다. 이렇게 앉으면 허리가 자연스럽게 펴지고 요추에 힘이 들어가지 않는다. 이렇게 좌골로 앉아서 허리를 세운 채 자세를 유지하면 몇 시간이라도 앉아 있을 수 있다. 그렇지만 당장 주변을 둘러보면 알 수 있듯, 이렇게 좌골로 정확히 앉아 있는 사람은 거의 없다. 대개는 의자 등받이에 등허리를 푹 기댄 모습이다. 이렇게 비스듬히 앉으면 좌골이 아니라 허리나 꼬리뼈로 앉게 되는데, 이런 잘못된 자세가 오래 유지되면 척추가 휘는 등 신체 불균형을 초래할 수 있다.
　명상할 때는 주로 바닥에 방석을 놓고 앉는데 이때도 마찬가지로 꼬리뼈가 아닌 좌골로 몸을 지탱해야 한다. 좌골로 앉는 것이 습관이 안 되면 오래 앉아 있기가 어렵고 힘들다. 이때 좌골이 바닥에 닿았는지, 요추에 불필요한 힘이 들어가진 않았는지, 근육이 긴장되거나 목을 앞으로 길게 빼지는 않았는지 등 몸 구석구석의 모양새를 세심하게 알아차려야 한다. 이렇게 몸의 감각을 알아차리는 것은 명상에서 매우 중요하다.

물론 명상을 하지 않을 때도 늘 자기 몸을 어떻게 쓰고 움직이는지 관심을 두면서 올바른 자세를 유지해야 한다. 현대인의 생활필수품인 스마트폰은 신체 불균형을 초래하는 주범이다. 스마트폰을 볼 때는 가슴을 넓게 펴고 등뼈가 굽지 않도록 해야 목뼈와 허리뼈 모두 자연스럽게 정상 자세가 유지된다. 그런데 대부분 목을 앞으로 빼고 고개를 숙인 채 스마트폰을 들여다보기 때문에 목뼈에 지속적인 부담이 가해지면서 이른바 '거북목'이 된다. 거북목이 되면 추간판이 뒤로 이동하면서 디스크가 파열될 가능성이 커진다. 고개를 깊이 숙일수록 목뼈에 가해지는 부담은 더욱 커진다. 고개를 60도 정도 앞으로 기울이면 목에는 약 27킬로그램의 무게가 부과된다. 보통의 성인에게 27킬로그램짜리 짐가방을 들고 있으라고 하면 아마 1분을 버티기가 힘들 것이다. 하루 종일 스마트폰을 들여다보고 있다는 건 그 엄청난 무게를 온종일 목으로만 지탱하고 있다는 뜻이니, 목을 둘러싼 근육이 당연히 아플 수밖에 없다. 전문가들이 추천하는 가장 좋은 자세는 스마트폰을 눈높이와 비슷한 위치에 놓고 보는 것이다. 현실적으로 어려우면 고개는 숙이지 말고 시선만 아래로 내려서 보는 연습을 해야 한다.

고개를 숙이고 있는 것은 목 근육을 긴장시키고 피로하게 만드는 것 이외에도 여러 가지 좋지 못한 결과를 가져온다. 예를 들어 사람의 뇌는 고개를 숙일 때 전투 상황에 돌입했다고 인지한다. 권투 선수의 자세가 가장 기본적인 전투 모습이다. 고개를 숙이고 양손으로 얼굴을 가리고 있다. 소싸움 경기장에 들어선 싸움소 역시 전투 모드에 들어가면 고개부터 숙인 채 달려든다. 이렇게 고개를 숙이는 것만으로도 싸우고 있다는 피드백을 주는 것이기에 흥분을 야기하는 교감 신경이 올라간다. 컴퓨터 자판을 두드리고 스마트폰을 들여다보는 당신의 자세를 떠올려보라. 혹시 고개를 숙인 채 팔만 들어 올리고 있지는 않은가? 그렇다면 당신은 지금 싸우고 있는 중이다.


아무리 쉬어도 피곤하다면
감각운동 기억상실증을 의심하라


특정 근육을 사용하는 움직임이 현저히 부족하거나 잘못된 자세와 움직임이 습관화되면 나중에는 아예 특정 동작을 하는

몸

것이 안 되거나 힘들어진다. 움직임과 관련된 뇌가 해당 근육을 감지하고 통제하는 방식을 잊어버렸기 때문이다.

캐나다 신경외과 의사였던 와일더 펜필드(Wilder Penfield)는 인간의 대뇌와 신체 각 부위 간의 연관성을 규명한 그림, '대뇌피질 호문쿨루스(cortical homunculus)'를 제시했다. 호문쿨루스는 라틴어로 '작은 인간'을 의미한다. 펜필드의 호문쿨루스를 보면 손가락과 입술, 혀, 눈의 움직임을 담당하는 피질은 크기가 큰데 반해 팔꿈치나 등의 움직임을 담당하는 피질 부위는 상대적으로 크기가 작다. 손가락이나 입술 등은 섬세한 움직임을 필요로 하기 때문에 더 많은 신경세포가 분포되어 있어 담당 피질 부위도 더 큰 것이다.

훈련에 의해서 특정 움직임을 계속한다면(이를 테면 피아노를 치듯 손가락을 다르게 움직이는 훈련을 계속한다면), 호문쿨루스에도 변화가 올 가능성이 크다. 반대로 특정 부위를 잘 움직이지 않는다면 신체 운동 정보가 피질에 전달되지 않아 해당 근육을 어떻게 통제하는지에 대한 기억을 잃어버리게 된다. 이를 '감각운동기억상실증(sensory-motor amnesia)' 혹은 '운동감각상실(motor-sensory amnesia)'이라고 한다. 감각운동기억상실증에 이르면 자신의 몸이 어떻게 움직이는지에 대한 감각이 떨어지며, 새로운 움직임을 생성하지 못하고 과거의 습관에 의한 무의식적 움직임을 반복하면서 통증이 일어난다.

가령 평상시 긴장을 잘하고 그때마다 자신도 모르게 어깨를 움츠리는 사람이 있는데, 이런 자세는 어깨 주변의 근육이 수축되고 경직되게 만들어 결국에 움직임이 불편해진다. 그러면 어깨 근육의 움직임과 관련한 정보가 대뇌피질에 잘 전달되지 않으면서 기억상실이 일어난다. 원래는 대뇌피질이 '지금 어깨와 허리에 힘이 너무 들어가 있어. 긴장을 풀고 자세를 편안히 해야 해'라며 근육을 이완하도록 신호를 보내야 하는데, 기억상실로 인해 이런 역할을 하지 못하는 것이다.

아무리 쉬어도 피로가 가시지 않는 만성피로의 원인도 감각운동기억상실증에서 찾아볼 수 있다. 일련의 신체 정보들이 대뇌피질에 제대로 전달되지 않다 보니 침대에 편안하게 누워 있는데도 수축되었던 근육이 여전히 이완되지 않는 것이다. 결국 감각운동기억상실증은 몸과 마음이 제대로 소통하지 못하는 상태라고 할 수 있다.

흔히 감각운동기억상실증을 노화 현상으로 받아들이는데, 소마틱스 개념을 정리한 토마스 한나는 "감각운동기억상실증은 나이와는 별 관련이 없다"라고 주장한다. 그의 설명에 따르면 불행한 가정환경에서 자란 아이들 또는 전쟁과 같이 두려운 상황을 겪으며 큰 아이들은 가슴이 무너지고 어깨가 긴장되고 목이 앞으로 심하게 커브를 이루는 것과 같은 감각운동기억상실증의 전형적인 증상을 보였다고 한다.[31]

감각운동기억상실증을 치유하려면 움직임과 이완을 통해 자기 몸의 움직임을 자각하는 고유수용감각을 깨워야 한다. 이것이 소마틱스다. 소마틱스는 고유수용감각을 통해 안에서 밖으로 현존을 확장하는 과정이라고도 할 수 있다.

토마스 한나는 신경생물학 연구를 통해 뇌의 반사 기능에 대해 이해하게 되면서, 근육 수축을 일으키는 데 뇌가 막대한 영향을 미칠 수 있다는 점을 깨달았다. 그리고 자기 신체에 대한 지각력이 높아질수록 자기 삶에 대한 통제력도 함께 높아진다는 결론을 이끌어냈다. 소마틱스는 반복적 움직임을 통한 변화가 아닌, 습관적이고 제한적인 움직임의 패턴에서 스스로 벗어나도록 하는 '자기 학습'의 메커니즘이다. 이러한 자기 학습을 통해서 몸뿐만 아니라 삶까지도 자기 의도대로 자연스럽게 살아가도록 하는 가능성이 크게 열린다.

# 내 몸을 알아보고
# 내 몸이 기뻐하는 일을 하라

수많은 뇌과학 연구가 밝혀낸 사실 역시 감정이 몸을 통해서 형성되고 발현되며 인지된다는 점이다. 트라우마나 불안장애와 같은 심리적 어려움의 기저에도 몸에 새겨진 부정적 정서의 습관화된 패턴이 숨겨져 있다. 바꿔 말해, 몸에 새겨진 부정적 습관을 바꾸면 심리적 어려움을 극복하는 데 도움이 된다는 뜻이다. 몸에 새겨진 가장 흔한 부정적 습관은 '부동(不動)', 즉 움직이지 않는 것이다.

인간은 본래 움직여야 사는 동물이다. 어떤 감정은 움직임을 위한 것이기도 하다. 우리는 두려운 대상을 보면 자신도 모르게 뒷걸음친다. 사랑하는 사람이 눈앞에 있으면 자꾸 몸이 앞으로 기울어지고 손이 그쪽으로 향한다. 무거운 흉기를 든 사람을 보고도 뒷걸음치지 않는다면, 넘어져 우는 아이를 보고도 다가가서 손을 잡아주지 않는다면 어떻게 될까. 움직임은 인간의 생존과 직결되며 더 좋은 삶을 살아가는 데도 매우 중요하다. 사실 살아있다는 것은 움직인다는 것이다. 우리는 우리 몸을 구성하는 모든 세포와 신경, 근육과 뼈 등이 생존이라는 목표를 위해 체계적이고 조화롭게 움직임으로써 생명을 유지할 수 있다.

그런데 요즘에는 움직임보다는 생각으로 살려는 사람이 너무 많다. 생각으로 사는 사람의 가장 큰 문제는 한번 부정적 감정에 빠지면 스스로 빠져나오지 못한다는 것이다. 인간의 뇌는 무엇보다 몸을 올바르게 잘 움직이기 위해 존재한다는 사실을 잊지 말자.

그래서 나는 내담자들에게 '마음에서 빠져나와 몸으로 살아가라'라는 원칙을 가장 강조하곤 한다. 오직 마음에만 집중해 마음이 시키는 대로 하지 말고, 자신의 모든 것이 담겨 있고 지금까지 함께해온 내 몸을 잘 알아보고, 내 몸이 기뻐하는 일을 하라는 뜻이다.

태극권의 원칙 중에 '사기종인 응물자연(捨己從人 應物自然)'이란 것이 있다. 내 몸에 새겨진 버릇대로 하는 것을 버리고 주변 환경에서 가장 적절한 대로 움직여서 본래의 자연스럽고 건강한 심신 상태로 돌아가는 것을 말한다. 사람이 확 바뀌었을 때 흔히 쓰는 말인 '환골탈태(換骨奪胎)'도 사실은 평생 몸에 배인 움직임의 패턴인 '태(胎)'를 버리고 적절한 움직임으로 바꿔나간다는 뜻이다.

건강한 심신을 위해서는 심리적 자원 못지않게 소마틱 자원도 필요하다. 소마틱 자원이란 '자기 조절력'을 키우고 유능감 및 자신감을 제공하는 신체 행동과 능력이다. 소마틱 자원을 많이 가진 사람은 좋은 움직임을 습관화할 수 있을 뿐만 아니라 몸의 부상이나 상처에서도 잘 회복할 수 있다.

소마틱 자원은 신체 경험에서 비롯되지만 심리적 건강에도 중대한 영향을 끼친다. 근래 들어 여러 가지 정신건강의학과 치료에 소마틱 자원을 강조하는 치료법들이 도입되고 있다. 트라우마 치료에 새로운 열풍을 가져왔던 '안구운동 민감소실 및 재처리 요법(EMDR)'이 대표적인 예다. 말 자체는 복잡해 보이지만 방법은 간단하다. 전통적인 심리치료와 병행해서 안구운동, 즉 눈동자를 오른쪽과 왼쪽으로 번갈아 가면서 움직이도록 하는 것이다.

꼭 안구운동이 아니더라도 좌우에 들어오는 자극을 다르게, 즉 양측성 자극을 가하는 것도 효과적이다. 예를 들어서 앉은 자세에서 좌측 허벅지와 우측 허벅지를 번갈아 치는 식으로 자극을 가할 수도 있다.

최근에는 소마틱 자원들을 더 적극적으로 본격적으로 치료에 적용하기도 한다. 소위 '감각운동심리치료'라고 하는데, 몸의 감각을 상담의 중심에 가져오면서 내 마음을 알아차리는 방식으로 매우 구체적이고 실용적이다. 이를 테면 앉아 있을 때 발바닥이 땅에 어떻게 닿아 있는지를 느끼면서, 발이 땅에 밀착되듯 내가 세상과 잘 앵커링이 되어 있는지를 확인해보는 것이다. 누군가에게 손을 내밀거나 반대로 거절 의사를 밝힐 때, 나는 어떤 식으로 몸짓을 표현하는지를 알아차리고 훈련하는 것도 감각운동심리치료에서 흔히 쓰인다.

이렇게 자신의 몸과 움직임에 세밀하게 주의를 기울여서 알아차리고, 부족했던 소마틱 자원들을 채워나가면 내 몸에 고착된 고정행동양식을 교정할 수 있다. 가령 오른쪽으로만 음식물을 씹는다거나 왼쪽 발에만 힘을 주고 삐딱하게 서 있다거나 하는 것이 모두 고정행동양식이다. 불안 심리가 높은 사람의 경우 최대한 사람들 눈에 띄지 않으려고 자주 어깨를 움츠리는데, 이것 역시 대표적인 고정행동양식이다. 다양한 소마틱 방법을 통해 고정행동양식을 발견하고 거기에서 빠져나옴으로써 몸 본연의 움직임이 가능해지고 치유 효과를 얻을 수 있다.

# ● 마음을 살리는
## 움직임의 원칙

소마틱 자원을 활용해 정신건강에 도움을 준다는 데 뜻을 함께한 태극권, 알렉산더 테크닉, 펠든크라이스, 고대 진자 운동 등 움직임에 관한 각 분야 전문가들과 임상 현장에서 몸의 작용을 치료에 적용해온 우리 연구실, 그리고 내면 소통 전문가까지 뜻을 합해 움직임 시퀀스를 만들었고, 이를 '바른 마음을 위한 움직임(이하 바마움)'이라 명명했다(https://bamaum.com). 바마움 프로그램의 핵심은 '소마틱 움직임 명상'[32]이다.

명상은 집중과 알아차림 훈련을 통해서 내면의 본질에 접근하는 행위이기 때문에 정신건강 문제를 해결하는 데 큰 도움이 된다. 문제는 정신적으로 어려움이 있을수록 오직 생각과 감정에 빠져 있기 때문에 가만히 앉아 명상하기가 쉽지 않다는 점이다. 눈을 감고 집중하려는 순간 좋지 않은 생각과 감정이 튀어나오고, 또 잠시 명상이 되는 것 같다가도 금방 다른 생각이 이어지면서 집중 자체가 어려워지곤 한다.

반면 소마틱 움직임 명상은 움직임에 주의를 집중함으로써 감각과 운동의 상호작용을 확대해 몸과 마음을 통합하기 위한 훈련법이다. 기본적으로 움직여야 하고 어떻게 움직이는지 알아차려야 하므로 가만히 앉아서 명상을 하는 것에 비해 훨씬 집중하기 쉽다.


## 몸과 마음을 통합하는 훈련법,
## 소마틱 움직임 명상


바마움의 소마틱 움직임 명상은 소마틱스의 전통적이고 현대적인 모든 기법이 녹아들어 있다. 또한 그 안의 모든 움직임은 기본적으로 느리고 가볍고 부드럽다. 그리고 작은 움직임을 통해 신체 모든 부분이 모두 협응하도록 하는 '부분과 전체의 연결성'에 초점을 둔다.

알렉산더 테크닉은 불량한 자세가 건강문제를 일으킬 수 있다는 전제하에 스스로 인지하지 못하는 고정된 생각과 행동습관으로부터 벗어나도록 하는 기법이다. 즉, '선택'을 통해 신체의 잘못된 사용을 멈추고 효과적인 기능을 내도록 하고, 무의식중에 취하는 나쁜 습관을 인식하고 이를 '자제'함으로써 지금 상태를 개선하고 점차 기능이 향상되도록 한다. 펠든크라이스는 신경과학, 심리학, 물리학, 학습이론, 사이버네틱스 등을 적용해 창출한 동작교육 방법이다. 마음으로부터 몸이, 느낌으로부터 생각이 분리되어서 생긴 신체적 제약에서 벗어나기 위해 신경계를 재교육하고, 마음과 몸으로 연결된 신경근육을 재형성하는 데 중점을 둔다. 태극권은 '기'를 중요시하는 중국의 전통적인 무술로, 불필요한 힘을 빼고 끊임없이 이어지는 움직임에 고도로 집중하면서 여기에 호흡을 일치시키는 심신 일치의 운동이자 '움직이는 선(禪)'으로 불리는 방법이다. 고대 운동은 방망이 한쪽에 무게가 쏠린 구조와 적절한 그립을 활용해 진자운동을 반복하는 형태로 페르시안 밀, 메이스벨, 인디언클럽과 같은 도구를 사용한다. 고대 운동은 고유수용감각 활성화를 통한 무게 피드백이 확실하고 리듬에 맞춰 쉽게 따라할 수 있어서 이제 갓 명상에 입문하는 초심자라도 쉽게 몰입할 수 있다.


바마움 소마틱 움직임 명상을 할 때
지켜야 할 5가지 원칙


바마움 소마틱 움직임 명상은 이러한 전통 훈련법들의 장점을 취합해 일종의 움직임 명상으로 재구성한 것으로 다음의 다섯 가지 원칙에 따라 진행된다.

첫째는 몸의 움직임을 자각하는 것이다. 천천히 움직이면서 동작 하나하나에 정신을 집중하는데, 정신을 집중할수록 뇌의 신경계 변화가 커진다. 몸에 대한 인지가 높아지면 감각 인지가 높아지고 근육에 대한 감각 인지가 높아질수록 수의적인 운동 통제력이 높아지는 원리다. 수의적으로 근육을 수축, 이완할 수 있게 되면 이 부위를 느끼는 능력도 높아진다.

둘째는 움직임을 작고 세밀하게 하는 것이다. 목표는 정교한 움직임과 몸 감각을 계발하는 것이다. 세밀하게 조율되고 분화된 움직임을 하면서 정신을 집중하면 대뇌피질에서 더 많은 공간을 차지하게 되고 뇌 지도는 더 세밀하게 다듬어진다. 움직임을 작고 세밀해야 자극이 적은데, 자극이 적을수록 작은 변화까지도 자각할 수 있다.

셋째는 느리게 움직이는 것이다. 느리게 움직이는 이유는 습관적인 움직임을 더 잘 자각하기 위해서다. 알렉산더 테크닉에서 '자제(inhibition)'라는 말을 사용하는데, 이는 근육의 신경 충동 스위치를 '끄는' 능력이라는 의미다. 즉, 자기 몸을 올바로 사용하는 새로운 방법을 찾기 위해 자기도 모르게 습관적으로 하던 움직임을 멈추는 것이다.

우리가 움직일 때 근육의 신경계는 이미 학습된 방식, 즉 습관적인 방식으로 움직이려는 태세를 갖춘다. 이때 스위치를 끄지 않으면 늘 하던 대로 움직이게 된다. 가령 우리는 머리 위에서 무언가 날아다니는 소리가 들리면 거의 반사적으로 손을 들어 올려 허공을 휘젓는다. 무언가 날아다니는 소리가 들리는 것은 외부에서 주어지는 자극이다. 이러한 자극을 받았을 때 습관적으로 움직이지 않으려면 자제가 필요하다.

넷째는 몸 전체를 이완하는 것이다. 몸이 긴장하고 있으면 자각이 일어나지 않기 때문이다. 또한 근육이 이완되면 마음도 편안해진다. 신체 각 부분은 전체와 연결되어 있다. 어디 한군데라도 긴장하면 몸 전체가 긴장하게 된다. 반대로 특정 부위, 예를 들어 어깨 쪽에 긴장이 느껴졌을 때 충분히 이완하면 몸 전체가 이완되는 효과가 생긴다.

다섯째는 실수를 허용하고 즐기는 것이다. 습관에서 벗어나려면 새로운 시도를 해야 하는데, 이때 우리는 무언가 잘못되었거나 틀렸다는 느낌을 받는다. 매일 앞으로 걷다가 갑자기 뒤로 걸으라고 하면 뭔가 기분이 어색할 뿐 아니라 사용하지 않던 근육을 사용하기 때문에 몸의 감각도 이상하게 느껴진다. 이것을 자연스러운 것으로 받아들이는 것이다. 실수해도 된다. 시행착오는 오히려 새로운 뇌 경로를 만든다. 부자연스럽게 느껴지더라도 새로운 움직임을 받아들이고 즐겨야 한다. 즐겁게 할수록 감각이 더욱 명료해지고 진정한 자기 학습을 일으킨다.

이렇게 만들어진 프로그램을 병원에서 실제 적용해본 결과, 가만히 앉아서 명상할 때에는 매우 힘들어하던 사람도 아주 훌륭하게 집중하면서 자신의 움직임을 알아차리게 되었다. 4주간 프로그램을 하고 난 후, 스스로를 괴롭히던 생각의 반추가 크게 줄어들어든 반면 자기 자신을 받아들이는 수용 능력은 눈에 띄게 상승했다.

결국 생각이라는 함정에서 빠져나와 살아 움직이는 생명력이 넘치는 몸으로 살아가는 것이 웰빙의 삶일 것이다. 즉, 내 몸이 어떻게 움직이는가를 알아차리고, 수십 년을 살아오는 동안 굳어진 태(胎)를 벗어버리고, 본연의 건강한 몸으로 살아가는 것이 우리가 바라는 행복한 삶의 기본 전제라 할 수 있다.

그렇다고 지금 당장 정교화된 프로그램을 실천에 옮기라는 말은 아니다. 물론 생활 속에서 움직임 명상 등을 직접 실행해보는 것도 중요하지만 지금 내가 어떻게 앉아 있는지, 얼마나 구부정한 자세로 스마트폰을 들여다보고 있는지, 걸을 때 손이나 발을 어떻게 움직이는지 등을 알아차리는 것이 먼저다.

일어날 때, 앉을 때, 걸을 때, 물건을 집어들 때, 식사할 때 등등 움직이는 매 순간마다 생각이 아닌 몸에만 집중해보고, 내 몸의 소리를 들어보는 것만으로도 충분한 전환점이 될 것이다.

---

삶의 의미를 찾으려면
현실 너머를 보라

*Spirituality*

## ● 영성이란 나를 뛰어넘는 능력이다

　　인생을 살다 보면 지금까지의 내 능력으로는 더 이상 어떻게 할 수 없는 일에 부딪힌다. 진정한 행복을 위한 마지막 조건인 영성은 이런 순간에 필요하다.

　영성(靈性, Spirituality)이라고 하면 많은 사람이 종교를 떠올린다. 하지만 삶에 필요한 영성은 종교에 국한된 것이 아니다. 종교가 없지만 영성적인 사람도 있고 종교인이면서도 영성적이지 않은 사람도 있다. 영성을 한마디로 정의하기는 어렵지만, 인간이 자기 내면에 지니는 모든 내적 자원의 총체이자 존재 그 자체, 즉 실재(實在)라고 할 수 있다. 지금까지 살펴본 수용, 변화, 연결, 강점, 지혜 그리고 몸까지 왔을 때 마지막으로 필요한 요소가 바로 영성이다. 즉, 내가 나를 뛰어넘는 능력, 다시 말해 '자기를 초월하는 능력'이 바로 영성이다.

　우리는 영성을 통해 존재와 세계의 의미와 목적을 성찰하며 당면한 현실을 초월해 앞으로 나아가는 힘을 얻는다. 특히 심리학에서는 영성을 심리적·사회적 건강을 포함한 개인의 전인적 건강에 영향을 주는 고차원적이고 핵심적인 개념으로 간주한다.


## 현실을 초월하여 앞으로 나아가려면 현실 '너머'를 봐야 한다

영성은 '초월'을 통해서 발견된다. 초월은 뛰어넘는 것이다. 우리가 살고 있는 세상 '너머'를 바라보는 것이기도 하다. 우리말 중에 발음이 같고 뜻도 비슷해 혼동하기 쉬운 말이 여러 개가 있는데 '너머'와 '넘어'도 그렇다. '넘어'는 동사 '넘다'를 활용한 말로 '산을 넘어', '한고비를 넘어' 등 높은 부분의 위를 올라서 지난다는 의미를 지닌다. '너머'는 '산 너머 마을'에서처럼 산 뒤에 있는 공간을 가르치는 명사다. 그런데 영성에서의 초월은 '넘어'와 '너머'가 모두 필요하다. 지금 처해있는 현실을 '넘어' 저 '너머'를 보는 것이기도 하다.

우리나라 사람들은 문화인류학적으로 매우 현실 지향적이다. "똥밭에 굴러도 이승이 낫다", "먹고 죽은 귀신이 때깔도 곱다"라면서 현실에서 잘 먹고사는 것을 무엇보다 중요시해왔다. 척박한 현실에서 하루하루 생존하는 것이 가장 긴박했기 때문일 수도 있다. 똑같이 열악한 삶을 살아도 현실보다는 다음 세상을 바라보는 인도 같은 나라와는 명확하게 대조된다. 그런 가치관 때문에 어떻게든 현실에서 성공하려고 들고, 원하는 바를 이루기 위해 최선을 다해 살아간다. 우리나라가 짧은 기간 동안 최빈국에서 선진국 문턱까지 이를 수 있던 것은 이처럼 현세에서 무엇인가 이루려는 강한 의지 때문일 수도 있다.

하지만 그 반대급부로 현실 세상을 뛰어넘는 문제에는 취약할 수밖에 없다. 현실 '너머'를 보지 않고, 현실의 문제만 처리하고자 하며, 현실을 '넘어'가는 활동에 무지한 것이다. 그나마 종교를 통해 이런 어려움을 극복하려는 열의를 보여 한국 기독교는 유례없이 뜨겁게 부흥했고 새벽부터 기도하는 사람들로 넘쳐났다. 사실 이것도 자세히 보면 기존의 토속 신앙에서 행하던 새벽 치성이 변화된 것일 뿐, 진정한 세상 '너머'를 보는 건 아닌 듯싶다. 그래서 한국에서는 대부분의 종교 행위가 기복(祈福)의 형태를 갖추고 내 자식이 대학에 가기를, 좋은 직장에 가기를, 좋은 집을 얻기를, 사업이 성공하기를 바라며 이뤄졌다. 그런 탓에 웬만큼 먹고살 수 있게 된 후로는 종교에 대한 열의가 급격히 식어 버리고 말았다.

이런 문화적 배경 때문에 저 너머를 보지 못하는 우리는 영성을 내 일상과는 멀리 떨어져 있는 추상적인 개념으로 여긴다. 하지만 그렇지 않다. 당장 우리 모두가 겪는 '죽음'은 현실 너머를 보지 못하면 두렵고 피하고 싶은 문제로만 남는다. 그러다가 인간은 모두 죽고 영원불멸한 것은 없다는 사실을 직시하는 순간, 삶이 가치 없다고 느끼게 된다. 현실만이 유일한 삶의 지향점인 양 열심히 살아왔는데 결국 죽음으로 끝난다면 이렇게 열심히 사는 것이 무슨 의미가 있겠느냐며 깊은 회의를 겪을 수도 있다. 우리나라의 자살률이 그렇게 높은 것도 진정한 영성 없이 현실의 삶에 좌절한 사람들이 그 절망감을 해결할 수 없어서일 것이다. 인생을 사는 데 꼭 있어야 할 삶의 목적과 이유, 가치를 이야기할 때 반드시 고려해야 할 것이 바로 영성이다.

흔히 우리는 삶의 목표가 무엇인지 묻는다. 좋은 대학 가는 게 목표라고 해보자. 열심히 노력해서 좋은 대학을 갔는데 행복하지 않다. 부모님을 봐도 죽어라 일만 할 뿐 행복한 것 같지 않다. 내 명의의 집 한 채 갖는 것이 평생의 목표라고 해보자. 목표를 이루면 영원히 행복할까? 그 행복은 채 1년이 못 간다.

좋은 대학에 가고 좋은 직장에 가고 좋은 집에 살면 행복할 줄 알았는데, 실상은 그렇지 않다고 말하는 사람을 나는 많이 봤다. 오히려 그 전의 모습이 조금 더 행복해 보인다. 목표가 있기 때문이다. 목표와 목적은 다르다. 목표는 이루면 좋은 것이지만 그것을 위해서 사는 것은 아니다. 목적은 비록 이루지 못하더라도 그것을 위해서 살 수 있는 것이다. 이런 삶의 목적은 영성을 통해서 다가갈 수 있다.

열심히 사는 당신, 삶이 공허한가?
목표를 이루고도 행복하지 못한 진짜 이유

현대 자본주의 사회에서는 대부분의 사람이 물질적 성공을 삶의 목표로 삼는다. 그 목표를 이루고 사는 게 인생의 의미인 것으로 착각한다. 하지만 목표를 다 이뤘다고 생각하는 순간, 사실은 그것이 무의미하다는 것을 반드시 깨닫게 된다. 결국 자기를 초월하지 않으면, 다시 말해 자기 존재를 뛰어넘지 않으면 채울 수 없는 공허가 찾아드는 것이다. 앞서도 말했듯이 이런 현실 속의 자신을 초월하는 능력이 영성이다. 이처럼 영성은 우리 삶과 아주 밀접한 관련이 있다.

나 역시 비슷한 경험이 있다. 마흔에 미국 연수를 갔을 때의 일이다. 그전까지 나는 한국 정신의학계에서 나름 인정받는 사람이었고, 열심히 공부하고 논문도 써가며 성공을 향해 질주하며 살았다. 그런데 미국에 가서 보니 아무도 나를 알아주지 않는 것이었다. 그때만 해도 한국의 위상은 형편없었고, 현지인들은 나를 어디 변방에서 온 외계인 정도로 취급했다. 그에 대한 충격은 '아, 그동안 내 삶의 거의 전부를 바쳐 일궈온 것이 정말 아무것도 아니구나' 하는 공허함으로 이어졌다. 더욱 내달려서 국제적으로 인정받는 사람이 되어야 할까? 그러던 어느 날 집으로 돌아오는 길에 커다란 오크나무를 보게 되었다. 그 나무는 오가는 사람들을 위해 그늘을 드리우고, 가을에는 산짐승들이 먹을 열매도 내주면서 수십 년간 한자리를 지키고 있었다. 어느 날 벌목이 된다 하더라도 어느 집의 가구가 되어 그 쓸모를 다할 것이 분명했다. 그 나무를 보면서 문득 '과연 나는 이 나무보다 나은 존재인가?' 하는 의문이 들었다. 그동안 누구보다 열심히 살아왔고 의미 있는 존재라고 생각했는데, 실은 아무것도 아니었다. 그 작은 사건을 계기로, 단순히 업적을 많이 내는 것이 삶의 목적이 되어서는 안 되겠다는 생각을 처음 하게 되었다. 정말 무엇을 위해서 어떻게 살아야 할 것인가, 하는 문제를 진지하게 고민했고, 그 이후로 눈앞에 보이는 것들 그 너머의 존재와 그와의 연결에 대해 생각하게 되었다.

영성이 삶의 질에 커다란 영향을 미친다는 점을 보여주는 사례로 나는 엄홍길 대장의 삶을 자주 거론한다. 몇 년 전 나는 한 방송에서 엄홍길 대장의 특성을 검사하는 역할을 맡았다. 방송 내용은 삶의 역경을 잘 겪어내고 살아가는 사람의 특성을 알아보는 것이었다. 검사 결과 엄 대장은 특정 종교를 가지고 있지도 않았는데 표준 기준에 비해서 영성, 즉 자기를 뛰어넘는 힘이 매우 높은 수준으로 나타났다. 한 가지 눈여겨볼 점은 회복탄력성, 낙관성, 감사의 항목에서도 모두 높은 수준을 나타냈다는 점이다. 사실 이 항목들은 영성이 높은 사람에게서 많이 나타나는 특징이기도 하다.

엄홍길 대장은 종교인이 아닌데도 왜 영성이 높을까. 몇 번의 대화 끝에 나는 '세상의 모든 것은 연결돼 있다는 믿음' 덕분이라는 결론을 내렸다. 그는 네팔 아이들을 위해서 학교를 지어주는 일을 하고 있었는데, 진심으로 그들의 삶을 염려하고 도움이 되고자 하는 마음이 크게 느껴졌다. 그는 한 인터뷰에서 "히말라야에서 얻은 것을 히말라야에 돌려준다"라는 말을 하기도 했다. 그러한 마음의 바탕에는 세상의 모든 것은 초월적 관계로 연결되었다는 믿음, 즉 영성이 크게 자리 잡고 있었다.

히말라야 등정은 죽을 뻔한 고비를 여러 번 넘겨야 할 만큼 위험하고 고생스러운 여정이다. 자기를 초월한 세계에 대한 믿음이 없었다면, 그토록 험난한 등정에 자신을 온전히 내맡기기가 쉽지 않았을 것이다.

삶의 의미를 잃었을 때
영성은 더욱 필요하다

정신의학자로서 내가 영성의 의미와 필요에 대해 절절한 마음으로 깨닫게 된 결정적 계기는 2014년에 벌어진 세월호 참사다. 물론 그전부터 오랜 시간 영성에 관심을 기울이며 이를 심리치료에 적용하는 방법에 관해 고민해왔지만, 이때의 경험은 큰 깨우

침을 주었다. 당시 나는 트라우마, 스트레스 치유 전문가로서 세월호 사건 유족들의 마음을 돌보고 치유를 돕는 프로젝트에 참여했다. 2015년부터 약 8년간 보건복지부 지원으로 진행된 이 프로젝트에 나는 정신의학과 심리학 분야의 내로라하는 전문가들에게 합류해달라고 부탁했다.

그렇게 심리 치유 분야에서 나름 최고라고 하는 사람들이 팀을 꾸려서 희생자 가족을 만나러 갔는데, 처음에는 대화조차 쉽지 않았다. 아이를 잃은 마음의 고통이 극한에 이르렀는데도 자신들의 치유를 위한 뭔가를 하지 않으려 했다. 되레 "아이는 이미 죽고 없는데 그런 게 다 무슨 소용이냐"라며 지원을 거부하는 분도 있었다. 자식을 앞세운 부모 앞에서 내가 가진 능력은 정말 아무것도 아니었다.

그전까지 병원 진료실에서 환자들을 보고 있을 때는 나는 내가 나름 좋은 의사라고 생각했다. 나를 만나기 위해 몇 달씩 기다리는 환자도 많았다. 삶의 고통을 어떻게 치유하고 회복하며 살아야 하는지 나름 많은 노하우를 가지고 있다고 자부했다. 그런데 그것은 치료받고 나아지겠다는 마음을 갖고 병원을 찾아온 사람들에게만 유효했다. 자식을 순식간에 잃어버린 아픔에 어찌할 바를 몰라하며 자신의 고통은 돌볼 겨를이 없는 사람들, 더군다나 자신이 원해서 치료받는 것이 아닌 사람들에게 현실에 기반을 둔 내 도움은 아무 소용이 없었다. 나뿐만 아니라 우리나라에서 내로라하는 정신과 의사들, 평소 병원에서라면 진료한 번 받기 위해 몇 달씩 기다려야 하는 사람들이 한마음으로 달려갔지만 속수무책이었다. 그들에게는 자식이 삶의 의미였다. 그런데 하루아침에 삶의 의미가 없어져버린 것이다. 이분들이 맞닥뜨린 위기는 잃어버린 삶의 의미를 되찾지 않으면 해결되지 않는 것이었다. 우리가 가진 정신적인 고통을 해결하는 치유 방법과 기술을 뛰어넘는 그 무언가가 필요했다.

그러던 중 그 뜨거웠던 여름에 방한한 프란치스코 교황이 광화문 광장에서 세월호 희생자 가족을 만나는 장면을 방송을 통해 보게 되었다.

"내 위로의 말이 죽은 이들에게 새 생명을 줄 수는 없지만, 희생자 가족을 위로하면서 우리는 연대할 수 있습니다."

교황이 전하는 한마디에 그 자리에 있던 모든 유가족이 뜨거운 눈물을 흘리며 손수 써온 편지를 건네기 위해 손을 내밀었다. 현실에 바탕을 두었던 정신과 의사들의 도움은 무용지물이었지만, 교황은 그들에게 필요한 것을 줄 수 있었다.

나는 유가족들이 교황에게 손을 내민 것이 사실상 영성을 바탕으로 초월적 존재와 연결되는 행위였다고 생각한다. 그 초월적 존재에게서 전해지는 온기만이 아이를 잃은 부모의 마음에 진정한 위로를 전해줄 수 있었다. 자녀를 잃은 고통 자체는 줄어들지 않았지만, 시간이 지나면서 꽤 많은 유족이 '우리 아이는 별이 되었으니, 내가 별이 된 우리 아이를 대신해 우리 아이가 살았으면 하는 안전한 세상을 만드는 것'을 삶의 새 의미로 찾았다. 자기를 뛰어넘어 초월적 존재와 연결된 것이다.

영성은 간단하게 정리하면 '의미'와 '연결'을 포함한다. 의미는 단순히 생존해 있다는 것을 뛰어넘는 삶의 목적성을 뜻하고, 연결은 자신보다 더욱 큰 무엇인가와 이어져 있다는 믿음을 의미한다. 아무리 끔찍한 고통을 겪었더라도 이 의미와 연결의 힘으로, 즉 영성의 힘으로 우리는 살아갈 수 있다.

## ● 삶이 무너지는 것 같을 때, 버티게 하는 힘

영성은 본래 종교와 관련이 깊다. 다만 종교인이라고 해서 모두 높은 수준의 영성을 지닌 것은 아니다. 종교를 뜻하는 영어 'religion'에서 'ligion'은 '연결하다'라는 의미다. 관절과 뼈를 이어주는 인대를 뜻하는 영어 'ligament' 역시 '연결시킨다'는 의미를 내포하고 있다. 그러니까 종교는 본래 초월성과 일체성을 바탕으로 하는 '연결'이다. 기독교는 하나님이라는 초월적 존재와 연결되는 것이고, 불교는 우주 삼라만상과 연결되는 것이라고도 풀이해볼 수 있겠다.

한국인 1만 1,098명을 대상으로 실시한 강점 조사에서 가장 낮은 수준을 보인 것이 '초월' 항목이었다. 초월은 일상생활을 넘어서 세상의 원리와 삶의 목적에 대해 성찰하는 것으로 영성과 거의 같은 개념이다. 그렇다면 왜 이렇게 초월, 영성이 부족해진 걸까.

삶의 의미를 찾으려면 현실 너머를 보라

# 현실의 삶을 중시하는 한국인,
# 영성이 부족해진 이유

한국인에게서 초월 수준이 낮게 나타난 것은 그만큼 현실의 삶을 중시하는 것으로 해석할 수도 있겠다. 하지만 인간은 자기 자신과 현실을 넘어서 초월적 의미에 대한 진지한 성찰을 바탕으로 삶을 살아갈 때 훨씬 더 좋은 삶을 살아갈 가능성이 커진다. 본래 인간은 몸과 마음과 영혼이 통합되었을 때 훨씬 건강하게 살아갈 수 있는 존재이기 때문이다.

건강을 뜻하는 영어 'health'는 'whole(전체의)', 'hale(강건한)', 'holy(신성한)'와 어원이 같다. 건강이라는 말 자체에 '전체적으로 통합적으로 잘 있는 것'이란 의미가 들어있다 하겠다. 우리가 지향하는 웰빙 역시 신체뿐만 아니라 심리적·사회적·영적으로도 건강한 상태다. 지금까지 수용, 변화, 연결, 강점, 지혜, 몸의 여섯 가지 요소에 영성까지 더해야 비로소 온전한 건강, 더 좋은 삶을 향해 나아갈 수 있다.

몸과 마음과 영성의 통합을 구조적으로 한번 살펴보자. 다음 그림에서 왼쪽 그림은 세 가지가 균형을 잘 이룬 것처럼 보이지만 사실 영성은 몸·마음과 같은 차원에 있는 것이라고 보기 어렵다. 영성은 현실의 삶에서 늘 경험하는 몸·마음과 달리, 현실

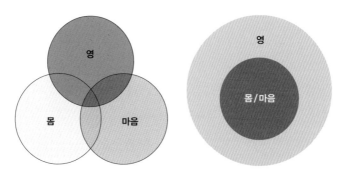

**【 몸, 마음, 영성의 상관 관계 】**

의 삶 너머에 있는 세계와도 연결되는 것이기 때문이다. 따라서
세 가지 통합 구조는 오른쪽 그림과 같이 되어야 한다. 영성은
내 몸·마음과 연결되고 현실의 삶과도 연결되는 것이지만 한편
으로 내가 알거나 알지 못하는 세계 전체와 연결되는 것이기도
하기 때문이다.

지금까지 철학과 과학 분야에서 이뤄진 많은 연구의 대상은
크게 '나'와 '우주' 두 가지였다. 문제는 이 두 가지를 따로 구분해
다뤘다는 것이다. 다행히 100여 년 전부터 사람의 몸과 마음이
연결되었다는 주장이 제기되었고, 지금은 몸과 마음을 통합해서
다루는 연구와 실험이 많이 이뤄지고 있다. 하지만 영성까지 더
해 전체적이고 통합적으로 바라보는 연구는 그리 많지 않은 편
이다. 영성은 여전히 종교적 세계의 일부인 양 애매한 자리를 차
지하고 있다. 우리가 진정으로 건강한 삶, 더 좋은 삶으로 나아

가려면 영성이 그에 걸맞은 자리를 찾을 수 있도록 해야 한다.


## 영성 수준이 높을수록
## 암이나 우울증의 치유 효과가 높다

평범한 일상을 살아갈 때는 영성의 의미와 필요를 느끼지 못할 수도 있다. 하지만 삶 전체가 무너지는 것처럼 감당하기 어려운 역경이 왔을 때는 영성의 힘이 있어야만 버텨낼 수가 있다. 6개월 시한부 판정을 받은 암 환자에게 의사가 해줄 수 있는 것도 결국에는 영성을 바탕으로 한 치유뿐이다. 시한부 판정 같은 극한의 상황이 아니더라도 우리 삶에는 견디기 어려운 역경이 찾아온다. 그럴 때도 삶을 지탱해주고 견디는 힘을 주는 것은 영성이다. 영성은 매우 추상적인 것처럼 여겨지지만, 실제로 환자의 치료에 적용했을 때는 매우 명확한 결과로 이어진다. 영성을 측정하는 척도도 개발되어 임상 현장에서 활용되고 있으며, 실제로 영성을 치료에 적용했을 때 나타나는 효과에 대해서도 많은 연구 결과를 통해 밝혀지고 있다.

영성이 높은 사람은 우울증을 앓을 가능성이 더 낮다는 연구 결과가 있다.[33] 연구진은 피실험자들에게 신앙적 체험 관련한 영상을 보여주면서 '신앙심을 느꼈는가'라는 질문을 던지고 그 정도를 숫자 1~5로 표시하게 했다. 그리고 신앙심이 극적으로 크게 느껴질 때도 버튼을 누르고 그 시점을 표시하도록 했다.

연구진은 피실험자의 답변 내용과 뇌 촬영 영상을 비교한 결과 신앙적 체험 수준이 높을 때 3초 정도의 짧은 순간 대뇌변연계와 전전두엽피질 일부가 활성화하는 것을 확인했다. 대뇌변연계의 해당 부위는 감정, 동기부여, 행동 등에 관여하는 곳으로 '보상 회로'라고 부르기도 한다. 전전두엽피질의 해당 부위는 가치나 판단, 도덕적 합리성을 결정하는 곳이다.

미국 정신과 의사 레이첼 듀(Rachel E. Dew)의 연구 결과에 따르면, 사람마다 영성의 수준이 다른 것은 특정 유전자와도 관련이 있다고 한다.[34] 종교 모임에 적극적으로 참여하고 영성에 대해 중요하다고 평가하는 사람들을 대상으로 검사한 결과 공통적으로 '세로토닌 전달체 유전자' 중 LL대립유전자, 즉 스트레스에 대한 저항이 높은 유전자 발현이 높았다. 이 연구에서는 가정에 영성이 높은 사람이 있을 때 그 자손들이 심각한 우울증을 앓을 가능성이 낮다는 점도 확인했다.

그동안은 우리가 영성을 직접 체험할 수 없다는 이유로 과학 연구에서 배제되었지만, 영성이 우울증과 역관계에 있다는 것이 실증적으로 밝혀지면서 영성이 정서에 미치는 영향에 관한 연구가 늘어나는 추세다. 우리 연구실도 305명의 환자를 대상으로 영성이 우울증 및 불안장애의 회복력에 기여하는 영향에 관해 연구한 바 있다.[35] 영성 수준을 측정하는 척도로는 FACIT-Sp(만성질환 치료-영성에 대한 기능적 평가)를 사용했다. 검사 결과를 보면, 영성이 낮은 사람일수록 불안장애가 심하고 우울증이 심했다. 또 영성이 낮은 환자들은 과거를 후회하거나 원망하는 등의 부정 정서가 상대적으로 더 높게 나타난 반면, 회복탄력성, 낙관성, 행복, 감사, 삶의 목적 등 긍정 정서는 낮게 나타났다. 실제로 우울증 환자 중에 상대적으로 영성 수준이 높은 사람은 희망과 감사 등의 긍정 정서 역시 높았고 그들은 더 낮은 자살률을 보였다.

종교성과 영성이 각각 우울증과 불안장애의 치료에 어떤 영향을 미치는가에 관해서도 연구를 진행했다.[36] 연구 결과 종교성은 치료에 별 영향을 미치지 않는 데 반해 영성은 치료에 확실히 긍정적 영향을 미치는 것으로 나타났다. 종교성은 자기 삶에서 종교가 얼마나 중요한지, 삶에서 종교와 관련된 활동을 얼마나 자주 열심히 하는지 등의 질문을 통해 측정되는데 종교성을 높인다고 해서 치료에 긍정적 효과가 나타나진 않았다. 하지만 환자의 영성 수준을 높이려는 치료적 개입을 했을 때는 확실히 치료에 긍정적 효과가 나타났다.

# ● 실존의 의미,
## 살아갈 이유를 찾아서

나치 독일의 끔찍한 유대인 수용소에서 온 가족이 다 사망한 가운데 홀로 살아남은 정신과 의사 빅터 프랭클(Viktor Emil Frankl)은 고통이 아무리 크더라도 '의미'를 찾아낸다면 이겨낼 수 있기에, 이 의미를 발견하는 것이 실존의 핵심이라고 보았다. 이러한 통찰을 바탕으로 만든 것이 '로고테라피(logotherapy)'이다. 로고스(logos)는 '의미'를 뜻하는 그리스어로, 로고테라피를 우리말로 번역하면 '의미치료'이다. 로고테라피는 인간 실존의 의미와 더불어 그러한 의미를 찾으려는 인간의 의지에 초점을 맞춘다.

빅터 프랭클은 로고테라피의 원리에 대해 "인간의 주된 관심은 쾌락을 얻거나 아픔을 피하는 것이 아니라, 자신의 삶에서 의미를 찾는 것이다. 인간은 자신이 받는 고통이 의미가 있다고 생각하면 기꺼이 그 고통을 받아들인다"라고 설명했다.

빅터 프랭클은 유대인 수용소에서 수차례 죽음의 고비를 넘기고 끝내 살아남았다. 그는 이 경험을 바탕으로 쓴《죽음의 수용소》에서 "살아갈 이유를 알고 있는 사람은 어떠한 상황에도 참고 견디어 나갈 수 있다"라는 프리드리히 니체의 말을 인용하면서, "강제수용소에서도 자기가 해야 할 일이 있음을 알고 있던 사람들이 가장 수월하게 살아남을 수 있었다"라고 말했다.

또한 그는 고통이 오히려 삶의 의미에 관해 질문하는 기회를 준다며 "이 세상에서 내가 두려워하는 한 가지 사실은 내가 겪어야 하는 고통이 헛되다는 것 오직 그것뿐이다"라고 말하기도 했다. 그에게는 죽음 그 자체가 아니라 아무런 의미도 없는 죽음이 두려운 것이었다. 그리고 고통과 죽음을 포함해 삶을 의미 있게 만들어주는 것은 정신적 자유와 자기 존엄성이라고 설명했다. 이는 삶의 의미와 목적을 이해하고 있다면 어떤 상황에서도 자기 자신의 길을 선택할 정신적 자유와 자기 존엄성을 유지할 수 있다는 말이기도 하다.

빅터 프랭클은 삶의 의미를 찾으려는 의지가 좌절되는 것, 즉 무의미함을 '실존적 공허'라고 표현하면서, 현대 사회에 만연한 우울증과 공격성, 중독증의 원인으로 실존적 공허를 지적했다. 그 역시 모든 인간은 언젠가는 죽음을 맞이하며 온갖 삶의 역경과 고통을 피해갈 수도 없다는 점을 잘 알았다. 하지만 이러한 실존의 무상함이 실존을 무의미하게 만들 수는 없다고 강조했다. 즉, 고통이나 죽음이 삶의 의미를 빼앗아가는 것처럼 보이지만 그것은 의지와 선택의 문제이지 절대적 진실이 아니라는 것이다.


## 죽음의 수용소에서도
## 살아갈 이유를 찾는 사람들

로고테라피는 인간 실존의 본질적인 무상을 바탕으로 하는 실존주의적 접근이다. 심리적 문제를 인간의 실존적 조건에 맞추어 이해하고 치료하는 접근법을 '실존적 심리치료'라고 한다. 실존적 심리치료에서는 우울증 및 불안장애 등의 심리적 문제가 고통, 고독, 죽음과 같은 실존적 조건을 직면하지 못한 채 회피하거나 무력감을 느끼는 상태와 관련이 있다고 본다. 따라서 심리적 문제를 극복하려면 삶의 의미와 목적을 발견하고 자기 존엄성을 회복하도록 돕는 것이 중요하다고 본다.

빅터 프랭클은 인간에게 주어지는 창조적 가치, 경험적 가치, 태도적 가치의 맥락에서 의미를 찾을 수 있다고 설명했다. 우선 창조적 가치는 어떤 일을 행함으로써 세상에 없던 새로운 것을 만들어가는 데서 만들어진다. 우리 대부분은 자기 직업을 통해서, 봉사나 종교와 같은 사회적 활동을 통해서 그리고 일상생활을 통해서 무수한 창조적 가치를 실현함으로써 삶의 의미를 발견하고 있다.

경험적 가치는 어떤 일을 경험하거나 어떤 사람을 만남으로써 만들어지고 이를 통해 의미를 얻을 수 있다. 맛있는 음식을 먹는 것, 황홀한 저녁놀을 감상하는 것, 사랑하는 사람을 만나는 것 등 모두가 중요한 삶의 가치로서 의미를 제공한다.

또 피할 수 없는 시련에 대해서 어떤 태도를 취하겠다고 스스로 결정함으로써 얻는 가치, 즉 자유의지와 관련된 가치를 통해 삶에 의미를 부여할 수 있다. 이것이 태도적 가치이다. 극도의 절망적인 상황에서도 스스로 운명을 어떻게 맞이하느냐 하는 태도는 개인의 자유의지에 의해 선택할 수 있기 때문이다.

빅터 프랭클은 이 중에서도 특히 태도적 가치를 강조했다. 아우슈비츠 수용소에서 그는 언제 죽을지 모르지만 자신의 존엄성을 지키기로 결정했다. 당시 나치는 수용소의 유대인들에게 물을 거의 주지 않은 것은 물론, 따로 화장실을 마련해주지 않고 숙소에서 대소변을 보게 했다고 한다. 인간을 짐승처럼 만들려 한 것이다.

그런데 빅터 프랭클을 비롯해 끝내 살아남은 사람들은 마실 물을 아껴 세수를 하고 변을 닦은 사람들, 즉 인간이기를 포기하지 않은 사람들이었다. 나치가 그들을 짐승처럼 여겼을지언정 그들 스스로는 짐승이 아니라고 생각했고, 인간으로서의 자유의지를 가지고 존엄성을 지키고자 했다. 그런 태도적 가치를 가진 사람들이 살아남을 수 있었다.

## 인간다움이란 무엇인가, 삶의 의미란 무엇인가

'살아서 뭐해', '친구 만나서 뭐해', '낚시 그거 해서 뭐해' 이런 식으로 매사에 의미나 가치를 두지 못하는 사람이 있다. 무의미에 빠지면 삶이 재미가 없다. 사는 게 굉장히 괴롭고 힘들다. 그래서 그것을 잊고자 알코올이나 도박 같은 중독에 빠지기 쉽다. 하지만 내가 하는 일 하나하나에 의미를 두기 시작하면 삶이 재미 있고 행복해진다.

그래서 우리에게는 어떤 의미를 찾고자 하는 의지가 있어야 한다. 나는 어떤 사람으로 살 것인가, 내 의미는 무엇인가를 스스로 찾아내야 한다. 죽음 뒤에는 무엇이 있을까. 영원한 것은 없고, 영원한 완성도 없다. 그 이후에 무엇이 있을 거라 생각하는 사람은 무의미하게 살지 않는다.

죽음, 자유, 고독, 무의미는 우리 삶의 구성하고 지탱하는 핵심 주제이지만 실제로는 많은 사람이 이것들을 외면한 채 살아간다. 그러다가 감당하기 어려운 시련이나 고통에 부딪혔을 때 비로소 네 가지 주제에 대해 처절한 고민과 성찰을 하게 된다. 이때 영성적 경험이 풍부하고 초월적 세계와 연결이 잘 되어 있다면 삶을 쉽게 포기하지 않고 버텨내며 어떻게든 살아야 할 이유와 의미를 찾게 될 것이다.

실존의 무상함을 마음에 새겨두면서도 의미를 발견하려면 영성이 필요하다. 고통과 죽음에서조차 의미를 발견하기 위해서는 인간의 한정된 지적 능력을 능가하는 초월적 의미에 대해서도 성찰해야 하는데, 이를 위해서 영성이 뒷받침되어야 한다는 것이다. 빅터 프랭클은 인간은 의미를 추구하기 위해 초월적인 가치를 탐구하며 초월적인 가치야말로 인간의 잠재력을 구현하는 동시에 스스로의 삶을 책임지면서 살도록 해준다고 설명하기도 했다.

앞에서도 설명했듯이 영성적 경험은 종교 활동과 아무런 상관이 없다. 똑같은 일을 하더라도 돈을 벌기 위해서 하는 일이라고 의미를 부여하면 자아적 작업이 되는 것이고, 다른 사람과 세상에 선한 영향을 미치기 위해서라고 의미를 부여하면 영성적 작업이 될 수 있다. 일상에서 늘 하는 말과 행동도 그냥 생각되는 대로 하면 본능이 발현되는 것이지만, 영성의 관점을 가지고 하면 다른 사람에게 도움이 되고 긍정적 에너지가 된다.

영성은 그 자체로 우리 삶의 가치와 의미이기도 하다. 영성은 자기를 초월해 세상에 선한 영향력을 미치도록 해준다. 더 큰 목표를 위해 개인적 생존을 초월하게 해주는 것이다. 마하트마 간디나 마틴 루서 킹에게 자기를 초월하는 영성이 없었다면 그토록 오랜 시간 인간의 자유와 존엄을 위한 비폭력 투쟁을 펼칠 수 있었을까.

나는 "우리는 영적인 경험을 하는 인간 존재가 아니라 인간적인 경험을 하는 영적인 존재다"라는 말을 좋아한다. 프랑스 철학자 피에르 테야르 드 샤르댕(Pierre Teilhard de Chardin) 신부가 한 말이다. 어찌 보면 이 한마디에 영에서 전하고자 하는 메시지가 모두 담겼는지도 모른다. 우리는 인간적인 경험을 하는 영적인 존재로서 궁극적인 현실과 실존적 조건에 대해 생각하고, 바라보고, 상상하고 관계를 맺어야 한다. 더 좋은 삶을 완성하는 것은 이러한 '영적 지혜'를 통해서만 가능하다.

## ● 종교가 없어도
## 일상에서 영성을 높일 수 있다

영성은 삶의 역경을 이겨내는 힘이기도 하거니와 자신이 추구하는 가치와 의미에 부합하는 삶을 살아가도록 도와주는 힘이기도 하다. 따라서 우리는 무엇인가 형이상학적이고 철학적인 것이 아니라 일상의 삶에서 끊임없이 영적 활동을 해야 한다. 종교가 있다면 그 가르침을 계속 더 따라가도록 노력해야 한다. 종교(宗敎)라는 말 자체가 '큰 가르침'이라는 뜻이다. 가르침은 한번 종교를 믿어서 끝나는 것이 아니라 끊임없이 삶에 새겨 넣어야 한다.

종교 활동을 하지 않는 사람이 일상에서 스스로 영성을 증진하려면 어떻게 해야 할까. 몇 가지 방법을 여기에 소개한다. 첫째는 하루에 단 5~10분이라도 혼자서 조용히 있는 시간을 갖는 것이다. 현대인은 항상 무엇인가 해야 하거나 과제를 준비해야 한다. 존재 자체인 'Human Being'으로서 있는 그대로를 알아차리거나 보지 못하고, 무엇인가 해야 하는 'Human Doing'으로 살고 있다. 이때 진정한 자신을 그대로 놓고 찬찬히 살펴보는 시간을 갖는 것만으로도 영성 생활이 시작된다. 아주 짧은 시간부터라도 시작하고 조금씩 시간을 늘려가자. 이것은 영성을 떠나, 달려 나가는 마음을 붙잡아서 자기 자신을 진정시키고 스스로 부드럽게 위로하는 편안한 상태로 만들어준다. 나름대로 명상을 하거나 기도를 하는 것도 좋은 방법이다. 명상과 기도가 꼭 종교가 있어야만 가능한 것은 아니다. 조용히 자기 자신과 대면하는 시간을 통해 자신도 모르게 자기 마음에 갇혀 있었다는 것을 깨달음으로써 자기 초월적 통찰에 이를 수 있다.

둘째는 괴로운 상황에 직면했을 때 부정적 감정으로 즉각 대응하는 대신 지금의 고통스러운 현실이 전부가 아니라는 점을 인식하고 현실을 넘어선 초월의 세계에 대한 관점을 가져보는 것이다. 그러면서 삶의 의미와 목적에 관한 근본적 질문을 던지고 스스로 답해보자. 초월적 세계의 관점에서 바라보면 어떠한 고통도 의미가 있으며 그 자체가 절망은 아니라는 점도 깨닫게 된다.

초월적 세계에 대한 관점을 가져본다는 말이 좀 어렵게 느껴진다면, 영사기를 떠올려보자. 우리가 극장에서 보는 스크린은 필름이 영사기를 통해 빛을 거쳐 나오는 것이다. 우리는 흔히 스크린에 비춰진 것이 '나' 혹은 '나의 현실'이라고 생각한다. 아니다. 그렇지 않다. 나의 현실은 경험을 통해 기억으로 새겨진 것으로, 영화의 필름에 비유할 수 있다. 필름이 바뀌면 다른 장면이 스크린에 드러나듯, 경험이 바뀌면 우리 인생에 다른 삶이 펼쳐질 것이다. 다시 말해 스크린은 경험을 비춰주는 것일 뿐 진짜 '나'가 아니다. 그렇다면 진정한 나는 무엇일까? 바로 필름을 비추고 스크린을 만드는 빛이다. 이 빛은 우리가 태어난 후 지금까지 아무리 어려운 시기였을 때라도 항상 우리를 비추고 있었다. 그리고 이를 알아차리게 하는 것이 명상이다. '지금 슬프고 우울한 게 다가 아니다'라고 생각하는 것이 바로 초월적이고 영성적인 관점이다. 이것을 늘 기억한다면 영성을 높이는 데 도움이 된다.

셋째는 영성 자체에 대해서 공부하는 것이다. 다른 사람들은 어떤 영성적 경험을 하는지 탐색해보자. 영성이 높은 사람과 대화를 나누는 것도 방법이다. 주식이나 부동산 이야기 나눌 사람은 많아도 영성에 관해 이야기 나눌 사람을 찾는 건 쉽지 않을지도 모른다. 그렇다면 영적 지도자를 찾아가는 것을 권하고 싶다.

성직자, 명상 수행자 등 영적 지도자라 할 만한 사람을 찾아서 관계를 맺는 것은 영성 증진에 매우 큰 도움이 된다. 영성은 사실 경외하는 대상에 대한 존경심에서 출발하는데, 그러한 존경심을 품을 만한 영적 지도자를 만난다면 더욱 좋을 것이다. 그들에게 많은 질문을 해보자. 실제로 그러한 영적 지도자를 만나기가 어렵다면 그들이 쓴 책을 읽는 것도 간접적이나마 도움을 받을 수 있다.

넷째는 어떤 상황에서도 사랑과 친절을 선택하겠다고 결심하고 실천하는 것이다. 현존하는 영적 지도자인 달라이 라마는 "나의 종교는 친절입니다"라고 말하기도 했다. 사랑과 친절은 자기 자신을 넘어서서 다른 사람들과 연결되도록 해준다. 다른 사람들과 잘 연결될수록 세계는 더욱 확장되고 초월을 경험할 수 있게 된다. 나 자신이 사랑의 메신저, 아니 그냥 사랑 자체가 되어 주변의 사람을 돌보고 위해보자. 사실 그것이 이미 기적이다.

더불어 자신을 사랑하는 훈련을 해보자. 스스로에게 친절하고 자기 연민을 갖고 감사해보자. 이런 훈련들을 일상생활에서 잘 해둔다면 영성이 높아지고 행복에 한층 더 가까워질 것이다. 자신을 비난하고 있어서는 영성을 높이기 어렵다. 자신에게 갇혀있고 자신을 판단적으로 보는 것을 '넘어'가야만 하고, 그곳이 바로 초월의 세계다.

이렇게 열심히 다양한 방법을 써봤는데도 영성을 알 수 없을 때는 어떻게 할까? 도저히 괴로움을 해결할 수 없을 때는 무엇을 해야 할까? 바로 또 '넘어'가야 한다. 영성은 이런 현상 자체를 하나씩 '넘어'서 저 너머의 세계를 바라보며 지금 이 순간에 할 수 있는 일을 하는 것이다.

# 우리 삶의 빛을 찾는 여정

세상에는 잘 사는 법에 대한 이야기가 참 많다. 어떻게 보면 유사 이래 모든 문헌이 잘 사는 법에 대해 이야기하고 있다고 할 수 있겠다. 철학과 사유를 통해, 종교와 계시를 통해 하나같이 이렇게 살아야 한다고 강조한다.

이 책은 그런 담론이나 주장을 담고 있지는 않다. 살면 살수록 내 의견으로 남을 가르치거나 이렇게 살아야 한다고 주장하기에는 통찰도 식견도 부족하다는 것을 뼈저리게 느낀다. 그러다 보니 이 책을 통해 말하려는 건 '나는 이렇게 생각하니 당신도 이렇게 살아라'가 아니다. 삶에서 빛을 잃어버린 사람들을 평생 만나오면서 그들이 왜 그런 어둠에 들어가게 되었는지, 반대로 그렇다면 그들이 잃어버린 빛은 무엇인지 탐구하면서 알게 된 것들을 나누고 싶었다.

수만 명의 가슴 아픈 사연과 힘든 이야기를 들으면서 그것을

정리하고 요약해보니 결국 우리가 고통스러운 이유는

수용하지 못해서

변화하지 않아서

연결되지 않아서

강점을 발휘하지 못해서

지혜롭지 못해서

몸으로 살지 않아서

영성이 부족해서

라는 사실을 깨달았다. 수용, 변화, 연결, 강점, 지혜, 몸, 영성
이 일곱 가지 진정한 행복의 조건을 하나씩 탐색하면서, 어떤 방
법으로 이것들을 익히고 체화할 수 있는지를 찾아보았다. 그리
고 이것들을 우리 삶에서 회복할 때 잃어버린 인생의 빛을 되찾
을 수 있다는 사실을 증명할 수 있었다.

하지만 여전히 마음이 아프고, 몸이 힘들고, 영적으로 지친 사
람들이 너무 많다. 어쩌면 정도의 차이만 있을 뿐, 인간다운 삶
을 살기 어려운 오늘날의 세상에서 이는 당연한 일일지 모른다.
모두가 힘든데, 누군가는 버틸 수 있을 만큼 괴롭고 누군가는 버
티지 못해 병원을 찾을 만큼 아플 뿐이다.

결국 우리의 삶은 이 일곱 가지 모듈이 어떻게 작동하느냐에

달렸다. 이것이 잘 작동되는 상태가 웰빙의 삶, 다시 말해 잘 사는 삶, 행복하고 좋은 삶일 것이다. 우리가 궁극적으로 바라는 삶의 모습이라 하겠다.

하지만 이 모든 것을 완벽하게 구현하며 사는 사람은 많지 않다. 그렇더라도 이것들이 인생에 왜 꼭 필요한지, 어떻게 실천해야 할지 알아가고 실천하려고 노력하는 삶은 그 이전의 삶과 확실히 다를 것이다.

'아직도' 못 이룬 게 아니라 '아직' 이루지 못했다는 '수용'을 적용해가면 어두웠던 내 삶에 작은 빛이 비추기 시작할 것이다. 그렇게 삶이 점점 환해지고 온전해지는 가운데 나 자신이 조금씩 '변화'하고 나아지는 경험을 하게 될 것이 분명하다. 나를 포함해 수많은 사람이 그래왔고, 앞으로 더 그렇게 될 것이다. 하지만 그래도 부족한 부분은 있게 마련이다. 때로 도돌이표처럼 정체된 느낌을 받을 수도 있다. 그렇더라도 아직 나는 많은 사람들, 자연을 포함해 세상 그 무엇과 '연결'되어 있기에 세상은 여전히 살 만할 것이고, 내 고유한 성품대로 나답게 '강점'을 발휘하면서 진정한 삶을 살아갈 수 있을 것이다. 감당하지 못할 만큼 어려운 일이 닥치더라도 그 일을 해결하지는 못할지언정 그 일에 대처하는 '지혜'를 갖고 있다. 또한 그동안 잊고 살았던 나의 살아 있는 소마(soma), 진정한 '몸'으로 그 모든 어려움을 감당할 것이기에,

삶의 매 순간 회복의 기쁨을 누릴 것이다. 그럼에도 불구하고 내 힘으로 감당하지 못하는 일이 찾아올 테지만, 나는 이미 '영성'을 통해 '그 일은 반드시 넘어갈 것이고, 그 너머가 있다'는 것을 알고 있으므로 괜찮다.

정말 돈이 많은 부자들은 경기의 부침에 그리 영향을 받지 않는다. 부동산, 주식, 채권, 현금, 금 등 어느 한 가지에 모든 재산을 몰아두지 않고 골고루 다 갖춘 포트폴리오를 구축하고 있기 때문이다. 흔히 어떤 조건이 있으면 행복해질 거라 생각들을 하지만, 사실 그런 것들은 행복과 큰 관련이 없다. 진정한 행복은 지금까지 알아본 일곱 가지의 포트폴리오를 두루 갖추고, 하나하나 더 단단히 쌓아갈 때 이룰 수 있을 것이다.

우리가 할 일은 그저 이 일곱 가지 모듈이 내 삶 구석구석에서 잘 작동되도록 하나하나를 열심히 돌리는 것이다. 명상이든 마음 수행이든, 아니 그 무엇이라도 이 모듈들이 잘 작동되는 나만의 방법을 찾아보자. 설사 완벽히 조화를 이루지는 못하더라도 그 어느 것 하나라도 작동하기 시작했다면 그것 자체로 이미 웰빙, 잘 사는 삶이다.

## 참고문헌

**프롤로그 진정한 행복은 어디에서 오는가**

1) 채정호(2021). 순차 초진단 절충 실제형 정신치료 : STEP 5+2 개발, *Emotion, Cognition, and Behavior, 1(1)*, 35-49

**1장 [수용] 적극적으로 모든 것을 있는 그대로 경험하라**

2) Danziger, S., Levav, J., & Avnaim-Pesso, L. (2021). Extraneous factors in judicial decisions. *Proc Natl Acad Sci U S A, 108(17)*, 6889-6892

3) Bejan, A. (2019). Why the days seem shorter as we get older. *European Review, 27(2)*, 187-194

4) Emmons, R. A, & McCullough, M. E. (2003). Counting blessings versus burdens : An experimental investigation of gratitude and subjective well-being in daily life. *Journal of Personality and Social Psychology, 84(2)*, 377-389

**2장 [변화] 어제보다 더 나은 나를 목표로 하라**

5) Papathomas, T.V., & Bono, L.M. (2004). Experiments with a hollow mask and a reverspective: top-down influences in the inversion effect for 3-D stimuli. *Perception, 33(9)*, 1129-1138

6) https://www.nationalgeographic.com/culture/article/the-bigger-brains-of-london-taxi-drivers

7) https://www.mindtools.com/pages/article/forgetting-curve.htm

8)  신영복(2018).《감옥으로부터의 사색》. 돌베개

9)  허휴정, 한상빈, 박예나, 채정호(2015). 정신과 임상에서의 명상의 활용 : 마음챙김 명상을 중심으로. *신경정신의학, 54(4)*, 406-417

10) Helbing, D., Farkas, I., & Vicsek, T. (2000). Simulating dynamical features of escape panic. *Nature, 407*, 487-490

### 3장 [연결] 함께하는 삶의 가치를 잊지 마라

11) Egolf, B., Lasker, J., Wolf, S., & Potvin, L. (1992). The Roseto effect : A 50-year comparison of mortality rates. *Am J Public Health, 82(8)*, 1089-1092

12) Kawachi, I., Colditz, G. A., Ascherio, A., Rimm, E. B., Giovannucci, E., Stampfer, M. J., & Willett, W. C. (1996). A prospective study of social networks in relation to total mortality and cardiovascular disease in men in the USA. *J Epidemiol Community Health, 50(3)*, 245-251

13) https://www.oecdbetterlifeindex.org/countries/korea/

14) Chartrand, T. L., & Bargh, J. A. (1999). The Chameleon effect : The perception-behavior link and social interaction. *Journal of Personality and Social Psychology, 76(6)*, 893-910

15) https://www.ted.com/talks/robert_waldinger_what_makes_a_good_life_lessons_from_the_longest_study_on_happiness

16) Lee, S., Kim, E., Noh, J., & Chae, J.(2018). Factors associated with post-traumatic stress symptoms in students who survived 20 months after the Sewol Ferry disaster in Korea. *J Korean Med Sci, 33(11)*, e90

17) https://www.garylewandowski.com/post/top-5-classic-studies-in-the-psychology-of-attraction

18) Domingue, B. W., etc. (2014). Genetic and educational assortative mating among US adults. *PNAS, 111(22)*, 7996-8000

19) 마셜 B. 로젠버그(2019).《비폭력대화》. 한국NVC센터

20) Ambady, N., Laplante, D., Nguyen, T., Rosenthal, R., Chaumeton, N., & Levinson, W. (2002). Surgeons tone of voice : A clue to malpractice history. *Surgery, 132(1)*, 5-9

21) 크리스토퍼 거머 외. 김재성 역(2012).《마음챙김과 심리치료》. 학지사

## 4장 [강점] 성격 강점을 찾아 자기답게 살아라

22) 정영은, 이지은, 한유, 최정우, 백경희, 박주언 외(2013). 한국인 강점 척도의 개발 및 타당화. *Anxiety and Mood, 9(1)*

23) 마틴 셀리그먼 저. 김인자, 우문식 역(2020).《마틴 셀리그먼의 긍정심리학》. 물푸레

24) 채정호, 정영은, 이지은, 황지현, 박예나, 윤영애(2017).《한국인의 강점》. 씨드북스

25) Fredrickson, B. L. (2004). The broaden-and-build theory of positive emotions. *Philos Trans R Soc Lond B Biol Sci, 359(1449)*, 1367-1378

26) Asch, S. E. (1946). Forming impressions on personality. *Journal of Abnormal and Social Psychology, 41*, 258–290

27) 바버라 프레드릭슨 저. 우문식, 최소영 역(2015).《내 안의 긍정을 춤추게 하라》. 물푸레

28) Seligman, M., Steen, T., Park, N., & Peterson, C. (2005). Positive psychology progress : Empirical validation of interventions. *American Psychologist, 60(5)*, 410-421

## 5장 [지혜] 삶의 문제에 대처할 능력을 길러라

29) 채정호(2021).《이런 세상에서 지혜롭게 산다는 것》. 청림출판

30) Linden, M., Med Dipl-Psych (2008). Posttraumatic embitterment disorder and wisdom therapy. *Journal of Cognitive Psychotherapy, 22(1)*, 4-14

## 6장 [몸] 마음에서 빠져나와 몸으로 살아가라

31) 토마스 한나 저. 최광석 역(2019).《소마틱스》. 군자출판사

32) 채정호, 김경희, 김한얼, 김주현, 강수원, 김주환(2022).《바른 마음을 위한 움직임》. 군자출판사

## 7장 [영성] 삶의 의미를 찾으려면 현실 너머를 보라

33) Miller, L., Bansal, R., & Wickramaratne, P. (2014). Neuroanatomical correlates of religiosity and spirituality. *JAMA Psychiatry, 71(2)*, 128-135

34) Dew, R. E., & Koenig, H. G. (2014). Religious involvement, the serotonin transporter promoter polymorphism, and drug use in young adults. *International Journal of Social Science Studies, 2(1)*, 98-104

35) Song JM, Min JA, Huh HJ, & Chae JH. (2016). Types of childhood trauma and spirituality in adult patients with depressive disorders. *Compr Psychiatry, 69*, 11-19

36) Kim, N., Huh, H. & Chae, J. (2015). Effects of religiosity and spirituality on the treatment response in patients with depressive disorders. *Comprehensive Psychiatry, 60*, 26-34

● 정신과 의사로서 37년간 마음이 아픈 사람들을 치료해온 경험을 바탕으로 저자는 진짜 행복을 위한 길을 구체적이고도 확실하게 알려준다. 행복의 핵심은 '잘 있는 것(well-being)'이고, 그러기 위해서는 먼저 제대로 '있어야(being)' 한다. 우리가 불행해지는 이유는 무엇인가? 끊임없이 무엇인가를 하려(doing) 하기 때문이다. 의도와 행위를 멈추고 그저 지금 여기에서 존재할 수 있는 능력을 길러야 한다. '잘 있기'를 완성시켜주는 삶의 7가지 핵심 요소들은 분명 우리를 행복으로 안내할 것이다.

— 김주환 | 연세대 교수, 《내면소통》 저자

● 행복은 능력이다. 행복은 그냥 행운처럼 오는 것이 아니라 행복할 줄 아는 실력을 갖출 때 따라오는 것이다. 수-변-연-강-지-몸-영! 행복의 실력을 키워줄 수용, 변화, 연결, 강점, 지혜,

몸, 영성의 7가지 실천 모듈이다. 정신건강의학과 의사인 저자가 임상 현장에서 적용하며 확인한 진정한 행복의 조건이다. 이 책은 읽는 것만으로도 마음속에 행복의 7가지 무지갯빛이 켜지는 행복감을 경험하게 해준다. 가까이 두고 매일 조금씩 실천하면 스스로 빛을 낼 만큼 행복의 실력이 쌓일 것이다.

— 김정호 | 덕성여대 심리학과 교수

• 행복을 책으로 배우겠다는 생각은 버리는 것이 좋다. 차라리 밖에 나가 산책이나 하시라. 그게 낫다. 그런데도 이 책을 읽어야 하는 이유가 있다. 이 책은 그냥 그저 그런 행복에 대한 담론이 아니다. 살아가는 데 대한 책, 아니 잘 살아가는 데 대한 책이다. 저자의 경험, 삶과 철학이 담긴 진정한 실천서다. 어제보다 조금 더 나은 내일을 원하는 우리 모두에게 꼭 필요한 삶의 지침서가 될 것임을 확신한다.

— 신영철 | 강북삼성병원 정신건강의학과 교수

• 채정호 교수님은 우리나라의 대표적인 정신과 의사이자 정신의학 연구자다. 우울증을 포함해 불안장애 환자들을 가장 깊이 있게 관찰하고 연구하고 치료한 학자 중 하나다. 그는 이 책에서 지난 37년간 환자들을 치료한 경험을 바탕으로 우리 모두에게 보편적으로 적용될 수 있는 '행복의 조건'에 대해 말한다. 그

가 정신의학 연구를 통해 발견한 인간의 행복 조건은 과연 무엇이었을까? 아마도 독자들은 이 책에서 제시된 7가지 '잘 존재하는 법'을 읽으며 고개를 끄떡이게 될 것이다. 항상 이 책을 곁에 두고 행복에 이르는 길을 담대하게 걸어가시길 바란다.

— 정재승 | 의사결정 뇌과학자, 《과학콘서트》《열두 발자국》 저자

● 불안, 초조, 우울, 상심, 낙담, 좌절… 이런 단어들이 낯설지 않은 요즘, 우리가 무엇을 어떻게 선택해야 할지 그 방법을 알려주는 교과서 같은 책입니다. 이 책을 통해 삶의 벼랑 끝에 놓여 있는 분들이 길을 발견하게 되길 바랍니다.

— 신애라 | 배우

# 진정한 행복의 7가지 조건

### 채정호 교수의 한국인 행복 보고서

초판 1쇄 2023년 10월 25일
초판 3쇄 2023년 11월 30일

지은이 │ 채정호

발행인 │ 문대진
본부장 │ 서금선
책임편집 │ 한성수    편집 1팀 │ 송현경 유진영

기획편집팀 │ 임은선 임선아 허문선 최지인 이준환 이보람 이은지 장서원 원지연
마케팅팀 │ 김동준 이재성 박병국 문무현 김윤희 김은지 이지현 조용환
디자인팀 │ 김현철 손성규    저작권팀 │ 정선주
경영지원팀 │ 노강희 윤현성 정헌준 조샘 서희은 조희연 김기현
강연팀 │ 장진항 조은빛 강유정 신유리 김수연

펴낸곳 │ ㈜인플루엔셜
출판신고 │ 2012년 5월 18일 제300-2012-1043호
주소 │ (06619) 서울특별시 서초구 서초대로 398 BnK 디지털타워 11층
전화 │ 02)720-1034(기획편집) 02)720-1024(마케팅) 02)720-1042(강연섭외)
팩스 │ 02)720-1043   전자우편 │ books@influential.co.kr
홈페이지 │ www.influential.co.kr

ⓒ 채정호, 2023

ISBN 979-11-6834-141-8 (03180)